Inanissima pars Italiae

Dinamiche insediative nella
penisola salentina in età romana

Carlo De Mitri

BAR International Series 2161
2010

Published in 2016 by
BAR Publishing, Oxford

BAR International Series 2161

Inanissima pars Italiae

ISBN 978 1 4073 0705 3

BAR Publishing is the trading name of British Archaeological Reports (Oxford) Ltd.
British Archaeological Reports was first incorporated in 1974 to publish the BAR
Series, International and British. In 1992 Hadrian Books Ltd became part of the BAR
group. This volume was originally published by Archaeopress in conjunction with
British Archaeological Reports (Oxford) Ltd / Hadrian Books Ltd, the Series principal
publisher, in 2010. This present volume is published by BAR Publishing, 2016.

Printed in England

BAR
PUBLISHING

BAR titles are available from:

BAR Publishing
122 Banbury Rd, Oxford, OX2 7BP, UK
EMAIL info@barpublishing.com
PHONE +44 (0)1865 310431
FAX   +44 (0)1865 316916
www.barpublishing.com

Alle persone che mi amano ed a quelle che ho amato

A chi non c'è più ma vive in me

A chi ha contribuito a rendermi un uomo

Publish and be damned

Arthur Wellesley, Duke of Wellington

Siamo come nani sulle spalle di giganti, così che possiamo vedere più cose di loro e più lontane, non certo per l'altezza del nostro corpo, ma perché siamo sollevati e portati in alto dalla statura dei giganti.

Bernardo di Chartres

Ma nella desolante
mia condizione di diseredato
io possiedo: ed è il più esaltante
dei possessi borghesi, lo stato
più assoluto. Ma come io possiedo la storia,
essa mi possiede; ne sono illuminato:

ma a che serve la luce?

P.P. Pasolini, da *Le Ceneri di Gramsci*

Indice

Premessa.. 1

I. La romanizzazione: stato della questione.. 3

    Verso una definizione. La creazione di un modello. L'Italia Meridionale. La Puglia

II. Il Salento in età romana: storia degli studi....................................... 8

III. La ricerca sui sistemi insediativi: problemi di metodo............................ 11

    Geografia degli insediamenti: forme e tipologie degli abitati. Gli insediamenti di età romana: le fonti antiche; la documentazione archeologica; tipologia degli insediamenti minori: una proposta. Definizione dei centri abitati del Salento in età romana: le fonti storiche; le fonti epigrafiche; nota conclusiva

IV. Il sistema insediativo del Salento in età romana.................................. 28

    Ambiti geografici e cronologici della ricerca. Una lettura del sistema insediativo.

Appendice: Catalogo dei siti... 47

Bibliografia... 107

Premessa.

Il presente lavoro, risultato degli studi effettuati nel corso del dottorato di ricerca[1], prende l'avvio da alcune domande poste in seguito all'analisi degli insediamenti della Messapia in età romana ed in generale sulle trasformazioni attuate nella penisola salentina con il processo di "romanizzazione".

Se infatti da un punto di vista storico è possibile seguire le diverse tappe che hanno portato all'inserimento di questo territorio sotto il controllo romano, si è reso necessario capire quali siano i dati oggettivi riscontrabili attraverso la ricerca archeologica.

Dopo aver infatti analizzato gli studi più recenti sulla "romanizzazione" per comprendere il reale significato del termine da un punto di vista non solo storico, ma anche sociale e culturale, l'attenzione è stata rivolta ai sistemi insediativi ed alla definizione che può essere data ai differenti abitati. Attraverso l'analisi comparata tra discipline moderne, quali la Geografia insediativa, e studi specifici effettuati per l'età antica, che si basano sull'analisi di fonti storiche, epigrafiche ed archeologiche, si è cercato di elaborare un modello valido per l'età romana ed applicabile, nel caso specifico, al Salento.

Sono state distinte tre categorie insediative che si articolano, al loro interno, in differenti tipologie abitative; successivamente, ad un livello interpretativo dei dati, è stata verificata la possibilità di riferire a tali abitati una terminologia antica.

L'analisi della documentazione relativa agli insediamenti del Salento ha portato all'esigenza di verificare il reale assetto giuridico ed amministrativo che essi rivestivano in età romana, analizzando in modo critico e sulla base dei dati archeologici le ipotesi avanzate dal Susini. Lo storico infatti, agli inizi degli anni '60, sulla base principalmente

della documentazione letteraria ed epigrafica, aveva fornito una prima ricostruzione dell'organizzazione del Salento meridionale in età romana. Sono stati pertanto analizzati i documenti, letterari ed epigrafici, che menzionano gli abitati del Salento o che indicano la presenza di istituzioni cittadine. Riguardo alle fonti letterarie, sulla base dei lavori compiuti da Grelle, si è cercato di rivedere l'opinione comune secondo cui le collettività menzionate nell'elenco pliniano abbiano tutte fruito dell'autonomia municipale o dello statuto coloniario, proponendo una diversa lettura di tale fonte.

Dopo aver tentato di evitare i luoghi comuni nati su tali tematiche e non comprovati da sicure attestazioni, è stato pertanto effettuato il censimento di tutti i siti di età romana presenti nel Salento tra la fine del III secolo a.C. ed il VI secolo d.C. giungendo così alla realizzazione di un catalogo con oltre 300 schede di insediamenti.

Tale lavoro, posto in appendice, costituisce la base per effettuare una lettura diacronica del sistema insediativo e per fornire un'interpretazione sulla tipologia degli abitati presenti nella penisola salentina nelle differenti fasi in cui è stata suddivisa l'età romana.

Naturalmente questa lettura, seppur inserita una "griglia metodologica" fissa, è soggetta a possibili cambiamenti per quanto riguarda il numero stesso e la definizione insediativa degli abitati grazie all'apporto di nuove conoscenze.

È il caso della segnalazione di un nuovo insediamento di età romana in località Frascone, nell'area del parco naturale regionale di Portoselvaggio, nel territorio di Nardò. Le notizie preliminari[2] inducono a ritenerlo un insediamento costiero affine, per tipologia insediativa e cronologica, all'insediamento di San Foca, sito sul versante adriatico.

Il quadro documentale è inoltre oggi arricchito dalla pubblicazione definitiva dei dati sul territorio brindisino[3],

---

[1] Dottorato di ricerca in Archeologia dei processi di trasformazione (XVI ciclo) discusso nel giugno 2005 presso l'Università Cattolica del Sacro Cuore Milano con una tesi dal titolo: *Dinamiche insediative e cultura materiale nel salento in età romana. Il caso di Otranto*. Rispetto al testo della tesi sono stati espunti i capitoli relativi ad Otranto in età romana ed alla cultura materiale nel Salento romano, argomenti che sono oggetto di ulteriori approfondimenti in vista di una successiva pubblicazione.

[2] Le notizie preliminari sono state edite presso la stampa locale: Gazzetta del Mezzogiorno e Quotidiano di Lecce del 21/06/2008. Gli scavi sono diretti dalla dott.ssa Rita Auriemma.
[3] APROSIO 2008.

frutto dell'attività svolta dall'Università di Siena, che costituiscono un importante tassello per la conoscenza del territorio, ma anche dell'economia e della società del Salento in età romana.

L'ultima revisione generale del testo è stata effettuata nella primavera del 2010.

Ringraziamenti:

Numerose sono le persone che hanno contribuito alla stesura di tale lavoro. La mia riconoscenza va innanzitutto al mio *tutor*, il professore Francesco D'Andria, che ha sostenuto con preziosi e costanti consigli il corso della ricerca. Sono inoltre grato ai membri del consiglio dei docenti del dottorato, in modo particolare al coordinatore, la professoressa Maria Pia Rossignani, ed alla professoressa Grazia Semeraro, per gli spunti ed i suggerimenti offerti durante le riunioni semestrali.

Un particolare ringraziamento va al professor Paul Arthur con il quale ho avuto modo di confrontarmi con proficui e stimolanti scambi di idee ed opinioni.

I dottori Valeria Melissano e Giovanni Mastronuzzi mi hanno fornito, nel corso della realizzazione della tesi, un continuo aiuto e supporto.

L'utilizzo di dati inediti è stato possibile grazie alla liberalità di docenti e colleghi dell'Università degli Studi del Salento - Dipartimento di Beni Culturali, in particolare il professor Paul Arthur,ed i suoi collaboratori del Laboratorio di Archeologia Medievale; la dottoressa Patrizia Guastella per i dati sul territorio di Taranto, oggetto di una tesi di dottorato; il professor Pasquale Rosafio per le annotazioni nella fase finale di revisione del testo. Un prezioso supporto mi è stato fornito, inoltre, da amici, colleghi e familiari cui va la mia riconoscenza.

I. La Romanizzazione: stato della questione.

Verso una definizione.

Nel 1913 lo storico Robert Cagnat stabiliva uno stretto parallelismo tra l'esperienza coloniale francese nei paesi del Mahgreb, come Algeria e Tunisia, e l'occupazione degli stessi territori attuata dai Romani nel passato[4]. In entrambi i casi i conquistatori avrebbero favorito la "civilizzazione" dei popoli sottomessi, costituendo per questi un referente da seguire e da emulare per giungere ad un maggiore grado di "progresso".

Questa testimonianza ben evidenzia come lo studio dei rapporti che si possono instaurare tra differenti popolazioni sia stato spesso condotto applicando il principio diffusionista dell'acculturazione per merito di apporti esterni. Una simile impostazione parte dal presupposto che il "progresso" si realizzi con il passaggio di conoscenze da una cultura all'altra, da una superiore, dominante, ad una inferiore, sottomessa, con il conseguente arricchimento di quest'ultima che rappresenta il soggetto passivo nel processo[5]. Questa impostazione, idealista e storicista, che ha caratterizzato la ricerca archeologica nei secoli scorsi, è stata spesso distorta ed utilizzata per presentare il passato – e la romanità in particolare - come prodromo e giustificazione di sviluppi contemporanei[6].

Talora, per spiegare il fenomeno della colonizzazione nel mondo antico, sono state riferite al passato esperienze colonialiste moderne. In tal modo, tuttavia, si è falsata la lettura e la giusta comprensione delle vicende dell'antichità[7].

Analizzare le interazioni che possono sussistere tra due differenti realtà che entrano in contatto è sicuramente compito arduo e denso di problematiche, in particolare quando tale analisi si sposta sulle civiltà antiche; i risultati che possono emergere sono condizionati dal tipo di documentazione di cui si è in possesso e dalla possibilità di trovare riscontri per le conclusioni cui si è pervenuti.

Per definire le interazioni ed i vari rapporti che si instaurarono tra i romani e le popolazioni indigene con cui essi entrarono in contatto è stato coniato il termine di "romanizzazione". Questo termine così espresso non riesce però a spiegare a pieno la complessità ed i differenti avvenimenti collegati al fenomeno[8]. Per romanizzazione potremmo intendere tutti quei processi mediante i quali diverse popolazioni indigene furono incorporate nella compagine statale romana[9]; di conseguenza si potrebbe affermare che "romanizzazione" corrisponda ad "acculturazione", in relazione ad un preciso momento storico.

Se il concetto di romanizzazione è valido per sottintendere un processo storico, quando lo si estende al campo sociale e culturale rischia di risultare generico ed elusivo. Sotto questo aspetto, sociale e culturale appunto, è possibile definire la romanizzazione come un tentativo di omologazione di un'area precedentemente composita; a tale risultato si perviene attraverso l'acquisizione di modelli culturali e comportamentali romani da parte delle popolazioni autoctone[10]. Il risultato che ne deriva, definito "romanizzazione", non è uguale ed omogeneo, ma presenta una serie di variazioni. Queste sono inevitabilmente legate all'esperienze sviluppate dalle popolazioni locali, che incidono sull'incontro delle due realtà dando luogo ad un polimorfismo nell'acquisizione dei modelli di riferimento, in cui le componenti endogene non vengono sostituite, ma si trasformano per adattarsi alla nuova situazione[11].

---

[4] CAGNAT 1913, p. 776 "Nous pouvons donc sans craindre [...] comparer notre occupation de l'Algérie et de la Tunisie à celle des mêmes provinces africaines par les romains: comme eux, nous avons glorieusement conquis le pays, comme eux, nous avons assuré l'occupation, comme eux, nous essayons de le transformer à notre image et de le gagner à la civilisation".

[5] Per il superamento di questa visione è basilare l'apporto fornito dai lavori di Colin Renfrew, in particolare RENFREW, BAHN 1995 con bibliografia specifica.

[6] TERRENATO 2000, p. 337.

[7] FREZOULS 1983; per un approccio post-coloniale al fenomeno della colonizzazione antica si veda DOMMELEN 1997, pp. 308-310.

[8] Parola che, provocatoriamente, si può arrivare anche a detestare, come afferma la Alcock (ALCOCK, 2001)

[9] BARRETT, 1997, p. 51.

[10] E' stato proposto di utilizzare, per queste valenze politiche, sociali e culturali, il termine *romanismus*. Si veda, in merito: MAZZA 1998, p. 14.

[11] In questi ultimi anni diversi e stimolanti contributi hanno avuto come argomento la romanizzazione ed il confronto di questo avvenimento "socio-culturale" e militare con esperienze moderne. Per analizzare

La creazione di un modello

Come giustamente affermato dal Woolf[12], nel processo di romanizzazione, diversità ed unità, come anche continuità e cambiamento, formano paradossalmente un binomio, all'interno del quale un fenomeno non può essere compreso senza l'altro; questo reale paradosso non può essere risolto, può solo essere analizzato. Occorre dunque tentare di studiare i fenomeni in modo obiettivo, riesaminando in maniera critica i dati derivati dall'analisi storica ed archeologica, sganciandosi da una visione romanocentrica che spesso ha condizionato lo studio dell'espansione dell'Impero romano[13]. Lavori pionieristici in tal senso sono quelli di Bernabou e Pippidi[14], che hanno cercato di analizzare le anomalie nel processo di romanizzazione tradizionalmente inteso, rivolgendo l'attenzione alla resistenza delle popolazioni locali di fronte a coloro che portavano "la cultura e la civiltà".

Recenti studi hanno tentato di proporre un modello che potesse chiarire ed esemplificare il processo di romanizzazione, partendo dalle premesse sopra enunciate[15]. Il Millett, basando i suoi studi sull'analisi delle popolazioni preromane dell'area celtica, afferma che la romanizzazione è un processo di scambio dialettico piuttosto che l'influenza di una cultura sopra le altre; l'autore inoltre sostiene che il risultato cui si perviene e le strutture sociali e di potere che si costituiscono dopo questo incontro sono la conseguenza di eventi accidentali piuttosto che di azioni deliberate.

Un accurato tentativo di analisi generale dei rapporti tra i romani e le altre popolazioni e del risultato che ne consegue, è stato effettuato dalla Alcock[16]. La studiosa, analizzando i dati dei surveys raccolti in Grecia, giunge alla conclusione che la discriminante che determina differenti esiti nel controllo di nuovi territori occupati è il grado di organizzazione raggiunto dalle differenti comunità. Infatti analizzando l'organizzazione politica e sociale della popolazione "sottomessa" ed il rapporto con la "dominante" si possono identificare tre tipologie di situazioni:

1. se l'organizzazione della popolazione "sottomessa" è inferiore, si verifica un adeguamento allo standard della forza "dominante";

2. se l'organizzazione della popolazione "sottomessa" è superiore, si procede con una marginalizzazione dell'area o, addirittura, alla distruzione e riorganizzazione sulla base del modello del vincitore;

3. se, infine, l'organizzazione è simile, si attua una cooptazione ed un inserimento nel sistema imposto dalla forza vincitrice;

E' dunque possibile dedurre che la scelta dei mezzi per giungere al risultato preposto, l'inserimento di una nuova realtà nel "sistema" romano, cambi soprattutto in relazione a ragioni di carattere socio-culturale, geografico ed economico.

La "varietà" ed il carattere non "fisso" del risultato cui può pervenire l'incontro/scontro tra Roma e le altre popolazioni vengono sottolineati ancora da Hopkins[17] che considera la romanizzazione come parte integrante di un processo molto ampio di adattamento reciproco tra conquistatori e conquistati.

Se l'elaborazione di un modello aiuta a comprendere alcuni fenomeni, soprattutto su un piano generale, nel momento in cui si intraprende un'analisi puntuale, definita sotto l'aspetto geografico e cronologico, è opportuno considerare tutte le particolarità laddove siano riscontrabili. Si potrebbe dunque definire un modello

---

l'aspetto culturale è stato introdotto un concetto mutuato dal campo biologico, l'ibridazione, utilizzato soprattutto negli studi post-colonialisti (si veda da ultimo YOUNG 1995). Partendo da un'analisi prettamente sociologica alcune collazioni sono state effettuate con il fenomeno del "metissage" o "creolizing" (WEBSTER 2001). Per alcuni aspetti culturali ed economici si è anche fatto ricorso al concetto di globalizzazione (WITCHER 2000). Infine, come esempio di un eccessivo tentativo di raffronto tra passato e situazioni presenti, sono stati coniati nuovi termini, come " russianization" e "westernization", la cui definizione non si allontana molto da quella data al termine romanizzazione (VALLAT 2001). Molto interessante è anche la sintesi offerta in SISANI 2007 in cui, analizzando le fonti, si ripercorre quello che potremmo definire il "concetto di romanizzazione" espresso dai romani stessi. Interessante anche lo studio in HINGLEY 2008 in cui si analizza l'utilizzo nel corso dei secoli del termine "romanization" in Gran Bretagna e le sue implicazioni socio-culturali in base al periodo storico in cui tale termine veniva utilizzato.

[12] WOOLF 1992.
[13] SCOTT 1992 e HANSON 1997.
[14] BERNABOU 1976 e PIPPIDI 1976.
[15] Mi riferisco a tre lavori in particolare: MILLETT 1990, ALCOCK 1993 e HOPKINS 1996; a questi bisogna aggiungere i vari contributi contenuti nei TRAC (*Theoretical Roman Archaeology Conference*). Un importante quadro di sintesi sulle "nuove" letture del fenomeno della romanizzazione è nella premessa del volume curato da KEAY e TERRENATO (2001).

[16] ALCOCK 1993

4

teorico di romanizzazione che può essere valido sotto alcuni aspetti generali. La romanizzazione reale deve essere invece analizzata per ogni singolo caso, partendo da alcune premesse valide e comuni enunciate nel modello teorico.

In questi ultimi anni numerosi studi sono stati rivolti all'analisi della "romanizzazione" nelle diverse regioni dell'Impero; tali lavori cercano di evidenziare non solo gli aspetti della *romanitas* che vengono recepiti, ma anche le peculiarità delle popolazioni autoctone che continuano a persistere sotto il dominio di Roma [18].

L'Italia Meridionale

Per quanto riguarda l'Italia Meridionale sono stati pubblicati studi che offrono interessanti spunti di riflessione[19]. I lavori della Lomas e di David sono, per alcuni aspetti, simili; entrambi partono da una analisi storica e tentano di analizzare i vari fattori che hanno contribuito alla diffusione della cultura romana tra le popolazioni italiche. Entrambi inoltre sottolineano l'importanza di un substrato comune alle diverse popolazioni italiche – tra cui anche i romani/latini – che aderivano ad una *koiné* ellenistica che accomunava tutto il Mediterraneo, soprattutto tra II e I sec. a.C., anche se essa era circoscritta alle *élites*.

In particolare la Lomas, dopo un'attenta analisi storica[20], analizza alcuni aspetti su cui è interessante soffermarsi. La studiosa affronta il problema della questione economica ed agraria affermando che non si può parlare di decadenza per questo periodo, ma di profondi cambiamenti strutturali. Sottolinea il carattere conservativo, e quindi di resistenza, delle istituzioni religiose delle popolazioni autoctone, soprattutto quelle connesse ai culti privati; evidenzia al contrario come le strutture politiche ed amministrative presentino, almeno nei segnali esterni, una maggiore sensibilità verso i cambiamenti, anche perché, dopo la guerra sociale, esse vennero imposte come condizione all'estensione della cittadinanza romana.

Nell'ultima parte, dedicata all'identità culturale e civile delle popolazioni locali, la Lomas conclude affermando che: " all'interno della complessa struttura di *municipia* e colonie romane, la maggior parte delle città tenta di costruirsi una distintiva identità locale, forgiata da disparati elementi della cultura Greca, Romana ed Italica. Il modo con cui questi sono stati acquisiti, ed i risultati del processo, inevitabilmente sono differenti da città a città, ed anche dal diverso livello della società, ma tutte le evidenze indicano un complesso processo di interazione culturale, e non lo sviluppo di una monolitica ed uniforme Italia romanizzata".

Il lavoro di David[21] presenta numerose affinità con quello della Lomas, soprattutto per l'impostazione metodologica. Di estremo interesse è il quesito che l'autore pone all'inizio dello studio, che definisce le linee programmatiche del lavoro. Egli si domanda cosa vi fosse in comune tra le diverse popolazioni italiche alla fine III sec. a.C. Oltre ad essere tutte "sottomesse" a Roma, conservavano i caratteri distintivi della loro lingua, cultura, religione ed organizzazione sociale e politica. Queste differenze, nello spazio di due secoli circa, si sarebbero smorzate e, sotto alcuni aspetti, addirittura cancellate: tutti questi popoli si sarebbero "romanizzati".

Per sostenere tale assunto, anche David parte da un'analisi storica, sottolineando come tra la seconda guerra punica ed il principato di Augusto si susseguirono una serie di avvenimenti e trasformazioni, tali da provocare uno stato di *shock* presso le differenti popolazioni italiche. David pone l'accento sui meccanismi dell'unificazione e, soprattutto, sulla necessità di una integrazione voluta e sostenuta dalle *élites* locali. Il risultato cui si perviene è la creazione di una comunità essenzialmente unificata di cittadini romani,

---

[17] HOPKINS 1996.
[18] Estremamente ampia la bibliografia sulla romanizzazione delle diverse realtà che costituivano l'impero romano, dalla Spagna all'Asia Minore, si vedano, tra gli altri: HOFF, ROTROFF 1997; ECK 1999; FENTRESS 2000; KEAY, TERRENATO 2001; BERLIN 2002.
[19] Numerosa è la bibliografia degli ultimi anni che analizza la situazione delle società locali italiche in età romana, tra gli altri LOMAS 1993; DAVID 1994 e TERRENATO 1998.
[20] In base alla sintesi proposta è possibile individuare nel II sec. a.C. un processo di *deconstruction* della precedente organizzazione cui segue, dopo le guerre sociali, la *reconstruction* che raggiungerà il culmine in età augusta.

[21] DAVID 1994.

in cui però le diversità e le varie identità sono, in qualche modo, superate.

Infine un breve ma importante contributo sul problema dei rapporti tra Roma e le popolazioni italiche e su una loro corretta analisi viene offerto da Terrenato[22]. L'aspetto più significativo risiede nell'impostazione metodologica basata sul tentativo di definire alcuni sottosistemi della società – concepiti in opposizione – che possono essere rilevanti per la comprensione del processo di romanizzazione. Lo studioso identifica alcuni sottosistemi o sfere di interazione, presenti all'interno delle comunità locali ed abbastanza speculari, che sono interessati, in modo diverso, dalla "romanizzazione".

In linea generale risulta che alcuni sottosistemi sembrano essere influenzati in modo più percettibile rispetto ad altri[23].

Questo tipo di approccio, inizialmente frammentario, può invece condurre ad una visione generale della romanizzazione, estendibile a tutte le popolazioni locali. Se infatti la situazione pre-romana è differente per ciascuna popolazione, e se è variabile l'impatto della cultura romana su di esse, i sottosistemi che partecipano a questo processo sono gli unici "elementi" fissi e stabili per ogni comunità autoctona.

Alla luce di quanto esposto da Terrenato, e sulla base degli studi della Lomas e David, si potrebbe affermare, in linea generale, che nel III sec. a.C., alla fine del processo di conquista romana dell'Italia, non si attuò alcuna unità, ma si instaurò un sistema di controllo e di predominio[24]. Solo dopo la sconfitta di Annibale si avviò un processo di adeguamento, soprattutto su un piano istituzionale e normativo, da parte delle differenti popolazioni italiche. Lo studio delle singole realtà serve a comprendere quanto tale adeguamento investì i diversi campi, o sottosistemi, e con quali modalità e tempi ciò venne realizzato.

Oltre a queste opere che offrono un approccio più teorico e generale allo studio di tali problematiche, negli ultimi anni sono stati realizzati differenti contribuiti che tentano di analizzare il fenomeno della "romanizzazione" attraverso singoli casi studio e basando la ricerca sui dati archeologici[25].

La Puglia

Nel corso dell'ultimo decennio nuovi studi hanno avuto come tema l'analisi delle trasformazioni delle comunità indigene della Puglia dopo l'arrivo dei romani.

Con diversa incisività sono state analizzate le realtà subregionali dell'attuale Puglia: Daunia, Peucezia, Taranto e la sua *chora*, Messapia.

Nello studio dell'età romana in Italia Meridionale è impossibile prescindere dal giudizio espresso dal Toynbee[26]. Per lo studioso la guerra annibalica costituiva il momento di destrutturazione della realtà italica sul piano politico e socio-economico e la Puglia rappresentava un osservatorio privilegiato per le conseguenze di lunga durata della guerra annibalica.

All'indomani di tale scontro, che avrebbe avuto come conseguenza principale lo "sradicamento del ceto rurale", si sarebbe diffusa nel meridione una condizione di "sottosviluppo" che, con una sostanziale continuità, sarebbe perdurata sino al secondo dopoguerra.

Il quadro delineato dal Toynbee, che si basava principalmente sulle fonti letterarie, ha esercitato una notevole influenza nel modo di ricostruire l'evoluzione economica e politica delle regioni meridionali della penisola.

L'aumento dei dati oggi a nostra disposizione, grazie soprattutto all'intensificarsi delle ricerche archeologiche, consente di convenire con il Toynbee sull'indubbia importanza della seconda guerra punica e delle sue conseguenze; essa però non costituì una rottura traumatica

[22] TERRENATO 1998.
[23] Vengono presentate due liste speculari ma influenzate diversamente dai processi di acculturazione: una più sensibile (élites, urbano, lowland, pubblico, esterno, uomo, vita) l'altra più refrattaria a cambiamenti (cittadini comuni, rurale, upland, privato, interno, donna, morte).
[24] Per tali posizioni si veda anche GABBA 1998.
[25] Oltre ai recenti contribuiti dedicati a differenti aree geografiche dell'Italia Meridionale presenti in CASCIO, STORCHI MARTINO 2001, occorre ricordare ARTHUR 1991; DI GIUSEPPE 1996; SMALL 1999; LA TORRE 1997. Per la Sicilia fondamentale è lo studio in WILSON 1990 cui si aggiunge, sebbene l'analisi si basi sull'analisi delle fonti, ZAMBON 2008. Per l'Italia centrale e settentrionale importanti annotazioni in DENTI 1991; GRASSI 1996, *Paesaggi* 2002 e, da ultimo, SISANI 2007 che offre uno studio completo ed ineccepibile sulla romanizzazione dell'Umbria.
[26] TOYNBEE 1965. Per una rilettura della tesi del Toynbee si vedano gli interventi nell'incontro "*Hannibal's Legacy* trent'anni dopo" edito in LO CASCIO, STORCHI MARTINO 2001.

nell'assetto economico e sociale delle regioni coinvolte, ma determinò una generale ridefinizione dei rapporti politici e delle forme giuridiche tra le popolazioni autoctone e Roma, accellerando processi che erano già in atto.

Un importante studio che ha affrontato l'analisi del processo di romanizzazione del territorio pugliese è quello compiuto da Volpe[27] che, attraverso l'analisi dei dati storici ed archeologici della Daunia, ha ricostruito le dinamiche insediative, sociali e culturali dell'odierna Capitanata in una fase di transizione tra l'età ellenistica e quella romana.

L'attenta valutazione dei dati raccolti consente di analizzare da un lato gli aspetti di continuità con l'assetto precedente, dall'altro lo sviluppo dinamico ed i notevoli cambiamenti che si ebbero in questo periodo con ripercussioni sull'organizzazione della vita economica e sociale del mondo indigeno[28].

Per la parte centrale della Puglia è stato attuato un quadro di sintesi che, partendo soprattutto dalla documentazione storica, pone dei problemi sull'interpretazione di questi ultimi in rapporto ai dati archeologici. Recenti pubblicazioni offrono un aggiornamento sulla documentazione di tale comprensorio ma non forniscono una lettura di ampio respiro sulla fase romana[29].

Una messa a punto è stata realizzata per la città di Taranto, ed il territorio della colonia laconica, nel periodo di passaggio tra l'età ellenistica e quella romana[30].

Anche in questo studio si sottolinea dapprima come tra III e II sec. a.C. in Italia meridionale si verifichino fenomeni di profonda trasformazione che interessano le comunità italiote ed indigene condizionando gli assetti insediativi ed amministrativi.

Questa complessa situazione non può essere appiattita sulla semplice opposizione tra due sistemi (Roma / Magna Grecia), ma l'attenzione deve essere rivolta alle trasformazioni progressive, agli elementi di cambiamento e persistenza registrati nelle diverse fonti a nostra disposizione.

Dopo tali premesse ed un *excursus* generale di questo periodo storico, l'autore passa ad analizzare il caso di Taranto, utilizzando fonti storiche e dati archeologici, restituendo così il vitale quadro di una città tra continuità e trasformazioni che in modo positivo e negativo ne condizionarono gli sviluppi.

Per quanto riguarda gli studi sulla penisola salentina, di cui viene tracciata una storia nel capitolo successivo, occorre ricordare l'importante contributo di Yntema incentrato sulle trasformazioni attuate sul territorio del Salento in età romana[31]. L'autore basa la sua ricerca sui dati di scavo e di surveys provenienti dall'area centrale del Salento, corrispondente all'odierna provincia di Brindisi. L'analisi si sofferma su alcuni aspetti particolari: sistema insediativo, strutture sociali e politiche, economia, artigianato, religione. Questi vengono esaminati nei due momenti contigui, prima della conquista romana e dopo la conquista, per cercare di cogliere i caratteri di continuità e di discontinuità.

In base a questa analisi Yntema conclude che, nella maggior parte dei casi, la presenza romana serve come un agente catalizzatore nel processo evolutivo avviato prima della conquista romana da cause completamente differenti. Il fattore cruciale, la causa basilare dei cambiamenti, non è l'incorporazione del comprensorio di Brindisi nello Stato romano, ma l'integrazione di questa stessa area nel sistema mediterraneo di contatti interregionali che andavano intensificandosi fortemente nella tarda età ellenistica. Tutti i cambiamenti individuati nelle categorie sopra enunciate devono molto al dialogo tra le culture autoctone dell'area brindisina e l'emergente *koinè* culturale mediterranea, con le numerose varianti locali – in cui si inseriscono anche quelle italiche/romane – di età medio ellenistica.

[27] VOLPE 1990.
[28] Su un'analisi dei diversi aspetti della società daunia nell'età di transizione tra la fase ellenistica e quella romana si vedano i diversi contributi in CASSANO 1992.
[29] Per un'analisi della documentazione dell'area peuceta si veda: PANI M., CASSANO R., SICILIANO A. 1989; CIANCIO 1990; CIANCIO 2002.
[30] LIPPOLIS 1997.

[31] YNTEMA 1995.

II. Il Salento in età romana: storia degli studi.

La storia degli studi sul Salento in età romana appare abbastanza discontinua; nonostante l'interesse rivolto a questa fase storica accompagni la nascita della ricerca archeologica nel territorio in esame, dopo un periodo di attenzione è seguito un lungo silenzio.

I primi scavi realizzati alla fine dell'800 e, soprattutto, gli interventi della prima metà del '900 hanno evidenziato e volutamente sottolineato il carattere "romano" di questa area geografica.

La scoperta di evidenze monumentali, in modo particolare a Lecce con la presenza dei due edifici per spettacoli, teatro ed anfiteatro, portò ad una enfatizzazione del concetto di *romanitas* che ben si poneva in un momento storico filoromano o, meglio, filoimperialistico.

Inoltre, sulla scia del regime fascista, crebbe l'interesse verso il culto della romanità che divenne uno dei fondamenti dell'apporto ideologico e propagandistico del regime[32].

L'interesse rivolto verso tali problematiche non aveva però niente di sistematico, ma proseguiva in modo a volte estemporaneo e spesso grazie all'interesse di singole personalità.

Negli anni successivi alla guerra, in nome della modernizzazione e del progresso, sono stati spesso messi da parte gli interessi legati alla conoscenza ed al recupero delle evidenze archeologiche che costituivano un intoppo al repentino sviluppo urbano ed economico dei vari centri del Salento.

L'unico sito che costituisce un'eccezione è Egnazia[33] che, grazie all'abbandono in età post-medievale, ha potuto giovare di una maggiore conservazione. Al primo decennio del XIX secolo risalirebbero i primi scavi intenzionali nella zona anche se non autorizzati e condotti senza il controllo di un fiduciario del Real Museo Borbonico. Dopo un periodo di grandi saccheggi tra il 1912 ed il 1913 furono condotti i primi scavi ufficiali ad opera del Quagliati, direttore del Museo di Taranto. Nuovi interventi furono effettuati tra il 1939 ed il 1940, da parte del Drago coadiuvato da Bernabò Brea e Degrassi; dopo la pausa della guerra, le attività di scavo proseguirono abbastanza fitte tra gli anni 60 e 70, anche se con una scarsa pubblicazione dei lavori e dei rinvenimenti effettuati. Attualmente è in corso un progetto di scavo che vede coinvolta l'Università di Bari in collaborazione con la Soprintendenza archeologica della Puglia ed altri enti[34].

La parte settentrionale del Salento ha visto inoltre la realizzazione di uno dei primi cantieri di archeologia subacquea con la realizzazione di due campagne di scavo, nel 1972-1973, nelle acque antistanti Torre S. Sabina[35].

Un nuovo ed importante progetto è stato avviato da parte della Libera Università di Amsterdam nel territorio di Ostuni; attraverso ricognizioni sistematiche e sondaggi mirati si persegue il compito di ricostruire le dinamiche insediative di tale comprensorio applicando le metodologie dell'archeologia del paesaggio già utilizzate in altre aree del Salento[36].

Nell'area ionica l'attenzione rivolta al passato di Taranto, gravemente minata dal disordinato sviluppo urbano e dall'industrializzazione "selvaggia", era volta soprattutto a cogliere e sottolineare il carattere greco del centro[37]. Solo di recente è stato avviato un programma di razionalizzazione dei dati provenienti dalla città e dal territorio per tentare di ricostruire il quadro storico nelle differenti epoche attraverso l'analisi delle attestazioni archeologiche[38].

---

[32] Sull'archeologia in Italia durante il periodo fascista e sulle implicazioni culturali e di propaganda si veda, da ultimo BARBANERA 1998 soprattutto le pp. 144-152 con bibliografia precedente.
[33] Per una storia degli studi su Egnazia si veda ANDREASSI 1989, pp. 105-110.
[34] Il Progetto Egnazia, avviato nel 2001, vede la partecipazione, oltre che dell'Università di Bari e della Soprintendenza per i Beni Archeologici della Puglia, anche del Museo Nazionale di Egnazia e del Comune di Fasano.
[35] PIETROPAOLO 1997.
[36] BURGERS, ATTEMA, VAN LEUSEN 2003.
[37] ANDREASSI 2002.
[38] Si vedano in proposito i differenti contributi in LIPPOLIS 1996 e gli atti del quarantunesimo convegno di Studi della Magna Grecia dedicato a Taranto. Per i lavori sul territorio ancora fondamentale il censimento in COCCHIARO 1981; a questo si aggiungono le tesi di dottorato condotte dalle dott.sse Patrizia Guastella e Fiorella De Luca.

Nel Salento centrale è indubbiamente Brindisi[39] il sito che ha fornito il maggior numero di dati sull'età romana. Grazie ai dettagliati resoconti dell'Arcidiacono Giovanni Tarantini, realizzati alla fine del XIX secolo, è possibile avere una descrizione dei rinvenimenti effettuati in città; a lui si deve inoltre l'istituzione del Museo Civico nella Chiesa di San Giovanni al Sepolcro.

Agli inizi del '900 altra figura di spicco è il canonico Pasquale Camassa che, rivestendo l'incarico di Ispettore per i monumenti e gli Scavi, ha fornito un resoconto delle scoperte e dei resti celati nel sottosuolo della città. Dal secondo dopoguerra agli anni '70 una preziosa fonte di informazione sono i contributi di Benita Sciarra Bardaro.

A partire dagli anni 80 sono stati effettuati da parte della Soprintendenza Archeologica della Puglia una serie di interventi di archeologia urbana volti sia alla documentazione di aree destinate alla riqualificazione urbana o alla realizzazione di nuovi edifici, il caso dello scavo della necropoli di via Cappuccini, sia di aree in cui si prevedeva una fruizione *in loco*, come nel caso del quartiere di San Pietro degli Schiavoni, sotto il Nuovo Teatro Comunale[40]. Inoltre numerosi cantieri urbani sono stati effettuati negli ultimi anni, anche se è ancora assente un lavoro di sintesi che possa delineare un quadro esaustivo sulle attestazioni di uno degli insediamenti più importanti del Mediterraneo in età imperiale.

Lo studio del territorio brindisino, la cui ricchezza di testimonianze era già nota grazie ai meritori lavori di censimento e di raccolta dei dati sporadici e delle segnalazioni effettuate negli anni '70, è stato affrontato con un approccio metodologico scientifico e moderno a partire dagli anni '80[41].

Si tratta principalmente di progetti in cui è stata realizzata una ricognizione sistematica dell'area oggetto di indagine con l'apertura di scavi stratigrafici volti a definire alcune problematiche emerse dall'analisi dei dati raccolti nei surveys. E' il caso dell'attività svolta dall'Università di Siena nell'hinterland brindisino e dall'équipe della Libera Università di Amsterdam in diversi centri antichi, come Oria, Valesio, Muro Tenente, Muro Maurizio, S. Pancrazio[42].

La storia degli studi del Salento meridionale in età romana è legata agli scavi di *Rudiae* ed ai rinvenimenti effettuati a Lecce.

Le prime relazioni sugli scavi effettuati a *Rudiae* tra il 1869 ed 1875 furono redatte da Sigismondo Castromediano. Nella prima metà del '900 si deve al De Giorgi un forte interesse verso *Rudiae* e, soprattutto, Lecce dove per suo merito venivano riportate in luce le importanti vestigia del teatro e dell'anfiteatro.

Oltre ad episodici rinvenimenti un azione di documentazione del patrimonio archeologico e, successivamente, di tutela, venne avviato alla fine degli anni '70 con i primi scavi di emergenza e l'avvio di progetti di indagini sistematiche in diverse aree salentine, grazie all'impegno profuso dall'Università degli Studi di Lecce e della Soprintendenza archeologica. Tra le differenti iniziative particolarmente rilevanti per l'età romana e tardoantica sono state le ricognizioni sistematiche condotte nell'entroterra otrantino, presso il moderno centro di Vaste. Qui è stato possibile effettuare una lettura diacronica dell'insediamento e dell'intero territorio individuando le principali evoluzioni e trasformazioni nel corso dei secoli. Inoltre in un'area poco distante dall'antico abitato, in Località SS. Stefani - Fondo Giuliano, è stato indagato un importante complesso rurale realizzato in età tardoantica in cui è stato riconosciuto un edificio religioso di tipo martiriale con una necropoli annessa[43].

---

[39] Una sintesi sulla storia degli studi di Brindisi è in COCCHIARO s.d.
[40] Per una rassegna degli scavi urbani a Brindisi e per lo scavo in via dei Cappuccini si veda COCCHIARO, ANDREASSI 1988. Per l'area di San Pietro degli Schiavoni una sintesi è offerta in COCCHIARO s.d. Infine per l'azione congiunta tra Università del Salento e Soprintendenza archeologica si vedano i risultati preliminari sulla ricchezza del materiale ceramico rinvenuto nello scavo condotto presso l'atrio della Cattedrale in D'ANDRIA R. 1997.
[41] Fondamentale il lavoro di censimento effettuato in QUILICI, QUILICI GIGLI 1975, a questo occorre aggiungere i contributi del Marangio incentrati sui rinvenimenti di età romana nella provincia di Brindisi, MARANGIO 1975.

[42] Per le un quadro di sintesi sulle attività promosse dall'Università di Siena si veda CAMBI 2000, CAMBI 2001, APROSIO 2005 ed ora anche APROSIO 2008 con bibliografia precedente. Per i progetti avviati dalla Libera Università di Amsterdam si vedano i lavori di sintesi in YNTEMA 1993 per Oria; BOERSMA 1995 per Valesio e BURGERS 1998 per Muro Tenente, Muro Maurizio e San Pancrazio.
[43] Per le indagini territoriali si veda BELOTTI 1997; per la fase paleocristiana di Fondo Giuliano: D'ANDRIA, MASTRONUZZI, MELISSANO 2006.

Negli ultimi anni a Lecce è stato avviato un progetto di archeologia urbana, denominato "Lecce sotterranea" che ha consentito di effettuare indagini in diverse aree del centro storico in occasione di lavori di manutenzione della rete dei sottoservizi o di ristrutturazioni edilizie[44].

Riguardo ad opere di carattere generale incentrate alla comprensione ed allo studio dell'età romana nel Salento un importante lavoro di analisi è stato effettuato agli inizi degli anni '60 dal Susini. Lo storico, analizzando la documentazione letteraria e quella epigrafica, fornisce un'importante repertorio dei documenti epigrafici noti sino ad allora ed avanza una prima ipotesi sull'assetto giuridico ed amministrativo dei centri abitati del Salento meridionale[45].

Nel corso degli anni '70 la documentazione archeologica, grazie agli interventi dell'Università degli studi di Lecce, condotti spesso in collaborazione con altri enti, ha registrato un nuovo e considerevole incremento dei dati. Un prezioso contributo con una sintesi sulla situazione della Puglia in età romana è stato presentato dal professor D'Andria in un volume interamente dedicato a questa regione[46]. Oltre all'esame delle fonti, l'analisi delle fasi romane è incentrata sullo studio delle attestazioni archeologiche e della cultura materiale che ben evidenziano l'inserimento di tale area nei traffici commerciali mediterranei ed in un sistema di scambi soprattutto con le province orientali dell'Impero.

Gli anni '80 costituiscono indubbiamente un periodo di grande fervore in cui viene intensificata la ricerca archeologica sul territorio. La pubblicazione dei rapporti di scavo sulla rivista *Taras* ad opera della Soprintendenza archeologica della Puglia ha consentito di avvalersi di un importante strumento di registrazione delle attività svolte annualmente sull'intero territorio regionale.

Inoltre nel 1986 è stato inaugurato un Convegno sulla Puglia Romana che, seppur con appuntamenti non sempre regolari, viene ancor oggi ospitato a Mesagne[47].

Tali studi hanno consentito di ampliare in modo considerevole le conoscenze sull'età romana, sia su alcune aree specifiche, sia riguardo ad alcuni aspetti generali, quali soprattutto la trasformazione agraria e l'organizzazione economica di età tardorepubblicana[48].

Agli inizi degli anni '90 Guzzo[49], allora reduce dall'esperienza di Soprintendenza della Puglia, ha cercato di fornire un quadro problematico delle linee di ricerca da seguire per l'analisi della prima fase della presenza romana, analizzando tre campioni di indagine, Brindisi, Taranto e Bari alla luce delle fonti e dei rinvenimenti archeologici vecchi e nuovi.

Un approccio sostanzialmente "storiografico" e poco attento ai dati archeologici è il lavoro offerto da Sirago[50] che, tentando di realizzare una sintesi di tutta l'età romana sull'intera regione, spesso non effettua un'analisi critica dei dati, tralasciando le nuove informazioni e riproponendo letture non meditate e non aggiornate.

Al contrario il volume di Lamboley si basa sull'analisi dei dati archeologici e fornisce un ricco quadro documentativo sul Salento, dall'età arcaica sino alla seconda metà del III sec. a.C., quando la Messapia venne incorporata nel sistema culturale ed amministrativo romano[51].

Un recente lavoro di Grelle riesce a chiarire il panorama politico ed amministrativo della Puglia all'indomani del processo della conquista romana partendo dall'analisi delle fonti storiche. Attraverso la lettura integrata dei dati storici ed archeologici, lo studioso sottolinea le peculiarità e le differenze degli interventi realizzati dal governo

---

[47] Il Convegno è giunto alla settima edizione, e sono stati pubblicati gli atti dei primi cinque: MARANGIO 1988; UGGERI 1992; LOMBARDO, MARANGIO 1998; ALESSANDRÌ, GRELLE 2001.
[48] Sulla trasformazione agraria si rimanda a COMPATANGELO 1989 ed a CHIOCCI, POMPILIO 1997. Per lo studio dell'economia del Salento in età tardorepubblicana, attraverso lo studio della cultura materiale e ad una lettura delle fonti, si veda DESY 1993.
[49] GUZZO 1991.
[50] SIRAGO 1993.
[51] LAMBOLEY 1996.

---

[44] Il progetto, realizzato in accordo tra Università, Soprintendenza, Comune e Museo Provinciale è stato varato nel 1996. Per una prima analisi dei dati si veda D'ANDRIA 2004.
[45] SUSINI 1962. L'area dell'indagini è circoscritta all'attuale provincia di Lecce con un ampliamento al territorio dell'antica *Valesium*.
[46] D'ANDRIA 1979.

centrale romano nelle diverse realtà sub regionali in cui si suddivideva l'intero territorio pugliese[52].

Negli ultimi anni sono stati editi nuovi studi sull'età romana, soprattutto all'interno di opere a carattere generale[53], oppure con una tematica specifica; tra queste si segnalano in particolare il Catalogo della Mostra sulla Via Appia, che offre un riesame della documentazione in nostro possesso, ed il volume dedicato al teatro romano di Lecce, un monumento che, benché scavato negli anni Venti, era ancora sostanzialmente inedito[54].

Infine una crescente attenzione nei riguardi dell'età tardoantica è testimoniata da alcune iniziative che hanno avuto come oggetto di studio proprio questa fase storica: il XXXVIII Convegno di Studi sulla Magna Grecia, tenutosi nel 1998 e dal titolo *L'Italia Meridionale in età Tardo Antica*; il Seminario sul Tardoantico e l'Altomedioevo in Italia Meridionale, organizzato dall'Università di Foggia nel 2004 e giunto alla sua terza edizione.

III. La ricerca sui sistemi insediativi: problemi di metodo.

Geografia degli insediamenti: forme e tipologie degli abitati.

L'analisi e lo studio dei "modi" di abitare ha portato a definire le differenti esperienze insediative maturate da singoli o da comunità umane nel corso della storia.

L'uomo non si ripartisce in maniera uniforme e regolare nello spazio e numerose sono le discriminanti, soprattutto sotto l'aspetto cronologico e geografico, che determinano la scelta del modo di occupare il suolo.

La geografia moderna ha tentato di analizzare tale fenomeno ed è stato così possibile procedere con l'identificazione di distinte categorie insediative al cui interno vanno poi ricercate ulteriori differenziazioni[55].

Una preliminare distinzione si suole operare fra sedi mobili e sedi permanenti.

Gli insediamenti mobili possono essere distinti in quattro categorie:

A. Ripari effimeri.
B. Insediamenti temporanei.
C. Insediamenti stagionali.
D. Insediamenti semi-permanenti.

All'interno di tali categorie si definiscono varie tipologie, determinate dalle caratteristiche peculiari dipendenti da differenti fattori, ad esempio quello geografico o funzionale.

Per ripari effimeri si sottendono tutte quelle strutture che possono costituire un ricovero momentaneo per una breve sosta, come grotte ed anfratti naturali, o tettoie realizzate appositamente per fornire un riparo.

Gli insediamenti temporanei sono caratterizzati da strutture di diversa fattura, come tende, capanne, o anche in questo caso grotte, utilizzate in particolari momenti della giornata o per più giorni solitamente da pastori o agricoltori.

Gli insediamenti stagionali constano in abitazioni destinate ad un'occupazione prolungata nel corso di un

---

[52] GRELLE 2007. In particolare a p. 195 l'autore, riferendosi al comprensorio brindisino, sottolinea come *fra la dissoluzione dell'entità politica preromana e la fondazione della città latina i luoghi continuarono ad essere abitati e frequentati, al di fuori di ogni riconoscimento istituzionale*. È probabile che tale situazione, nella parte meridionale della penisola salentina, si protrasse per un periodo ancora più lungo durante il quale i rapporti furono gestiti attraverso un sistema di alleanze tra il popolo romano e le singole collettività locali.
[53] Un importante contributo è fornito dalla revisione e razionalizzazione dei dati archeologici noti ed in alcuni casi inediti, effettuata per le province di Lecce, Brindisi e Taranto, tra cui sono presenti i rinvenimenti di età romana (VALCHERA, ZAMPOLI FAUSTINI 1997). Numerose informazioni per la comprensione dell'organizzazione territoriale di prima età romana sono presenti in COMPATANGELO SOUSSIGNAN 1999. Inoltre si veda il contributo sull'età romana in terra d'Otranto (DE MITRI 1999) ed i vari interventi sull'area salentina in LO CASCIO, STORCHI MARTINO 2001.
[54] Nel catalogo sulla via Appia una sintesi sulla situazione nella Puglia meridionale è fornita in D'ANDRIA 1997b. Sull'anfiteatro ed in generale su Lecce in età romana si vedano i vari contributi in D'ANDRIA 1999a.

[55] Su tale differenziazione attuata in geografia si veda ORTOLANI 1984.

anno e soggetta a particolari attività, come la pastorizia, la caccia e la pesca.

Infine sono presenti gli insediamenti semipermanenti usati per qualche anno da agricoltori itineranti o minatori.

Queste categorie non presentano alcuna articolazione giuridico-amministrativa e non sono abitate da una vera comunità.

Tra gli insediamenti permanenti è possibile distinguere tre macrocategorie che a loro volta si suddividono all'interno in diversi tipi:

I. Abitato sparso

II. Abitato raggruppato

III. Città

I. Cellula di questa categoria è la casa isolata, con funzioni prevalentemente agricole. L'abitato sparso si compone di un ristretto numero di complessi abitativi, posti a distanza anche ragguardevole. L'abitazione può essere costituita da un unico ambiente o può essere articolata in vani residenziali ed altri destinati all'attività agricola. In un sistema più complesso questi edifici possono disporsi irregolarmente all'interno di un ampio cortile (corte aperta), oppure possono essere ordinati intorno ad una corte quadrangolare (corte chiusa).

La casa a corte, pur con numerose varianti, è diffusa in tutta l'Europa e differenti sono le denominazioni in base all'area geografica[56].

II. Ad un livello superiore di questa "scala gerarchica" degli insediamenti, si pone l'abitato raggruppato. Rispetto a quello sparso l'abitato raggruppato presenta una maggiore densità di abitazioni, poste contiguamente, e di abitanti. In età moderna questo abitato ha avuto differenti denominazioni a seconda degli ambiti geografici: in Italia viene definito *casale*; nel mondo slavo viene indicato come *zaselak*; nell'area orientale *Mezraa*. Nell'Europa settentrionale si conosce il *Weiler* in area tedesca, l'*Hamlet* in Gran Bretagna e l'*Hameau* in Francia. In Spagna *Aldea* e nei paesi ibero-americani *Caserío*.

La tipologia più strutturata, all'interno della categoria dell'abitato raggruppato, è il villaggio; questo è caratterizzato da un "centro di raccolta" della vita locale, con piazza, mercato, edificio di culto, uffici amministrativi. Sotto tale denominazione sono comprese una grande varietà di tipologie distinte per caratteristiche geografiche, funzionali o di articolazione.

Ai geografi tedeschi si deve uno studio specifico sulle differenti forme e tipologie del villaggio in età moderna che risultano utili metodologicamente per un'analisi anche sul passato.

La forma più diffusa è l' *haufendorf* villaggio raggruppato a pianta irregolare, accanto a questo sono pero presenti anche villaggi a pianta regolare.

All'interno di questa categoria, del villaggio raggruppato, sono stati poi distinti differenti tipi in base ad alcune caratteristiche soprattutto morfologiche:

Strassendorf, villaggio di strada caratterizzato da case allineate lungo un asse viario.

Runddorf villaggio rotondo, con case disposte in più file concentriche attorno ad un'area centrale, destinata a bestiame o a masserizie di maggior pregio.

Reihendorf villaggio di fila o a catena, con case allineate su una riva o su entrambe le rive di un corso d'acqua.

Questi villaggi sono di tipo prevalentemente rurale. Altre forme demiche sono legate all'attività mineraria e quella pescereccia. Nel primo caso abbiamo i *mining villages* inglesi e i *corons* nell'area franco-belga, per quelli legati alla pesca i più noti sono i *kolkhozi* nel mondo sovietico.

III. La città detiene un ruolo centrale nell'organizzazione della società e del territorio antropizzato. Essa di norma costituisce il luogo della distribuzione e del consumo di prodotti realizzati e sottoposti ad un processo di trasformazione negli abitati secondari. Definire le funzioni della città in generale non è semplice perché, in ambiti culturali e temporali differenti, esse variano. E' possibile affermare che essa sovrintenda a funzioni commerciali, direzionali (comando politico, militare e religioso), intellettuali e sociali. Sono poi presenti una serie di caratteristiche che la differenziano dalle altre categorie sopra analizzate; innanzitutto la densità di

---

[56] In particolare per l'Italia si vedano gli specifici contributi regionali in BARBIERI, GAMBI 1970.

popolazione, maggiore rispetto agli altri casi, e la diversità di censo, cultura, sociale ed etnica della popolazione stessa.

L'analisi della geografia insediativa consente quindi di definire quattro categorie di insediamenti permanenti: la città, il villaggio, l'abitato raggruppato e l'abitato sparso. All'interno di ciascuna categoria, in base soprattutto a caratteristiche geografiche, legate all'ubicazione stessa del sito, funzionali, definite dalle attività principali svolte nell'insediamento, e formali, analizzabili dall'organizzazione fisica dell'insediamento e delle sue componenti nello spazio, è possibile riconoscere differenti tipologie.

Gli insediamenti di età romana.

Un tema molto discusso in seno alle diverse discipline che si occupano del processo di trasformazione delle società antiche è l'assetto insediativo ed istituzionale che caratterizzò gli abitati nella fase di passaggio dall'età preromana a quella romana. L'analisi specifica di singole aree geografiche consente di evidenziare le particolarità di questo processo e la difficoltà di pervenire ad una definizione conclusiva.

Il problema relativo allo statuto degli abitati del Salento in età romana non è mai stato oggetto di uno studio specifico ed approfondito. Il principale contributo sull'argomento si deve al Susini[57] che, dopo aver raccolto ed analizzato tutta la documentazione epigrafica in lingua latina del Salento meridionale, ha ipotizzato, anche sulla base delle fonti letterarie, la situazione istituzionale dei diversi insediamenti noti. Alla proposta interpretativa avanzata dal Susini non è seguito alcun dibattito e le definizioni statutarie fatte dallo storico sono state generalmente accettate senza alcuna riflessione sulla loro veridicità[58]. Solo di recente questo tema è stato oggetto di nuove discussioni che hanno analizzato in modo critico e dialettico le ipotesi formulate dal Susini, fornendo un

quadro di lettura più aderente ai dati offerti dalle fonti e soprattutto dai dati archeologici[59].

La necessità di un'analisi critica dei dati acquisiti dalla storiografia tradizionale è avvertita in tutta l'area su cui si estendeva l'Impero romano ed ha avviato un importante dibattito sulla questione della città in età romana, o meglio sulle differenti categorie di abitati urbani e sulle altre categorie non urbane di abitati. Una rapida riflessione su questi temi generali, rivolta soprattutto ad alcuni casi di studio effettuati sulle province dell'Impero, consente di ricorrere ad utili modelli interpretativi che possono fornire un valido aiuto per una nuova analisi dei dati storici, epigrafici ed archeologici del Salento in età romana.

La crescente acquisizione di nuovi territori e, di conseguenza, la necessità da parte di Roma di controllarli, determinò la scelta di un sistema che potesse garantire una soddisfacente struttura amministrativa. Numerosi studi sottolineano come tale sistema fosse basato su un insieme di comunità urbane dalle differenti dimensioni. Cellula e fondamento di questo modello organizzativo fu la città che costituiva la base del sistema politico romano[60]. La creazione di insediamenti cui venivano delegati compiti ed incarichi di controllo e giurisdizione su definite aree territoriali di competenza, condusse ad un decentramento amministrativo e ad una forte autonomia di tali centri. Questo fenomeno è stato definito dalla storiografia "municipalizzazione" e portò, in età augustea, alla realizzazione di uno "Stato municipale"[61].

[57] SUSINI 1962.
[58] Si veda, ad esempio, SIRAGO 1993, pp. 174-183.

[59] Dubbi sull'assetto istituzionale proposto dal Susini sono presenti in FOLCANDO 1994 e COMPATANGELO SOUSSIGNAN 1999, p. 79 ss. Interessanti annotazioni sono state effettuate dal Grelle che, partendo dall'analisi del testo pliniano, ha rivisto l'assetto giuridico-amministrativo dei centri della Puglia giungendo ad importanti considerazioni, si veda GRELLE 1999 e GRELLE 2001. La necessità di un'analisi più attenta dei dati, tenendo conto degli apporti forniti dall'archeologia teorica e dai nuovi studi sulla romanizzazione, è presente in D'ANDRIA 2002, pp. 56-58.
[60] Sul ruolo della "città" in età romana si veda GARSNEY, SALLER 1987, p. 12 e p. 32. L'importanza della città nel mondo italico di età romana è ben espressa in DYSON 1992, p. 1: "Roman Italy was a world of small urban communities. Hundreds of small cities, towns, and villages dotted the Italian peninsula, each with a slightly different landscape, history, and social and economic structure, but all sharing certain political, social, and economic institutions, physical structures, and rituals of daily life. They were the basic units of the Roman economic, political, and social order and the center of life for most Romans". Sull'importanza dell'urbanizzazione nel sistema di controllo romano anche ALCOCK 1993, p. 184.
[61] GABBA 1991.

L'ordinamento municipale è stato considerato come la "forma conclusiva dell'autonomia dipendente"[62], lo strumento di coesione tra le diverse realtà esistenti nella compagine statale romana ed elemento di diffusione della *romanitas*. Questo modello, o forse quello che la storiografia ha inteso come tale, elaborato ed avviato sul territorio italiano, venne "esportato" ed applicato nelle diverse province dell'Impero[63]. L'enfasi rivolta al cosiddetto processo di municipalizzazione[64] ha portato a dimenticare ed a non considerare le altre realtà insediative che, in qualche modo, si accompagnavano, o forse sostituivano in particolari ambiti geografici, lo "stato municipale". Inoltre recenti studi hanno evidenziato la varietà dei singoli ordinamenti municipali noti[65] ed hanno analizzato la funzione svolta dalla municipalizzazione riconsiderando in modo critico il presunto ruolo di omologazione ad un sistema giuridico amministrativo ed anche culturale che le era stato attribuito soprattutto in riferimento al territorio della penisola italiana[66].

Il municipio può essere considerato come un tipo di città, una delle categorie giuridiche con cui si definivano determinati abitati in età romana, e non come l'unica espressione urbana maturata nel sistema amministrativo dello Stato.

Le fonti antiche.

La tradizione letteraria ed epigrafica latina ha tramandato un numero abbastanza elevato di termini che, spesso in modo troppo semplice e non meditato, sono stati tradotti come "città".

Nel suo significato politico e sociologico, la città, in quanto luogo di vita di una comunità di individui con regole che fissano i rapporti sociali, viene definita *ciuitas*[67]; tale termine, oltre ad indicare la città in quanto sede politica ed amministrativa, sottintende anche il sistema città/territorio, concepito come un insieme integrato ed inscindibile. In età tardoantica il termine *ciuitas* si arricchisce di nuove valenze, legate alla diffusione del cristianesimo ed ai nuovi segni urbani che caratterizzano la *ciuitas* cristiana[68].

La città in quanto espressione fisica e reale di un complesso di strutture è l'*urbs*, però tale termine viene di sovente utilizzato nelle fonti, soprattutto a partire dall'età augustea, per indicare non una città, ma "la città" dell'impero, Roma[69].

Oltre i due casi analizzati sono presenti diverse denominazioni di abitati che sembrano indicare differenti categorie di insediamenti; non sempre è però, possibile tradurre i termini antichi con corrispettive definizioni moderne che tengano conto delle sfumature e del valore semantico delle parole. Inoltre la ricchezza nel vocabolario latino di termini indicanti gli abitati riflette bene la complessità del pensiero giuridico e religioso dei Romani che, con una parola, potevano sottintendere il valore istituzionale di un insediamento, piuttosto che quello religioso o funzionale[70].

Dall'analisi delle fonti letterarie ed epigrafiche risulta come nei documenti ufficiali, già dall'età tardorepubblicana, esistessero diversi termini per definire gli insediamenti: *Colonia, Municipium, Praefectura, Vicus, Oppidum, Castellum, Forum, Conciliabulum*; questa la lista completa delle differenti denominazioni di abitati ricavata dall'analisi delle fonti antiche e che appaiono proprie del lessico giuridico romano[71].

---

[62] MOMMSEN 1887-8.
[63] Sull'importanza della città nell'Impero romano JONES 1974, p. 957 ss. e LINTOTT 1994, p. 129 ss. Per un'analisi del processo di municipalizzazione e sulle nuove colonie in età imperiale: GRELLE 1972.
[64] Per una "demitizzazione" dell'autonomia municipale, ritenuta più simbolica che reale: HOPKINS 1996.
[65] COSTABILE 1984. L'autore, dopo un'attenta analisi dei dati esistenti sulle *leges municipalis*, soprattutto in riferimento all'Italia meridionale, evidenzia come non sia possibile pensare che dopo il *bellum sociale* Roma abbia elaborato un modello unico di "municipalizzazione", né che esistesse una legge generale che abbia provveduto ad istituire ordinamenti uniformi con la promulgazione della *Lex Iulia de ciuitate*. Solo l'esistenza di *leges datae* singolarmente a ciascuna città può spiegare l'estrema varietà degli ordinamenti presi in esame, come ad esempio Bantia, Taranto, Reggio e Napoli.
[66] GABBA 1998 e GIARDINA 1997.

[67] Si veda LEVEAU 1993a, p. 463 per la definizione di *ciuitas*.
[68] Per la definizione concettuale di *ciuitas* ed *urbs* si veda CRACCO RUGGINI, 1989, pp. 201-202. Sul rapporto tra città e territorio ancora attuale la lettura di D'ARMS 1979 per l'età imperiale e di CAMODECA 1979 per l'età tardoantica. Per la *ciuitas* cristiana CANTINO WATAGHIN, GURT ESPARRAGUERA, GUYON 1996.
[69] Per l'identificazione tra *Vrbs* e Roma, TARPIN, 1999, p. 285; sull'utilizzo del termine *Vrbs* ed *Vrbs Roma*, CASAVOLA 1992.
[70] Sono queste le conclusioni cui perviene Michel Tarpin (TARPIN 1999, pp. 296-297).
[71] In particolare il documento che fornisce un elenco completo delle differenti tipologie insediative è la *Lex de Gallia Cisalpina*, nota anche come *lex Rubria*, promulgata tra il 49 ed il 42 a.C. Per l'analisi di questo documento epigrafico: CRAWFORD M.H. 1996 (éd.), *Roman Statutes*, London. Per un'esame della documentazione epigrafica in cui compaiono definizioni di abitati si veda TARPIN 1999, pp. 281-285.

Se alcune di esse identificano delle forme insediative con uno statuto definibile o dalle caratteristiche chiare, per altre non disponiamo di criteri di distinzione specifici[72].

Colonia e Municipio[73] costituiscono delle realtà insediative con uno statuto, latino o romano, che le rendeva delle comunità autonome legate a Roma da accordi particolari. Questi termini definiscono due diverse forme istituzionali e le differenze sarebbero da ricercare non su fattori formali o esterni, come la presenza di particolari edifici o l'organizzazione sul territorio, ma sulla base delle funzioni giuridiche, amministrative ed istituzionali che esse rivestivano[74].

La Prefettura indica una circoscrizione cui era assegnato un *praefectus* o un collegio di prefetti inviati da Roma. In tale distretto erano compresi una serie di insediamenti di varia tipologia ed appare verosimile che nelle prefetture istituite in aree scarsamente urbanizzate le operazioni giurisdizionali, curate dai prefetti in collaborazione con le strutture organizzative locali, si svolgessero nei villaggi più grandi[75].

Ben definibili sono anche altri tre tipi di aggregazione: *Castellum, Conciliabulum* e *Forum.* Il primo sottintende un abitato con un carattere prevalentemente difensivo; spesso i *castella* costituiscono dei forti avanzati in prossimità di un accampamento, oppure piccoli abitati fortificati in territorio straniero o sul limite di confine[76].

Conciliabulum e *Forum* sono due termini accomunabili allo stesso significato, indicano un luogo di adunanza, spesso con connotazioni religiose, più genericamente d'incontro e di mercato, che poteva dare origine ad un agglomerato stanziale e ad un vero e proprio insediamento[77].

Appare invece più difficile riconoscere un ruolo funzionale o lo *status* istituzionale di *uicus* ed *oppidum*, termini in cui è possibile riscontrare, da un'analisi delle attestazioni, quasi una complementarietà. Spesso infatti i due termini sono interpretati come l'indicazione per definire "borghi" posti sotto la tutela di un capoluogo; il *uicus* indicherebbe un villaggio "aperto", di facile accesso, un piccolo centro agricolo e commerciale di pianura e vallata in opposizione all'*oppidum*, piccolo sito dotato di mura e spesso posto in altura[78].

Da un'analisi dell'uso di questi termini si può ritenere quasi che *oppidum* sia la traduzione in latino di *polis,* il termine *uicus* sembrerebbe tradurre il greco κώμη[79].

I due termini sembrerebbero dunque indicare due diverse forme insediative che presenterebbero però la stessa situazione sotto l'aspetto giuridico ed amministrativo. Possono identificare dei borghi o villaggi posti sotto la tutela di un capoluogo, agglomerati che, per la limitata estensione ed importanza, dipendono da una città; però le stesse fonti antiche sottolineano come queste realtà insediative potevano costituire una *respublica*, una comunità di diritto riconosciuta pubblicamente, con una autonomia di giurisdizione. La presenza di magistrati e pubblici funzionari in questi abitati, documentata soprattutto dalla documentazione epigrafica, suffraga questa interpretazione[80].

Molto interessante la tesi del Tarpin che, riconoscendo le valenze sopra riportate di *oppidum* e *uicus*, sostiene che queste forme insediative, attestanti abitati preesistenti all'occupazione romana, si differenziano perché il termine *oppidum* indicherebbe un sito fondato secondo un rituale ed "inaugurato", ovvero la fondazione rientrava in un quadro di leggende e tradizioni alle quali gli autori latini

[72] Uno studio affine, rivolto all'analisi terminologica degli insediamenti in età romana, è stata condotta anche in SISANI 2007.

[73] Sulle differenze amministrative, giuridiche ed istituzionali che caratterizzano la colonia ed il municipio si veda DE MARTINO 1973, vol. II, pp. 82-105, pp. 135-137. Per il valore ideologico della colonia e sulle differenze tra colonia romana e latina v. TORELLI 1988; per il municipo HUMBERT 1983. Sull'interpretazione dei termini *municeps* e *municipium* nelle fonti letterarie romane: LAFFI 1985; GIUFFRÈ 1997; MANCINI 1997.

[74] Nelle fonti è riscontrabile spesso un utilizzo di questi termini, municipio, colonia ed a volte anche prefettura, in modo interscambiabile. DE MARTINO 1973, vol. II, p. 136, nota 86.

[75] Sulla definizione di prefettura si veda TALAMANCA 1989, pp. 249-250; per l'ipotesi che le operazioni dei prefetti si svolgessero nei villaggi più grandi si veda GRELLE 1999, p. 95.

[76] Si veda TARPIN 1999 e DAREMBERG, SAGLIÒ, s.v. *Castellum.*

[77] HUMBERT, *s.v. conciliabulum* in DAREMBERG, SAGLIÒ.

[78] GRENIER, *s.v. uicus, uicani,* in DAREMBERG, SAGLIÒ.

[79] Sull'identificazione tra *oppidum* e *polis*: TARPIN 1999, p. 291; per l'equivalenza tra *uicus* e κώμη: LEVEAU 1993a, pp. 467-469.

[80] Sull'attestazione di magistrati nei *uici* o in altri insediamenti non urbani si veda: BURNARD 1994; LEVEAU 1993b; TARPIN 1999, TARPIN 2002; CRACCO RUGGINI 1989 ed i singoli contributi in CALBI, DONATI, POMA 1993.

avevano accesso senza difficoltà; il *vicus* invece costituirebbe un sito privo del rito di fondazione[81].

Importanti annotazioni sulle denominazioni adoperate in età imperiale per definire gli insediamenti sono presenti nelle fonti storiche.

Un quadro articolato sulle differenti tipologie insediative e sulle definizioni dei centri abitati è fornito da Strabone che nei libri V e VI della sua Geografia descrive la penisola italiana[82]. Da un'analisi complessiva delle denominazioni conferite agli abitati è possibile constatare l'opposizione tra πόλις e κώμη, il primo inteso genericamente come centro urbano, il secondo come villaggio o abitato non urbano. Tale antitesi è presente nel testo quando viene menzionata *Mediolanum*, un tempo κώμη, ora invece una vera πόλις; Spina, al contrario, si presenta come un κώμιον, quando in passato era stata una πόλις grande ed importante[83].

Se πόλις costituisce l'insediamento urbano per antonomasia, esistono altre categorie di abitato che Strabone indica con differenti termini come πόλισμα e πολίχνιον.

Il primo sembra indicare una città di limitata estensione; il secondo sia un piccolo centro urbano sia un centro preesistente all'occupazione romana che è stato però ridimensionato per estensione o per importanza, come nel caso di Adria[84].

Il termine ἀποικία è utilizzato per le città di fondazione latina o romana; κατοικία per le città fondate da altra popolazione, come ad esempio le città etrusche.

Per indicare un centro che nel passato rivestiva un ruolo politico preminente rispetto ad altri insediamenti posti nelle vicinanze viene utilizzato il termine μητρόπολις.

In alcuni casi vengono utilizzati termini specifici per distinti insediamenti, come nel caso di Genova, definito εμπορειον e di Trieste, menzionata come φρούριον.

La forma corrispettiva del latino *forum*, in greco φόρον, non sembra designare una tipologia insediativa,

ma sembra essere divenuta parte del nome dell'abitato che può rientrare in differenti categorie insediative, come le πολίσματα o κατοικίαι, anche se viene sottolineato come la fortuna di questi centri sia dovuta alla loro posizione lungo importanti assi stradali[85].

Infine sono presenti le indicazioni di ἐπίνειον, scalo o città portuale, come Ostia e Pyrgi, e di λίμη, porto posto all'interno di una città, come nel caso di Luni.

L'autore non sembra dunque utilizzare un lessico giuridico-amministrativo, ma la definizione degli abitati si baserebbe soprattutto sull'aspetto morfologico e funzionale che essi rivestivano.

Un autore che, seppur di età Giulio-Claudia, offre un ampio quadro della corografia delle penisola italiana dopo la riorganizzazione augustea è Plinio il Vecchio[86]. Nella descrizione delle *regiones* istituite da Augusto, l'autore utilizza il termine *urbs* raramente, per indicare, in modo generico, la sede di una *civitas*, una comunità; più sovente il termine *Vrbs* indica Roma. I nomi degli abitati sono accompagnati dalla definizione di *colonia*, per i centri in cui era stata appunto dedotta una colonia, spesso però questo appellativo non viene utilizzato per le più antiche colonie poiché l'autore è più interessato a ricordare i nuovi abitanti che hanno assurto a tale titolo; l'utilizzo del termine *oppidum* è molto diffuso e definisce una vasta gamma di insediamenti in cui si svolgevano le funzioni giudiziarie e amministrative; *portus* è utilizzato sia per un insediamento portuale sia per l'impianto portuale di una città. Il termine *forum*, come già osservato nell'opera di Strabone, è divenuto quasi parte del nome dell'insediamento che può essere indicato come un *oppidum*, il caso di *Forum Fulvii*, o essere sede di una *praefectura*, come *Forum Clodii*.

Infine altri termini utilizzati episodicamente sono *castellum* e *uilla*, quest'ultimo adoperato per indicare Stabia, precedentemente sede di un *oppidum*[87].

---

[81] TARPIN 1999.
[82] Il testo analizzato è stato: Strabone, *Geografia: l'Italia libri V – VI*, (trad. it. e note A.M. Biraschi), Milano 1988.
[83] Per Milano V, 6; per Spina V, 7. L'antitesi tra κώμη ε πόλις, è esplicita in V, 11.
[84] Il caso di Adria è menzionato in V, 8.
[85] E' il caso di Φόρον Κορνήλιον, Φόρον Φλαμίνιον e Φόρον Σεμπρώνιον, (V, 10).
[86] Il testo analizzato è stato: G. Plinio Secondo, *Storia Naturale. Cosmologia e Geografia libri 1-6*, (trad. it. e note A. Barchiesi, R. Conti, M. Corsano, A. Marcone, G. Ranucci), Torino 1982.
[87] Sono menzionati *Castellum Firmanorum* (III, 11) e *Castellum Pucinum* (III, 127). La situazione di Stabia è ricordata in III, 70.

E' importante osservare che per le città dell'Istria, solo con Augusto considerata parte della Penisola italiana e, per questo, accorpata alla *Regio X*, la definizione di *oppidum* è sempre accompagnata dalla esplicazione di *ciuium Romanorum*[88].

Dal confronto tra le due opere si potrebbe evincere che la πόλις di Strabone corrisponda, genericamente, all'*oppidum* pliniana; laddove però in Strabone c'è una maggiore articolazione ed una differenziazione in base all'estensione ed all'importanza delle differenti realtà urbane (πόλισμα e πολίχνιον), in Plinio ogni possibile sfumatura o differenza viene annullata con l'esclusivo utilizzo del termine *oppidum*.

Dopo la costituzione antoniniana, promulgata da Caracalla nel 212/214, con cui si conferiva la cittadinanza romana a tutti i provinciali, appare probabile che i differenti termini utilizzati per designare gli insediamenti urbani si svuotarono sensibilmente di contenuto, essendo stata ormai realizzata una unificazione giuridica, anche se le antiche titolature sopravvissero[89].

Per l'età tardoantica le fonti ufficiali[90] ci informano che, sotto l'aspetto giuridico ed amministrativo, il termine utilizzato per indicare un abitato urbano era *ciuitas*; termini come *castrum* e *castellum* indicavano abitati forniti di mura con funzione specifica di difesa. Altri tipi di agglomerati presenti nel territorio della *ciuitas* erano definiti *uici*; sottintendendo il valore funzionale, soprattutto per gli insediamenti posti lungo il *cursus publicus*, le denominazioni erano *mansio, statio, mutatio, emporium*. Infine, già a partire dall'età imperiale, viene utilizzato con maggiore frequenza il termine *pagus* che, nella sua accezione originaria, corrisponde alla una porzione di un territorio[91] al cui interno erano spesso "confluite" le comunità rurali preromane. Tale organismo divenne però una vera e propria unità amministrativa abbastanza "elastica" che ospitava diverse forme insediative tra cui gli stessi *uici*, che costituivano degli agglomerati strutturati, ed altri insediamenti, come abitati di tipo sparso, tra cui fattorie e *tuguria*, o abitati raggruppati[92].

La documentazione archeologica.

La ricostruzione del paesaggio antico di un territorio presenta una serie di difficoltà legate soprattutto ai criteri da utilizzare per identificare i diversi tipi di insediamento.

Un valido e prezioso aiuto è fornito dall'analisi dei dati provenienti da fonti letterarie, epigrafiche e da documenti giuridici, anche se questi, come dimostrato nel paragrafo precedente, non sempre offrono una sicura interpretazione.

A tali fonti si affiancano i dati archeologici che offrono una valutazione oggettiva sulla natura insediativa del sito investigato. Appare evidente che le informazioni sono condizionate dal tipo di indagine effettuata: scavi in estensione piuttosto che saggi, ricognizioni intensive *intrasite* o semplici segnalazioni. In quest'ultimi casi occorre fare ricorso a parametri che possono aiutare a definire l'abitato indagato. Le discriminanti utilizzate sono essenzialmente geografiche, dimensionali e qualitative.

L'ubicazione di un sito può indicare se si tratta di un insediamento rurale, costiero o legato alla viabilità di un territorio. Le dimensioni aggiungono altre informazioni, se ad esempio si tratta di una o più aree con concentrazione di materiale e sull'estensione di tali aree. Il dato qualitativo è fornito dal tipo dei materiali rinvenuti che costituiscono un indicatore delle attività svolte e del tipo di frequentazione attuata sul posto.

In assenza di specifiche terminologie apprese da fonti storiche è importante utilizzare delle definizioni neutre derivanti dall'indagine archeologica.

Per superare le difficoltà oggettive riscontrabili sullo studio di differenti ambiti geografici, per indicare tutti quegli abitati che non presentano una precisa definizione giuridica, si è fatto ricorso a perifrasi come *agglomération*

---

[88] Nella descrizione della *regio X* è possibile osservare come gli abitati ubicati in Istria presentino sempre l'indicazione di *oppida ciuium Romanorum* che è invece assente per i centri della stessa *regio* (III, 129).
[89] CRACCO RUGGINI 1989, p. 212; sulle motivazioni dell'editto di Caracalla e sul periodo storico, CALDERINI 1949, pp. 288-290.
[90] Si tratta, principalmente, della *Notizia Dignitatum* e del *Codex Theodosianus*.
[91] TARPIN 1999, p. 285.

[92] Per un'attenta analisi del significato di *pagus* nel mondo latino e romano, dall'età arcaica all'età tardoantica di veda CAPOGROSSI COLOGNESI 2002.

secondaire, *Kleinstadt* o *small towns*[93]. All'interno di queste definizioni sono collocabili differenti realtà insediative intermedie tra la città, sede di un'autorità pubblica e con una chiara situazione giuridico-amministrativa, e le realtà sicuramente non urbane e prive di una comunità pubblica, tra cui la *uilla*[94].

Confrontando gli studi realizzati in diversi ambiti geografici si conviene che, all'interno di queste "realtà insediative intermedie" si possono individuare le seguenti categorie insediative:

- Città con uno statuto non chiaro, spesso agglomerazioni semi-urbane o semi-agricole, città di nuova formazione, centri fortificati.

- Borghi o borgate privi degli elementi monumentali caratterizzanti una città, spesso con una valenza produttiva, o legati ad attività di tipo estrattivo, o commerciale (porti).

- Agglomerazioni con una forte connotazione religiosa.

- Abitati posti lungo percorsi stradali (*Mansiones, mutationes* e *stationes*).

- Abitati rurali non ben riconoscibili archeologicamente e definibili, con un termine moderno, frazioni.

La necessità di una definizione terminologica per gli insediamenti minori o secondari è una problematica presente anche negli studi che riguardano il territorio italiano[95], soprattutto in relazione ai siti noti da ricognizione.

Dall'analisi di questi studi[96] si nota come si privilegi una definizione "neutra" che tenga conto dei dati oggettivi riscontrabili sul terreno. Successivamente la prima definizione potrà essere integrata nella parte interpretativa con l'ausilio della terminologia antica.

Le categorie riconosciute sono essenzialmente quattro.

Al gradino inferiore è posto il riparo, abitazione realizzata con elementi poveri o che sfrutta cavità rupestri, caratterizzata da una concentrazione di materiale limitata.

Segue la casa, abitazione realizzata con elementi lapidei. All'interno di questa categoria è possibile distinguere varie tipologie sulla base del tipo di rinvenimenti e, soprattutto, sul riconoscimento di una casa isolata o di più case sparse con vani per abitazione ed altri ambienti di servizio.

Una categoria molto problematica è quella della dimora residenziale (villa), il cui riconoscimento non è sempre facile, soprattutto in assenza di scavi sistematici. Archeologicamente sul terreno si presenta come un insediamento di elevate dimensioni con tracce di architettura complessa, come criptoportici, o decorazioni architettoniche, musive e materiale ceramico di pregio. Accanto alle attestazioni che documentano l'esistenza di una parte residenziale sono associati gli elementi che indicano la presenza di una parte produttiva.

Infine è presente la categoria dei villaggi o dei piccoli agglomerati, al cui interno è possibile distinguere numerose tipologie. La differenziazione tipologica può prendere in esame differenti criteri di distinzione, da quello topografico a quello funzionale a quello dimensionale.

In un esame interpretativo dei dati è poi possibile, in alcuni casi, attribuire una terminologia antica anche in assenza di esplicite menzioni da parte delle fonti antiche, come *statio* per un insediamento posto lungo una strada romana in cui sono presenti edifici termali, *uicus* per villaggi strutturati o *uilla* per dimore residenziali.

Un approccio di questo tipo è stato effettuato per l'analisi del territorio brindisino da parte dell'Università di Siena[97].

Anche in questo caso sono stati dapprima identificati i criteri per la definizione e l'interpretazione degli

---

[93] Per una sintesi sugli studi in Europa: CHRZANOVSKI, DAVID 2000, p. 275. Per gli studi principali in area anglosassone: RODWELL, ROWNLEY 1975; RIVET 1975; BURHAM 1986; POULTER 1989; BURHAM, WACHER 1990. Per l'area gallo-celtica: FLAMBARD 1981; MANGIN, TASSEAUX 1992; LE ROUX 1992; PETIT, MANGIN 1994; CHASTAGNOL 1997; GASCOU 1997; GROS 1998.

[94] Sulla villa da ultimo LEVEAU, GROS, TRÉMENT 2000 con ampia bibliografia sull'argomento.

[95] Fondamentale il lavoro di sintesi in MAGGI, ZACCARIA 1994, in cui viene attuato un primo tentativo di classificazione delle varie tipologie di *vici* riscontrabili in Italia settentrionale.

[96] Sulla terminologia da utilizzare per gli insediamenti noti da survey, soprattutto per i siti rurali, la bibliografia è abbastanza ricca; già negli anni '70 l'argomento era oggetto di dibattito (POTTER 1986). Per le esperienze più significative si vedano i recenti lavori con bibliografia precedente: *Paesaggi* 2002, pp. 54-59 ed i vari contributi in FRANCOVICH, PATTERSON, BARKER 2000, soprattutto il caso studio analizzato in FRANCOVICH, VALENTI 2000.

insediamenti che si basano sulla qualità, la quantità e la concentrazione dei reperti, le dimensioni delle aree di dispersione e la distribuzione dei reperti al loro interno[98].

Dalla ricostruzione presentata emerge che in età tardorepubblicana, II-I sec. a.C., il paesaggio dell'entroterra brindisino appare caratterizzato da insediamenti di piccole dimensioni, spesso riferibili a singole abitazioni. In base ai reperti si possono distinguere le abitazioni con una valenza precipuamente agricola ed edifici in cui sono presenti manufatti di maggior pregio che oltre ad una funzione rurale presuppongono il carattere residenziale dell'impianto.

Accanto a queste presentano un'ampia diffusione quelli che vengono definiti "villaggi allargati", ovvero abitati rurali a carattere sparso.

Nel corso della prima età imperiale si assiste ad un progressivo aumento dei villaggi "chiusi" o compatti e di impianti rurali più ampi in cui compaiono settori produttivi ed altri di tipo residenziale, privi però del lusso che caratterizzerebbe le ville.

Per questa tipologia viene proposta una definizione di villa "sobria" priva cioè di una residenza aristocratica.

E' interessante notare che tra l'età tardorepubblicana e la prima età imperiale sembra diffondersi un sistema integrato in cui differenti categorie insediative sono strettamente connesse. Le dimore residenziali sono collegate con l'abitato posto nelle immediate vicinanze e di cui sembrano, in qualche modo, farne parte. Pertanto esse vanno analizzate non singolarmente, ma all'interno di sistemi abitativi più ampi.

Tra II e III d.C. la documentazione archeologica registra un accentramento sempre maggiore in villaggi e l'aumento di spazi "vuoti" utilizzati a fini agricoli.

Il processo appare ormai concluso in età tardoantica, quando le campagne sono caratterizzate dalla presenza di villaggi strutturati; altre sporadiche forme insediative presenti nel territorio sono piccole postazioni rurali per le quali spesso non si può definire il carattere fisso e stanziale.

Tipologia degli insediamenti minori: una proposta.

L'analisi delle categorie insediative riconosciute dalla geografia moderna, confrontata con le attestazioni documentate per l'età antica e con le esperienze maturate nell'ambito dell'archeologia del paesaggio, permette di avanzare la proposta di un modello valido per definire le strutture insediative di un territorio in età antica.

Pertanto sono state definite tre categorie che presentano, all'interno, differenti tipologie:

Abitato sparso: Abitazioni isolate, distribuite su ampio territorio; esse possono avere una finalità prevalentemente agricola (fattoria), o legate ad altre forme di sfruttamento territoriale, come le abitazioni costiere.

Abitato raggruppato: all'interno di questo macro gruppo è possibile distinguere diverse tipologie insediative; si possono annoverare gli impianti rurali e produttivi con differenti nuclei raggruppati e con presenza di diverse tipologie abitative (dimora residenziale/villa, "casa semplice"), piccoli insediamenti rurali o costieri con necropoli. Ad un livello di maggiore segmentarizzazione sociale, amministrativa e giuridica c'è il villaggio. Tale forma insediativa, in base alle attività svolte ed alla sua ubicazione, può connotarsi come villaggio rurale, portuale o "stradale"; inoltre esso può avere delle strutture amministrative o esserne privo.

Città: Abitato complesso con strutture amministrative definite.

E' stata volutamente tralasciata la terminologia utilizzata dalle fonti antiche, che viene però adoperata quando è sicura l'attribuzione. Pertanto è possibile definire ulteriormente la categoria **villaggio** con tipologie provenienti dalle fonti: *statio, mutatio, mansio, uicus, portus.*

Alle stesso modo la categoria **città** potrà essere definita in base allo statuto giuridico da essa ricoperto, *colonia* o *municipium.*

La villa intesa come dimora residenziale frequentata dal *dominus* solo in determinati periodi non rientrerebbe nella definizione di "abitato permanente" così come è stata formulata nei paragrafi precedenti. Nelle territorio Salentino i lavori effettuati nell'area brindisina hanno

---

[97] Per una prima presentazione dei dati si veda: CAMBI 2000, CAMBI 2001e APROSIO 2005; per la pubblicazione finale APROSIO 2008.
[98] APROSIO 2008, pp. 24-28.

evidenziato come siano presenti dimore di maggiore prestigio ma che, a mio avviso, sono inserite in un sistema insediativo vario, in cui spesso coesistono abitazioni di altro tipo ed impianti produttivi; pertanto non costituiscono una categoria a se stante, ma rientrano sempre nelle tipologie sopra delineate.

Definizione dei centri abitati della Messapia in età romana.

Le fonti antiche.

Un aiuto per comprendere i cambiamenti delle forme insediative degli abitati del Salento in età romana proviene dalle fonti letterarie[99].

Una prima ed importante fonte sulla condizione della popolazione messapica nel periodo immediatamente successivo alla conquista romana è fornita da Polibio. Nella sua opera lo storico, menzionando l'attacco dei Galli avvenuto nel 225 a.C., fornisce un elenco degli alleati di Roma e dei mezzi militari messi a disposizione da questi per fronteggiare il nemico; tra le popolazioni alleate vengono riportati gli Ἰαπύγων καὶ Μεσσαπίων ed il loro apporto di fanti e cavalieri[100]. Nel testo pervenutoci non compaiono espliciti riferimenti ai centri abitati del Salento, ad eccezione di Taranto e Brindisi, definite *polis*, ed alla generica menzione dei porti posti lungo l'Adriatico[101].

Nel II sec. a.C. Varrone, narrando la mitica impresa di Idomeneo, ricorda gli *oppida* da questi fondati nel Salento, tra cui *Uria* e *Castrum Minervae*[102].

Ulteriori menzioni degli abitati salentini ed eventuali appellativi che possano fornire utili indizi per comprendere la tipologia insediativa provengono dalle fonti di età augustea.

Livio, citando i centri della Messapia in una fase precedente alla conquista romana li definisce, genericamente, *urbes*[103]. La definizione non varia quando l'analisi si sposta sulla guerra annibalica: il termine utilizzato è sempre *urbes*[104], quando però viene riportato un sito specifico, come Manduria, l'appellativo utilizzato è *oppidum*[105].

Infine viene menzionata Otranto, ma senza alcuna definizione o appellativo; essa è indicata come luogo in cui sbarcò Catone al rientro dalla Grecia[106].

Nella descrizione della Messapia Strabone[107] ricorda come nel passato vi fossero 13 πόλεις, che ora invece, ad eccezione di Brindisi e Taranto, erano delle πολίσματα. Il racconto procede con l'enumerazione dei centri posti lungo la costa, Vereto, Leuca ed Otranto, definiti πολίχνιον/η. Dopo le πολίχνια costiere, l'autore elenca i centri posti nell'entroterra, *Rudiae*, *Lupiae*, Alezio/Valesio ed Oria.

Gli unici centri definiti esplicitamente πόλις sono *Rudiae*[108], e gli insediamenti posti lungo la *via Minucia* a nord di Brindisi, nel territorio dei *Pediculi*: Egnazia, Ceglie, *Netion*, Canosa ed Ordona, e gli abitati posti sulla *via Appia*: Venosa ed Oria.

Riguardo al Salento[109], Plinio menziona Taranto, *oppidum* cui però è stata *contributa* una colonia marittima, e, successivamente, gli altri insediamenti definiti, genericamente, *oppida* o dei quali viene fornito l'etnico. Le uniche eccezioni sono rappresentate dall'utilizzo del termine *portus,* per un anonimo centro posto sotto il controllo di Taranto, o riferito alla città di Taranto[110], e

---

[99] E' stato utilizzato prevalentemente il ricco repertorio delle fonti raccolto in LOMBARDO 1992.
[100] *Hist*. II, 24
[101] *Hist*. X, fr. 1 Viene ricordata l'importanza di Taranto nel passato, prima della conquista romana. Il centro tarantino era città (πόλις) ed emporio (ἐμπόριον), ed aveva una favorevole relazione con i porti (λιμένα) dell'Adriatico. In questo periodo la città (πόλις) di Brindisi non era stata ancora fondata.
[102] La citazione, derivata dall'opera di Varrone, *Antiquitates Rerum Humanorum*, è contenuta in Pseudo Probo, *In Verg. Buc.* VI, 31. Per un commento al testo LOMBARDO 1992, pp. 49-50.

[103] Liv., *a.U.c.* VIII 24, 4-5.
[104] Liv., *a.U.c.* XXV 1,1 e XXVII 40, 10. Anche una sconosciuta *Thuriae*, ubicata nel territorio salentino, viene definita *urbs* (X 2, 1-4).
[105] Liv., *a.U.c.* XXVII 15, 4. E' stato inoltre identificato con il *Castrum oppidum* menzionato in XXXII 7, 3 l'attuale cittadina di Castro (PAGANO 1986), ma tale interpretazione non appare plausibile.
[106] Liv., *a.U.c.* XXXVI 21, 5-6.
[107] Per un'analisi dei brani riguardanti la Messapia si veda UGGERI 1983, pp. 84-95.
[108] La definizione di *Rudiae* come πόλις sembra essere condizionata dal fatto che viene ritenuto un insediamento di origine ellenica nonché patria del poeta Ennio.
[109] Per un commento al testo pliniano riguardante il Salento ed ai problemi di interpretazione si veda UGGERI 1983, pp. 98-135.
[110] Viene qui accettata l'interpretazione che la definizione *portus tarentinus* possa riferirsi alla città di Taranto, come proposto in COMPERNOLLE 1985, spiegazione giustificata con la "confluenza" di itinerari distinti, da Otranto a Brindisi e da Otranto verso l'entroterra e la costa ionica, in un unico percorso nel testo pliniano.

Elenco da Strabone	Elenco da Plinio	Elenco località attuali
-	[oppidum] Aletini	Alezio
[B] Αλητία [πολίχνη]	Balesium oppidum	Valesio
-	Basta oppidum	Vaste
Βρεντέσιον πόλις	Brundisium [oppidum] portus	Brindisi
	Caelia	Ceglie messapica
-	Callipolis/Anxa oppidum	Gallipoli
-	Desentum (?) oppidum	?
-	Fratuentium oppidum	-
Ἐγνατία πόλις	Oppida Gnatia	Egnazia
'Υδρους πολίχνη	Hydruntum oppidum	Otranto
Λευκά [πολίχνιον]	-	Leuca
Λουπίαι [πολίχνη]	Lupia oppidum	Lecce
-	Manduria oppidum	Manduria
-	Miltopes statio	-
-	[oppidum] Neretini	Nardò
-	Portus tarentinus	Taranto (?)
'Ρωδαιαι πόλις Ἑλληνίς	Oppida Rudiae	Rudiae
-	Sarmadium/Scamnum oppidum	Muro Tenente ? - Mesagne ?
-	Senum oppidum	Porto Cesareo (?)
-	Soletum oppidum	Soleto
	[oppidum] Stulnini	Ostuni (?)
Τάρας πόλις	Tarentum oppidum/ colonia marittima	Taranto
-	[oppidum] Vzentini	Ugento
'Υρία πόλις/πολίχνη	Uria oppidum	Oria
Ουερητόν [πολίχνη]	[oppidum] Veretini	Vereto

Tab. 1: Concordanze tra gli insediamenti menzionati in Strabone ed in Plinio. Per quanto riguarda le denominazioni pliniane occorre puntualizzare alcune problematiche. Per *Desentum* la lettura del testo è alquanto incerta, viene proposto il riconoscimento del toponimo *Desentum* o, in altri casi, l'apposizione *desertum* all'abitato di *Soletum*. Anche per *Fratuentium* la lettura è problematica, il primo codice del testo pliniano riporta infatti *Fratruertium*, i successivi codici *Fratruertium*, ma la correzione in *Fratuentum* proposta da Uggeri è stata comunemente accettata. UGGERI 1983, pp. 126-127. La città di *Gnatia* viene collocata da Plinio sia nel territorio salentino (N.H. II 107, 240), sia nel territorio dei Pedicoli (N.H. III 11, 102-104.). L'identificazione *dell'oppida Rudiae* con l'attuale *Rudiae* vicino Lecce non è certa poiché in Plinio è collocata nella regione dei *Pedicoli* ed è menzionata prima di Egnazia (N.H. III 11, 102-104.). Infine l'identificazione dell'*oppidum Stulnini* con Ostuni appare oggi assai improbabile, dopo il rinvenimento della cd "Mappa di Soleto" in cui il toponimo *Stu* è ubicato nel Salento meridionale, tra Soleto e Rocavecchia. Su quest'importante documento si veda COMPERNOLLE 2005.

del termine *statio*[111], con cui viene indicato il toponimo *Miltopes*.

È interessare osservare la tabella (Tab. 1) con le concordanze tra gli insediamenti menzionati in Strabone ed in Plinio.

In età imperiale i riferimenti alla penisola salentina ed ai centri abitati di quest'area sono estremamente ridotti, oltre alle scarse menzioni da parte di autori storici o geografi[112], le informazioni più importanti sono fornite dagli itinerari.

L'opera di Tolomeo consente di individuare i principali insediamenti, senza però fornire alcun appellativo rivelatore sullo statuto. Il geografo menziona i centri posti lungo la via Traiano-calabra: Egnazia, Brindisi, Lecce ed Otranto; successivamente gli abitati dell'entroterra: *Rudiae*, Nardò, Alezio, Vaste, Ugento, Vereto, Ostuni ed Oria.

E' molto probabile che le informazioni siano state riprese da fonti itinerarie stradali o, per i siti costieri, dai peripli[113].

Gli Itinerari pervenutici, tutti in copie di età medievale, presentano una stesura originaria circoscrivibile al III – IV sec. d.C., su cui sono state successivamente effettuate delle aggiunte[114].

L' *Imperatoris Antonini Augusti Itineraria Provinciarum et Maritimum*, forniscono indicazioni riguardo ai siti ubicati lungo la via Traiana e traiano-calabra, ed ai collegamenti marittimi.

Gli insediamenti menzionati, senza alcuna differenziazione di importanza o grandezza, sono Otranto, Lecce, Brindisi, *Speluncas* ed Egnazia. Nell'*Itinerarium maritimum*, sono indicate le principali rotte con relative lunghezze. Oltre ai siti presenti nell'itinerario terrestre

viene qui menzionata Leuca, come scalo di appoggio per la traversata verso Crotone e la Sicilia.

Un'importante documento che, affiancato all'*itinerarium provinciarum* ci restituisce, oltre ai toponimi, anche delle notazioni "qualitative" sugli insediamenti è l'*Itinerarium Burdigalense*, resoconto di un pellegrinaggio dall'Aquitania alla Terra Santa effettuato nel 333-334 d.C.[115]

Nel resoconto di viaggio del gruppo di pellegrini sono indicate le diverse "tappe" del percorso effettuato. Dopo la traversata del Canale d'Otranto i pellegrini giungono ad *Odronto*, che non viene definita in alcun modo, e da lì si spostano in una *mansio* disposta a circa un miglio dal porto. Il viaggio prosegue verso il successivo luogo di pernottamento, la *mansio Clipeas*, da ubicare nei pressi di Lecce[116]; prima di questa viene però menzionata una stazione per il cambio dei cavalli, *mutatio ad Duodecimum*, anonima località ubicata alla dodicesima pietra miliare prima di Lecce.

Dopo una nuova sosta nella *mutatio Valentia*, località dove sorgeva l'antico insediamento di Valesio, il gruppo si ferma nella *ciuitas* di Brindisi. Successivamente il viaggio riprende con una sosta presso la *mansio Spilenaees*, poi presso la *statio ad Decimum*, posta alla dodicesima pietra miliare prima della *ciuitas Leontiae*, da identificare con Egnazia, da cui poi il cammino prosegue lungo la via Traiana.

Confrontando il testo dell'*Itinerarium Antonini* con quello del pellegrino di Bordeaux si evince come il percorso seguito sia stato lo stesso, solo che in quest'ultimo vi è una maggiore precisione nel menzionare, oltre alle soste principali, definite *nell'Itinerarium Burdigalense civitates* e *mansiones,* anche le soste intermedie, le *mutationes*.

Un quadro più completo sui principali insediamenti posti lungo il sistema stradale è fornito dalla *Tabula Peutingeriana*, un *itinerarium pictum* redatto nella metà del IV sec. e pervenutoci in una copia di XIII secolo.

---

[111] Nella descrizione dell'Italia effettuata da Plinio il termine *statio* compare solo in questo caso.

[112] Tra le attestazioni più significative da ricordare Tacito che, in riferimento alla rivolta servile del 24 d.C., riporta che Tito Curtisio, promotore della rivolta, si riuniva con i rivoltosi nei pressi di Brindisi e delle città (*oppida*) vicine (*Ann.*, IV, 27). Appiano utilizza il termine generico di *polis* sia nella narrazione della guerra annibalica sia in quella delle guerre civili.Tale utilizzo è presente anche in Dione Cassio. Aulo Gellio, riportando l'episodio dell'incontro tra i poeti Pacuvio ed Accio (*Notti Attiche*, XIII, 2. 1) racconta che questo avvenne nell'*oppidum* tarantino.

[113] Sulle notizie fornite da Tolomeo: UGGERI 1983, pp. 136-142

[114] Per gli itinerari si veda UGGERI 1983, pp. 142-155; LOMBARDO 1992, p. 172 e ss., entrambi con bibliografia specifica sui singoli documenti.

[115] GELSOMINO 1966.

[116] Appare decisamente più plausibile ritenere che con *mansio Clipeas* si intenda un piccolo insediamento vicino Lecce piuttosto che la stessa città di Lecce "declassata" al ruolo di *mansio*; numerosi sono infatti gli indizi che portano a ritenere che Lecce in questo periodo fosse una città e non un insediamento minore.

Nel documento è rappresentata la viabilità ed i centri posti lungo le arterie stradali. Lungo il tracciato della via Traiana, Traiana Calabra e del tratto "adriatico" della via "Salentina", sono riportati: *Gnatiae, Spelunis, Brindisi*, il fiume *Pastium, Balentium, Luppia, Ydrunte, Castra Mineruae, Veretum* ed il *Portus Sallentinus*. Sul tratto ionico della via "Salentina" da *Veretum* si risale incontrando *Vzintum, Baletium, Neretum, Manduris e Tarento*.

Infine lungo la via Appia, nel tratto tra Taranto e Brindisi, sono menzionate *Mesochorum, Vrbius* e *Scamnum*.

Dal confronto del tratto Otranto-Egnazia con gli itinerari precedentemente analizzati, si desume che nella *Tabula* vengano menzionati solo i centri principali posti sulle strade. L'utilizzo di vignette per rappresentare alcuni siti, a differenza degli altri in cui compare solo il nome per iscritto, potrebbe sottolineare un maggiore rilevanza di quest'ultimi. Nella penisola salentina gli insediamenti cui è conferita una raffigurazione sono Castro, Otranto, Brindisi, Egnatia e Taranto. Tutte le vignette rientrano nella categoria AI, a due torri unite da corpo centrale, al cui interno sono presenti numerose varianti, secondo la classificazione elaborata nello studio dei Levi[117].

Oltre agli itinerari non esistono fonti che descrivano in modo completo o parziale il sistema insediativo del Salento in età tardoantica, tra gli abitati menzionati quello che sembra assumere una maggiore rilevanza è Otranto, ricordato per la sua importanza militare e definito prevalentemente *ciuitas*[118].

Le fonti epigrafiche.

Il *corpus* delle iscrizioni di età romana nel Salento non chiarisce a pieno il problema dello statuto che gli

insediamenti conseguirono con l'inserimento nella compagine statale romana. L'esigua documentazione epigrafica, riferibile alla fase immediatamente successiva alle Guerre *Sallentinae*, consente di appurare una sostanziale continuità nell'esercizio della pratica scrittoria in cui permane l'utilizzo della lingua messapica.

Il carattere frammentario e lacunoso di molti di questi documenti non fornisce alcun dato diretto sulla condizione giuridica ed amministrativa degli insediamenti; inoltre i testi sono spesso oggetto di uno studio quasi esclusivamente di tipo paleografico a causa della frequente assenza di elementi contestuali, dato che la maggior parte dei rinvenimenti è stata effettuata agli inizi del '900, o in condizioni fortuite oppure non sono presenti esaustive relazioni di scavo[119].

Ciononostante tali documenti attestano un perdurare delle tradizioni funerarie e religiose, nonché di utilizzo della lingua messapica cui si affianca, in modo episodico, nel corso del II sec. a.C., anche la presenza di documenti in latino[120].

Il numero delle attestazioni epigrafiche aumenta sensibilmente a partire dall'età augustea e, soprattutto nella piena età imperiale, alcuni documenti di tipo funerario ed onorario forniscono dei dati sugli aspetti istituzionali ed amministrativi degli abitati della penisola salentina.

---

[117] LEVI, LEVI 1967. La categoria AI è quella più diffusa nella *Tabula*. In base ad alcune differenze sono state riconosciute alcune varianti. Brindisi ed Egnazia rientrano nella variante 1, quella maggiormente attestata. Castro è assimilabile alla variante 6, che include anche i siti di *Ad medera* (*Ammaedara*, odierna Haidra, in Tunisia), *Mediolanum*, *Rusicade Colonia* (*Rusicada*, odierna Skikda, città portuale dell'Algeria), *Sarmategte* (nome dacio di *Vlpia Traiana* in Romania). Otranto appartiene alla variante 37 insieme ad *Ancialis*, dove in precedenza sorgeva Apollonia del Ponto. Infine Taranto rientra nella variante 7, come anche Canosa e *Tauruno*, insediamento posto sul *limes* della Pannonia.

[118] Cassiodoro, *Variae* I, 2, §2 e 7; Procopio di Cesarea, *Bellum Gothicum* (II 5, 1; III 9, 22; III 10, 5-12; III 22, 20; III 27, 4; III 30, 2-9;

IV 26, 4); Gregorio Magno, *Registrum epistolarum* IX, 169, 200, 205; Paulo Diacono, *Hist. Langobardorum* II, 21.

[119] Per un'analisi dei documenti epigrafici in lingua messapica di III – II sec. a.C. rinveruti nell'area oggetto di studio si veda da ultimo DE SIMONE, MARCHESINI 2002, in questo lavoro la datazione di molte epigrafi viene "rialzata" ad un generico III sec. a.C. Il maggior numero di iscrizioni di fine III-II a.C. proviene da Lecce ed Alezio. Le iscrizioni messapiche di Lecce sono raccolte in PARLANGELI 1960, anche se per definire in modo più sicuro le iscrizioni riferibili a questo orizzonte cronologico, si veda lo studio dei contesti di provenienza di questi GIARDINO 1994.
Per quanto riguarda Alezio, in base all'analisi in DE SIMONE 1983, le attestazioni sono riconducibili a due aree di necropoli, una nell'area centrale dell'abitato antico, l'altra in località Monte d'Elia, in cui è attestata una continuità di utilizzo della necropoli dal VI al III sec. a.C.
Altri testi epigrafici di III-II sec. a.C. sono stati rinvenuti a Ceglie, Egnazia, *Rudiae*, Vaste, Vereto, Soleto, Muro Leccese, Diso e Galatina, tutti riportati in PARLANGELI 1960 ed in DE SIMONE, MARCHESINI 2002.

[120] Sono infatti da riferire a questo periodo un'iscrizione latina (*M.Viseli*) incisa sotto il lastrone di copertura di una tomba rinvenuta a Lecce ed un'iscrizione probabilmente cultuale (*]diovei.mour[/]sacr[*) rinvenuta a Muro Maurizio su un blocco di calcare. Per l'iscrizione di Lecce: SUSINI 1962, p. 152, n. 105 e, per una definizione cronologica in base agli oggetti del corredo, GIARDINO 1994, p. 183, n. 139. Per l'iscrizione di Muro Maurizio: TORELLI 1969.

23

Nel Salento Settentrionale non sono presenti documenti epigrafici che menzionino esplicitamente lo statuto dei centri. Ad Egnazia però, il rinvenimento di un'epigrafe in cui si menziona il patronato di M. Vipsanio Agrippa, anteriore al 18 a.C., ha avvalorato l'ipotesi che l'insediamento fosse sede di un municipio[121].

Nell'area tarantina lo statuto di Taranto è fornito in modo chiaro dalle fonti che menzionano la deduzione di una colonia marittima nel 123 a.C. e poco dopo l'89 a.C. l'adeguamento ad uno statuto municipale. La documentazione epigrafica proveniente dal centro urbano fornisce utili dati sulla composizione sociale e sugli abitanti della città. Le epigrafi rinvenute nel territorio sono quasi esclusivamente di tipo funerario e sono da riferirsi all'area di controllo del municipio tarantino[122].

Nell'area centrale del Salento il sito che ha restituito il maggior numero di documenti epigrafici è Brindisi, colonia latina nel 244/3 a.C. e successivamente dotata di uno statuto municipale. Interessanti aspetti prosopografici sono offerti dalle epigrafi rinvenute sia nel centro urbano sia nel territorio rurale, in quest'ultime sono spesso menzionati personaggi che rivestivano cariche municipali. E' stato ampiamente dimostrato che esse si riferiscono a personaggi provenienti da Brindisi e che non svolgevano le loro funzioni nel luogo di rinvenimento del testo epigrafico[123].

Per il Salento meridionale[124] una definizione statutaria chiara e precisa viene fornita dalla documentazione epigrafica per Lecce e presumibilmente per Rudiae.

A Lecce l'iscrizione presente su una base onoraria in marmo databile ad una fase non anteriore ad Antonino Pio consente di riconoscervi uno statuto municipale. La menzione di alcune cariche municipali e la deduzione di una colonia è attestata in altre epigrafi databili sempre ad età imperiale, II sec. d.C. [125]

Sempre a questo orizzonte cronologico, il II sec. d.C., sarebbe da riferire la menzione dello statuto municipale di Rudiae e l'iscrizione alla tribù Fabia, come indicherebbero i rinvenimenti epigrafici[126].

La presenza di due municipia posti ad una distanza così ravvicinata costituisce sicuramente un unicum su tutto il territorio italiano, se non addirittura in tutto l'Impero. Non è possibile affermare con sicurezza le motivazioni che spinsero alla concessione dello statuto municipale a due insediamenti così vicini; a livello ipotetico si potrebbe ritenere che quello conferito a Rudiae avesse più un valore onorifico per aver dato i natali ad Ennio, padre della letteratura latina, ma si tratta di congetture non verificabili, al momento.

Organismi locali di governo sono attestati, sempre in età imperiale, a Gallipoli, a Vereto e, probabilmente, anche

---

[121] Non esiste una raccolta delle epigrafi romane rinvenute in quest'area. Oltre ad Egnazia (CIL IX 261-272) è stato rinvenuto un discreto numero di epigrafi funerarie di età imperiale a Villanova (CIL IX 49 ss.). Un'epigrafe è stata rinvenuta nell'800 presso Monte Salete (GASPERINI 1971, p. 198, T11) e sembra relativa al municipio tarantino.

[122] Per la documentazione epigrafica di Taranto e del suo territorio si veda soprattutto GASPERINI 1971, per gli aggiornamenti la bibliografia è fornita in MARANGIO 1990 e MARANGIO 1996.

[123] Non si dispone del corpus completo delle iscrizioni brindisine, per una bibliografia aggiornata si veda, anche in questo caso, MARANGIO 1990 e MARANGIO 1996. Il problema sulle epigrafi rinvenute nel territorio brindisino è stato posto, in particolare, per i siti di Oria e Mesagne, dove sono stati rinvenuti documenti epigrafici in cui vengono menzionati alcuni magistrati. Tali iscrizioni erano state utilizzate come prova per affermare la presenza di un municipio; è invece plausibile che esse si riferiscano a personaggi di Brindisi. Per i rinvenimenti nel territorio si rimanda alla bibliografia fornita nelle schede degli insediamenti poste in appendice.

[124] Ancora importante la raccolta dei testi presente in SUSINI 1962. Dalle nuove acquisizioni provenienti principalmente da scavi il quadro epigrafico del Salento meridionale è il seguente: al periodo compreso tra l'età tadorepubblicana e quella augustea sono da riferire 2 epigrafi da

Otranto (PAGLIARA 1980a, p. 81 e p. 111); 1 epigrafe da Vereto (PAGLIARA 1976, p. 442); 1 da Ugento (SUSINI 1962, p. 193, n. 186) ed 1 da Galatina (SUSINI 1962, p. 96 e MANACORDA 1995, p. 145 ss.). Numerose sono le epigrafi di età imperiale rinvenute nel Salento, anche se la maggior parte di esse non contiene dati utili a definire gli aspetti istituzionali, si veda, tra gli altri, SUSINI 1962; MARANGIO 1988; ESPLUGA 1995; PAGLIARA 1973; PAGLIARA 1980a; PAGLIARA 1980b, pp. 265-273.

[125] La base ortogonale in marmo bianco con epigrafe funeraria (SUSINI 1962, pp. 144-145, n. 93; ALESSANDRÌ 1999, pp. 133-135) è stata rinvenuta durante gli scavi dell'anfiteatro nel 1938. Il monumento era stato dedicato dai genitori, ma per decreto dei decurioni, a Sesto Silettio Massimo, della tribù Camilia. E' interessante osservare che nel testo vengono menzionati sia i municipes, i cittadini del municipio, sia gli incolae, identificati coi cittadini che pur risiedendo nella città non vi erano domiciliati. L'iscrizione di Lupiae alla tribù Camilia è confermata da altre iscrizioni, SUSINI 1962, n. 94 e n. 129, in quest'ultima si menziona il decurione P. Tutorius Hermetianus, esponente di una famiglia locale (su questo testo si veda anche ALESSANDRÌ 1999, p. 135). Lo statuto coloniario di Lupiae è attestato in un'epigrafe funeraria in cui si menziona il cursus honorum di Quinto Volumnio Asiatico, duoviro della colonia; il documento è datato dal Susini al II sec. d.C. (SUSINI 1962, n. 88), da Alessandrì invece tra la fine del II e gli inizi del III sec. d.C. (ALESSANDRÌ 1999, pp. 135-136).

[126] Il documento che attesta lo statuto municipale di Rudiae è un'epigrafe funeraria (SUSINI 1962, p. 103, n. 38) databile al 117-138 d.C. Il monumento è dedicato dal padre, Marco Tuccio Augazone, all'ottimo e piissimo figlio Marco Tuccio Ceriale, della tribù Fabia, patrono del municipo rudino, quattuorviro edile sempre a Rudiae, nonché edile a Brindisi. La presenza della tribù Fabia è attestata da un'altra epigrafe rudina (SUSINI 1962, n. 37) e da un epigrafe funeraria rinvenuta a Roma presso il quinto miglio della via Appia, in cui si menziona un militare di origine Rudina appartenente alla gens Fabia (SUSINI 1962, n. 5e).

ad Otranto. A Gallipoli, su due epigrafi funerarie di ignota provenienza, vengono rispettivamente menzionati un *decurio* ed un *ueteranus*[127].

A Vereto il frammento di un'iscrizione afferente ad un monumento funerario di età tardorepubblicana, è stato interpretato come prova della presenza di un magistrato municipale; la proposta però, benché affascinante, non può trovare alcuna reale conferma[128]. Per l'età imperiale è invece con sicurezza attestata la presenza della decuria e di un *seruus*, probabilmente un *uictimarius*, che prestava la sua opera per la *res publica* dei Veretini[129].

La presenza di una decuria, menzionata nelle due basi onorarie conservate ad Otranto, attesterebbe la presenza di quest'organo di governo, però la reale pertinenza di questi monumenti al sito idruntino è controversa[130]. Inoltre un'epigrafe[131] di provenienza ignota, conservata presso la Chiesa di S. Maria della Porta a Napoli e databile al II-III sec. d.C., attesterebbe lo *status* di colonia per l'abitato di Lecce, e di municipio per quello di Otranto. Il carattere erratico del documento e l'assenza di un apparato critico idoneo autorizzano ad alcune riserve sull'attendibilità delle informazioni fornite dall'epigrafe stessa.

Per l'età tardoantica il numero delle attestazioni epigrafiche è estremamente ridotto e l'unico documento che fornisce delle indicazioni sulla definizione di un centro antico è l'epigrafe data al 341 d.C. rinvenuta a Nardò ed oramai irreperibile[132].

Nel testo viene menzionato l'*empurium Naunae*, un abitato costiero che rientrerebbe in quelle agglomerazioni secondarie subordinate ad un municipio, o ad un insediamento che estendeva la propria amministrazione su centri minori. Dato il luogo di rinvenimento è stato proposto che il centro sottinteso sia la stessa Nardò e che l'emporio di Nauna possa identificarsi con l'odierna S. Maria al Bagno[133].

Nota conclusiva.

L'analisi dei dati epigrafici e storico-letterari consente di formulare solo caute ipotesi sull'organizzazione amministrativa di quest'area. Alla fine del III secolo a.C. i Messapi erano una popolazione alleata dei romani e, come tale, appare probabile che i rapporti con i vari centri ed istituzioni locali fossero regolati da accordi singoli tra il Senato romano e le *élites* che governavano i centri indigeni[134].

Nel corso dell'età repubblicana si può affermare con sicurezza che solo Brindisi e Taranto fossero dotate di uno statuto giuridico-amministrativo certo: *Brundisium* era infatti una colonia latina impiantata tra il 246-244 a.C., senza alcun apparente continuità urbanistica e monumentale, sull'antico insediamento messapico; a Taranto invece venne dedotta nel 123 a.C. una colonia romana, denominata *Neptunia*. Non si dispone di alcun dato effettivo sull'assetto amministrativo degli altri numerosi insediamenti ubicati su tutto il territorio salentino (fig. 1). Appare però abbastanza significativo che nella prima redazione del *Liber Coloniarum*, riferibile probabilmente ad età graccana, venga riportata la notizia di divisioni catastali nel territorio, tra gli altri, *Tarentinum*

---

[127] SUSINI 1962, p. 86, n. 19 - 20. Il defunto apparteneva alla *Legio XII Fulminata,* di cui facevano pare i veterani che trassero vantaggi dalla deduzione neroniana della colonia di Taranto.

[128] Si tratta di un blocco reimpiegato nella vicina chiesa detta Le Centopietre a Patù, con la menzione di un personaggio di cui si conserva la fine del nome, *-entius* che ricopriva una carica quinquennale. PAGLIARA 1976, pp. 441-443. Il testo però è estremamente frammentario e la menzione di *quinquennalis* senza la specifica menzione della carica è molto rara. Per analogia con questa lettura era stata avanzata la presenza di un quinquennale anche ad Ugento, dove sul frammento relativo ad un edificio funerario tardorepubblicano è presente l'iscrizione, frammentaria, con *quin-* (SUSINI 1962, n. 193; PAGLIARA 1976, p. 444); anche in questo caso gli elementi per la lettura sono estremamente labili.

[129] SUSINI 1962, pp. 75-76, n. 9; PAGLIARA 1971.

[130] SUSINI 1962, pp. 97-99, nn. 32-33.

[131] SUSINI 1962, p. 189, n. 6e.

[132] Il testo era iscritto su una *tabula* bronzea rinvenuta a Nardò nel 1595 nel corso dello scavo della trincea di fondazione per la costruzione della chiesa di S. Francesco; al momento della scoperta era applicata su una base marmorea inserita in un muro di età tardoromana, SUSINI 1962, p. 89, n. 23. Datata al 341 d.C. per la menzione del consolato di *Antonius Marcellinus* e *Petronius Probinus*, è stata interpretata come copia privata del decreto ufficiale che il *patronus* della città avrebbe fatto

---

apporre nella sua dimora dopo l'assunzione della carica, per un commento al testo GRELLE, VOLPE 1994.

[133] L'ultima analisi del testo, MARANGIO 2002, propende per questa interpretazione. Per suffragare la tesi che *Neretum* fosse un municipio viene ricordata la menzione fatta in Plinio e la presenza di un'epigrafe funeraria di fine II inizi III sec. d.C., rinvenuta a Compsa (SUSINI 1962, n. 7e), in cui si ricorda il defunto, patrono di *Neretum* e *Fratuentum* due siti attestati nel Salento.

[134] Una conferma in tal senso potrebbe venire dalla documentazione numismatica. Oltre a Brindisi e Taranto, città con uno statuto giuridico accertato, furono sede di zecca anche altri centri messapici tra la fine del III ed il II secolo a.C. Sicura l'attribuzione di un'emissione monetaria ad Oria ed Ugento. Di incerta attribuzione le emissioni di *Graxa* e di *Stul(nium);* per una discussione sulla monetazione di questi due centri, si veda STAZIO, SICILIANO, TRAVAGLINI 1991, pp. 224-254; per

e *Lyppiense*. Tale informazione potrebbe testimoniare l'importanza assunta da Lecce nell'organizzazione territoriale del Salento meridionale, in un periodo in cui lo Stato era impegnato ad una nuova organizzazione antropica dello spazio[135].

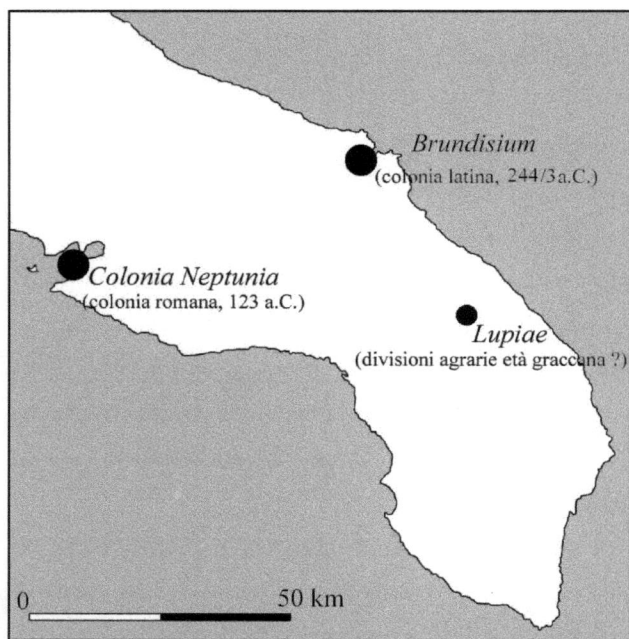

Fig. 1: Situazione amministrativa del Salento in età tardorepubblicana.

Il sistema insediativo che, dall'età preromana, rimase quasi immutato per tutta la fase tardorepubblicana, subì una serie di trasformazioni che portarono, in età augustea, ad un nuovo assetto poleografico, come documentato nel testo straboniano. Nella descrizione della penisola italiana dopo la suddivisione in *regiones* attuata da Augusto, Strabone, in riferimento alla Messapia, evidenzia un ridimensionamento sia del numero degli abitati, sia della loro "qualità urbana".

I centri con una connotazione urbana sono Brindisi e Taranto, entrambi sede di una colonia e definiti *polis*; gli altri insediamenti vengono tutti raggruppati nella definizione di πολίσματα[136], piccole città. Dopo la definizione generale l'autore menziona i singoli insediamenti, definendoli πολίχνη/ιον[137], termine utilizzato nell'opera straboniana per identificare un abitato che in passato presentava delle caratteristiche urbane, ma che aveva subìto un ridimensionamento.

Nel testo di Plinio, cronologicamente successivo, l'articolazione del sistema insediativo della Messapia e dell'intero territorio dell'Impero romano in generale, viene semplificata con l'utilizzo esclusivo del termine *oppidum*[138].

E' opinione comune che le collettività elencate in quei repertori abbiano tutte fruito dell'autonomia municipale o dello statuto coloniario.

Tale assunto, accettato spesso in modo acritico, è stato messo in discussione da Grelle. L'autore, attraverso un'attenta analisi dei testi, afferma che gli elenchi utilizzati da Plinio siano stati desunti da repertori di un censimento anteriore alla divisione in regioni della penisola, verosimilmente quello del 29-28 a.C. Dopo questa precisazione conclude che le conoscenze pliniane non registrano solo i dati pertinenti ai municipi ed alle colonie, ma anche quelli relativi a distretti organizzati in prefetture. Nelle prefetture istituite in aree scarsamente urbanizzate è verosimile che le operazioni di censimento, curate dai prefetti in collaborazione con le strutture organizzative locali, si svolgessero negli insediamenti rurali.

Gli elenchi dei cittadini censiti sarebbero stati quindi registrati sotto l'indicazione della località nella quale erano state compiute le operazioni di censimento.

Con l'estensione della cittadinanza agli alleati, dopo la guerra sociale, mentre in alcune aree le prefetture venivano più o meno rapidamente scomparendo sostituite

---

l'identificazione di questi due toponimi si veda, da ultimo COMPERNOLLE 2005.

[135] E' però ancora da confermare con sicurezza se la menzione di *limitibus Graccanis* nel testo tràdito abbia un valore cronologico o faccia invece riferimento al sistema di partizione adoperato. Oltre ai territori *Tarentinum* e *Lyppiense* è menzionato quello *Varinum* e quello *Austranum*. I nuovi dati riscontrati sul terreno e dalla lettura aerofotogrammetrica consentono di riconoscere un unico sistema centuriate che abbracciava, con orientamento costante e senza soluzione di continuità, un territorio che si estendeva dalla zona a N-W di Lecce

sino al Capo di Leuca. Per un'analisi del *Liber Coloniarum* si rimanda a CHIOCCI, POMPILIO 1997, pp. 161-163 ed a GUAITOLI 1997, p. 40.

[136] Il termine viene utilizzato sia come sinonimo di *polis* e corrispettivo di *urbs* ed *oppidum*, sia per indicare un abitato di minor conto rispetto alla *polis* (*Thesaurus*, vol VII).

[137] Il termine indica, di norma, un abitato di poca importanza, corrispettivo di *oppidulum*. (*Thesaurus*, vol. VII)

[138] Una conferma che nel testo pliniano il termine *oppidum* non presenti alcuna valenza giuridico-amministrativa è in *N.H.* III, 3, dove, in merito alla composizione della Betica, vengono enumerate 175 *oppida* e, tra queste, viene specificato che, da un punto di vista amministrativo, si

dall'ordinamento municipale, in altre si ampliavano invece per incorporare distretti vicini nei quali la debolezza o l'inesistenza delle forme urbane non consentiva l'introduzione dell'autonomia locale.

Alcune indicazioni nel catalogo pliniano possono pertanto riferirsi agli insediamenti rurali nei quali si svolgevano le funzioni giudiziarie e amministrative dei prefetti e dove, dopo la guerra sociale, si procedeva anche al censimento delle popolazioni dei dintorni[139].

Il quadro che emerge dalla lettura e dall'interpretazione delle fonti è che, successivamente alla riforma augustea, nel Salento vi fossero una serie di abitati con un organismo locale di governo che non è necessariamente da identificare con l'istituzione municipale o coloniaria.

E' solo a partire dalla media età imperiale, dal II sec. d.C., che alcuni documenti epigrafici contengono un'esplicita menzione dello statuto municipale o riferimenti alla presenza di un ordinamento giuridico-amministrativo.

In età tardoantica le riforme attuate sul sistema amministrativo dell'Impero e la crescente diffusione del cristianesimo, determinano delle ripercussioni non solo nel paesaggio urbano e rurale del Salento, ma anche nell'organizzazione territoriale. Gli insediamenti principali, le *ciuitates*, oltre ad essere i capoluoghi amministrativi divengono anche il luogo di riferimento della comunità cristiana grazie alla presenza del vescovo, posto a capo di questa comunità. Sulla base delle fonti storiche ed archeologiche, tra la fine del IV ed il VI secolo, sono state identificate le seguenti diocesi: Egnazia, Brindisi, Lecce ed Otranto sull'Adriatico, Taranto e Gallipoli sul versante ionico.

IV. Il sistema insediativo del Salento in età romana.

Ambiti geografici e cronologici della ricerca

L'attuale Salento costituisce l'estrema parte peninsulare della Puglia ed in esso confluiscono tre province, o parti di esse, che fanno riferimento ai capoluoghi di Taranto, Brindisi e Lecce.

Da un punto di vista geografico i confini di tale comprensorio trovano una motivazione ascrivibile alla geografia storica e fisica.

Lambito dal mare lungo i lati orientale, meridionale ed occidentale, presenta come limite settentrionale le Murge che caratterizzano il paesaggio di quest'area di confine tra Salento e Terra di Bari.

La specificità di questo territorio era definita sino all'Unità d'Italia, quando era noto come Terra d'Otranto e costituiva una provincia del regno di Napoli[140].

In età romana, con la creazione delle *regiones* augustee il territorio in esame rientrò nella *regio* II, denominata *Regio Hirpini, Calabria, Apulia et Salentini*. All'interno di questa realtà politica ed amministrativa confluirono differenti comunità e popolazioni: i dauni, i peuceti, i messapi ma anche sanniti, irpini e frentani, oltre che i cittadini latini delle colonie ed i greci tarantini. La divisione attuata in età augustea sembrerebbe più tener conto di effettivi limiti geografici piuttosto che della composizione etnica della nuova regione[141].

Precedentemente all'occupazione romana la parte meridionale di tale *regio* poteva essere distinta in due settori, quello abitato dai Messapi e quello relativo a Taranto ed alla sua *chora*[142].

Attraverso un'analisi fisica è possibile suddividere il Salento in quattro macroaree: quella settentrionale, ionica, centrale e meridionale: il Salento settentrionale è caratterizzato dalla presenza delle Murge, basse colline

---

possono distinguere le colonie, i municipi, le città libere, alleate e tributarie.
[139] GRELLE 1999, per suffragare la sua interpretazione il giurista conclude che appare verosimile che nelle *tabulae censoriae*, da cui dipendono gli elenchi di Plinio, accanto ai municipi ed alle colonie fossero presenti anche i distretti organizzati in prefetture, secondo le disposizioni attestate dalla *tabula Heracleensis*.

[140] Il regno di Napoli si componeva di identità provinciali e non regionali. L'odierna Puglia, spesso considerata un'invenzione di età contemporanea, era costituita dalle province di Terra d'Otranto, Terra di Bari e Capitanata. Sulla creazione della regione Puglia in età moderna si vedano i diversi contributi in MASELLA, SALVEMINI 1989.
[141] I confini della *regio* II erano costituiti ad est ed a sud dal mare; a nord dal fiume Biferno; a sud ovest dal Bradano. La restante parte occidentale penetrava sino all'Appennino inglobando nella nuova regione le valli appenniniche dove sorgono le attuali città di Avellino, Benevento e Campobasso.

calcaree dell'era geologica secondaria (Cretaceo) con un rilievo che dai 100 raggiunge isolatamente i 400 m. s.l.m. Nella parte settentrionale si trova la zona collinare più alta delle murge salentine, tra i 450-200 m. s.l.m., costituita da calcari mesozoici (calcare di Altamura) ricoperti da "terre rosse", si tratta di rocce permeabili per fessurazione o per fessurazione e carsismo. L'idrologia è costituita prevalentemente da falde freatiche.

Nel settore adriatico sono presenti colline che degradano verso il mare; nel settore ionico le murge tarantine circondano l'omonima piana. Nella parte meridionale l'importante faglia denominata "soglia messapica", posta tra Taranto e Brindisi, causa una scarpata alta quasi 100 m. e costituisce un limite con il Salento centrale.

Il Salento ionico o tarantino presenta una natura prevalentemente calcarea del suolo con gradoni pianeggianti in superficie e degradanti verso il mare. I punti più elevati sono quello dove sorge la città di Taranto e quello delle tre faglie successive che, partendo dalla costa, si estendono con orientamento NO/SE.

L'idrografia superficiale è abbastanza povera, più ricca quella sotterranea e frequenti sono le manifestazioni sorgentizie, soprattutto lungo la fascia costiera; presenti anche numerose manifestazioni lagunari e palustri.

L'area centrale della penisola salentina è caratterizzata dal tavoliere, un bassopiano che si eleva tra i 100 m. ed il livello mare. Il banco roccioso è spesso affiorante o coperto dal sottile strato rossastro di disfacimento dei calcari, molto fertile. L'area è attraversata dal fiume Canale Reale, oggi asciutto.

Lungo il confine con l'area ionica è presente ancora un'appendice delle basse Murge posta prima della pianura costiera.

Immediatamente a sud si estende il Salento meridionale, con il tavoliere salentino, costituito da terre brune mediterranee, che si protrae lungo tutta la fascia adriatica sino ad Otranto. Nella parte meridionale si trovano le serre, alte dorsali cretaciche d'origine tettonica. Tra le serre salentine, basse colline ricoperte da terre rosse, si

incuneano le "bassure" costituite da calcarenite e ricoperte dalle terre brune mediterranee.

Definiti i limiti geografici e le suddivisioni interne di questo comprensorio sono stati dunque censiti tutti gli insediamenti in cui è attestata una frequentazione stabile di età romana, dalla metà circa del III sec. a.C. e VI sec. d.C.

All'interno di questo ampio arco cronologico sono distinte tre fasi principali:

Età repubblicana (seconda metà III – I sec. a.C.)
Età imperiale (I d.C. – inizi IV sec. d.C.)
Età tardoantica (metà IV-VI d.C.)

L'inizio dell'età tardorepubblicana può essere associata all'ingresso militare dei romani nel Salento. Dopo la terza guerra Sannitica, nel 290 a.C., Roma era saldamente presente su gran parte del territorio pugliese, soprattutto quello della Puglia centrale e settentrionale. Tale situazione compromise i rapporti con Taranto che portò nel 282 a.C. ad uno scontro tra le due potenze; la città laconica chiese aiuto a Pirro, re dell'Epiro. Con la caduta di Taranto e la stipula di un trattato "dignitoso" nel 272 a.C., si susseguirono una serie di avvenimenti che videro l'avanzata dei romani e dei loro alleati nella Puglia meridionale: sono le vittorie sui *Sallentini* nel 267 a.C. e su *Sallentini* e *Messapi* nel 266 a.C., come riportato dai *Fasti Triumphales*. All'occupazione militare seguì poi un intervento politico che vide, come principale effetto, la deduzione della colonia latina a Brindisi nel 244/3 a.C. La nuova colonia assunse un importante ruolo strategico divenendo uno dei principali scenari della guerra illirica prima e, successivamente, degli scontri contro Annibale durante la seconda guerra punica. Nel corso delle guerre civili la penisola salentina fu testimone di alcuni avvenimenti, come dimostra la notizia riportata dalle fonti della scelta di Brindisi come luogo per stipulare gli accordi fra Ottaviano ed Antonio nel 40 a.C.[143].

---

[142] Sui confini della *chora* tarantina di veda OSANNA 1992.

[143] Per una raccolta delle fonti che menzionano il Salento ed i suoi insediamenti in età romana si veda LOMBARDO 1992, per una sintesi storica degli avvenimenti della Puglia e del Salento in età romana si veda SIRAGO 1993.

L'importante avvenimento che segna in qualche modo l'inizio dell'età imperiale è la suddivisione dell'Italia in regioni, attuata da Augusto probabilmente negli ultimi anni del suo governo. La conclusione di questa fase coincide con un altro provvedimento amministrativo, la riorganizzazione dell'Impero operata da Diocleziano alla fine del III sec. d.C. All'interno di questo ampio arco cronologico sono state distinte tre fasi che, in riferimento alle vicende storiche e politiche della penisola italiana, possono essere così suddivise: prima età imperiale (dinastia giulio-claudia, dal 27 a.C. al 69 d.C.); media età imperiale (dalla dinastia flavia sino agli antonimi, dal 70 al 192 d.C.); tarda età imperiale (dai severi sino a Diocleziano, dal 193 al 305 d.C.). La menzione del Salento o dei centri salentini nella storiografia e letteratura latina di età imperiale è alquanto sporadica, con il ricordo di alcuni episodi in cui emerge il ruolo svolto dal porto di Brindisi per i contatti con il Mediterraneo orientale.

Per quanto riguarda l'età tardoantica[144] l'avvio di tale fase può essere posta tra la fine del III secolo, con la riforma di Diocleziano (290-293 d.C.), ed il regno di Costantino (306-337 d.C.) E' infatti in questo ampio lasso di tempo che vengono effettuate una serie di modifiche amministrative, territoriali e politiche che trovano una ripercussione anche sull'organizzazione quotidiana delle attività produttive-commerciali ed anche sulle forme insediative[145]. Viene dunque creata la provincia *Apulia et Calabria,* con confini differenti rispetto alla regione augustea[146], amministrata da un *corrector* e dipendente, insieme alle altre province centro-meridionali che formavano la *regio suburbicaria*, dal vicario di Roma.

La fine d'età tardoantica sarebbe da porsi in concomitanza con il regno di Giustiniano e la guerra greco-gotica (535-554 d.C.) che segna l'avvio dell'età bizantina in Italia[147].

Una lettura del sistema insediativo

Età repubblicana

Giunti nel Salento i Romani incontrarono una realtà complessa ed urbanizzata, in cui si era andata definendo, nel corso dei secoli, un'organizzazione geopolitica ben strutturata.

La ricerca archeologica, volta soprattutto all'analisi della *settlement archaeology*, ha consentito di visualizzare la composizione poleografica del Salento nella fase immediatamente precedente l'arrivo dell'elemento romano.

Il paesaggio del Salento preromano era caratterizzato da numerosi insediamenti fortificati, di differenti dimensioni, e da piccoli centri rurali (fig. 2).

Sulla base dei dati dimensionali e dalle indicazioni fornite dall'indagine archeologica è stato possibile definire una gerarchia insediativa di tali centri[148]. Attraverso l'applicazione di modelli utilizzati dai geografi moderni si è cercato inoltre di ricostruire i limiti territoriali delle aree afferenti ai siti dominanti[149] (fig. 3).

Nel Salento settentrionale il centro dominante sembra essere Ceglie Messapica; posta sulle Murge Salentine con un'estensione stimata di circa 118 ha, poteva ricoprire un ruolo privilegiato nel sistema insediativo di età ellenistica. Sulle Murge basse, nel settore orientale, ai piedi del sito di Ceglie Messapica, sono presenti centri fortificati di minori dimensioni, Ostuni e Carovigno.

Più a nord, lungo il litorale adriatico, in un'area di confine tra Messapia e Peucezia, è presente il sito fortificato di Egnazia.

Nel settore occidentale, verso lo Ionio, sono presenti una serie di insediamenti di piccole e medie dimensioni che sovrastano la piana tarantina e che, in qualche modo, segnano il confine tra la *chora* di Taranto ed il mondo messapico.

---

[144] Per una sintesi sulla definizione cronologica dell'età tardoantica si veda da ultimo GIARDINA 2000, pp. 616-617.
[145] GRELLE 2000, p. 115.
[146] Al termine della riorganizzazione, attuata in età costantiniana, *Beneventum* ed *Aeclanum* passarono alla Campania mentre l'area del Tiferno e del Fortore, con i centri di *Larinum* e *Teanum Apulum*, divenne la nuova provincia del Sannio. Venne invece annesso alla provincia pugliese il territorio di Metaponto.
[147] Sull'Italia bizantina si veda ZANINI 1998.

[148] La base metodologia è quella enunciata in RENFREW-BAHN 1995, p. 159. Per lo studi sui centri messapici del Salento si veda D'ANDRIA 1991, con bibliografia precedente, cui si deve aggiungere D'ANDRIA 1999b.
[149] Per l'applicazione del modello *Xtent* ala Salento in età ellenistica si veda BURGERS, YNTEMA 1990, p. 102.

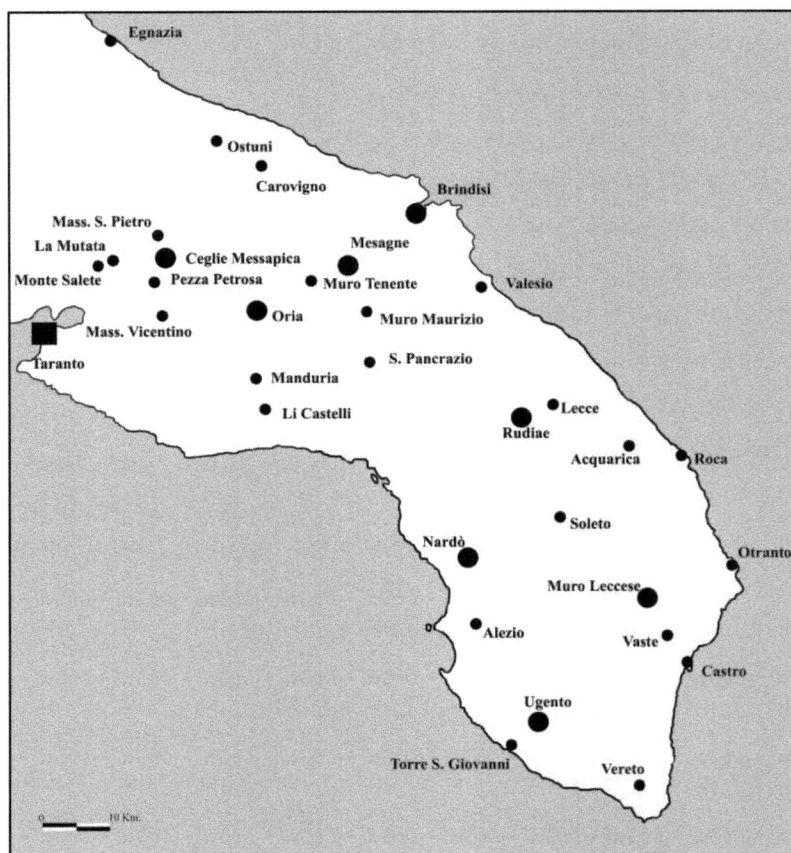

Fig. 2. Siti fortificati di età messapica nel Salento.

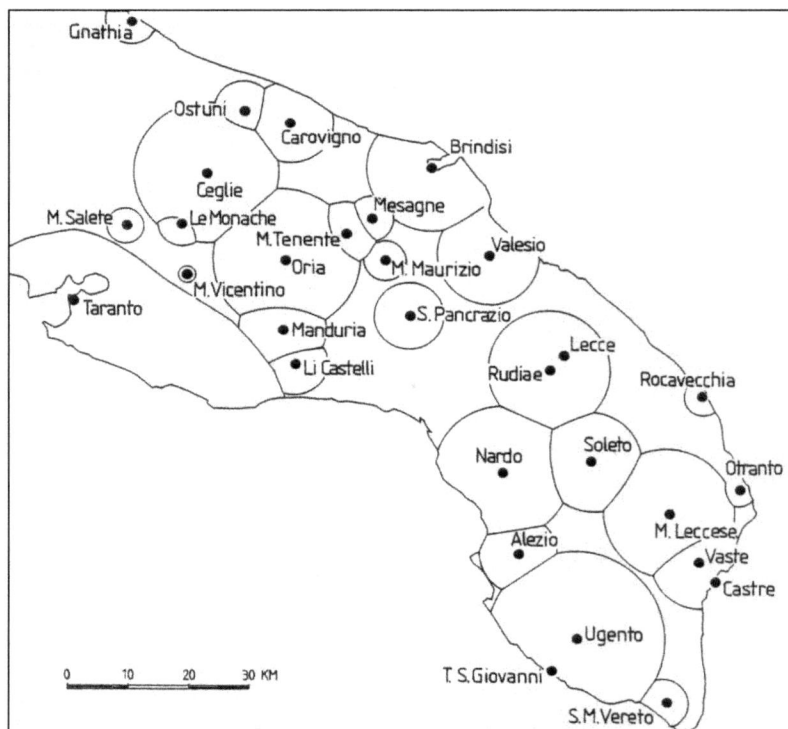

Fig. 3. Salento in età ellenistica: applicazione del metodo *Xtent* (da BURGERS, YNTEMA 1990)

30

L'area ionica appare caratterizzata dalla presenza della città di Taranto e del territorio ad essa afferente[150].

Nella parte centrale della Messapia, sulle propaggini della Murge Basse troviamo il sito di Oria, centro fortificato con un'estensione di circa 118 ha ed ubicato in una posizione di controllo di importanti traffici stradali, nel centro della via istmica che congiungeva la città di Taranto ad un altro centro fortificato dominante Brindisi.

La Brindisi preromana presentava un'estensione stimata di circa 104 ha e deteneva il controllo di una vasta area del tavoliere Salentino.

Tra il sito di Oria e Brindisi sorgevano centri fortificati di medie dimensioni: Mesagne, Muro Maurizio e Muro Tenente.

Sempre sulla piana salentina, a sud di Brindisi, sorgeva il sito di Valesio, insediamento con un'area di 83 ha. Nell'entroterra era presente un insediamento di medie dimensioni, San Pancrazio Salentino; nell'area ionica i siti di Manduria e Li Castelli delimitavano a sud-est la *chora* tarantina.

Nel Salento meridionale il primo centro dominante è *Rudiae*, 100 ha, e nelle immediate vicinanze è ubicato un insediamento minore, l'odierna Lecce. Lungo il versante adriatico sorgono una serie di insediamenti costieri di medie dimensioni: Rocavecchia, Otranto, Castro; di maggiore estensione i centri interni, Soleto, Vaste e, principalmente, Muro Leccese. Nell'estremo lembo meridionale della penisola il sito dominante appare Ugento, con un'estensioni di 145 ha. Siti di minore estensione sono Vereto, Montesardo ed i centri costieri: Torre S. Gregorio e Torre S. Giovanni.

Nel settore ionico il sito dominante appare Nardò, tra quest'ultimo ed Ugento presente Alezio, un sito di medie dimensioni.

Questo sistema subì un cambiamento, in alcuni casi traumatico, dopo le guerre *Sallentine* che sancirono l'egemonia di Roma su tutto il territorio salentino.

Roma si inserì in questo sistema avviando una serie di iniziative che portarono gradualmente alla trasformazione del territorio e del contesto sociale, come la fondazione della colonia latina[151] di *Brundisium* nel 243 a.C. e la realizzazione di una serie di infrastrutture che segnarono il paesaggio: la militarizzazione di alcuni insediamenti, soprattutto quelli costieri posti sull'Adriatico, per fronteggiare le vicende annibaliche ed i nuovi interessi transadriatici; la riorganizzazione rurale attraverso pratiche di suddivisione agrarie; il rifacimento di precedenti percorsi stradali e la realizzazione di nuovi.

La fondazione della colonia di *Brundisium* si inserisce quindi in un programma che, tra la fine del III ed il II secolo a.C., ebbe come obiettivo la rottura di equilibri sociali e politici attraverso alcuni accorgimenti riscontrabili in tutto il territorio salentino: città strutturate e con un ruolo di riferimento per altri insediamenti posti nell'area circostante vennero abbandonate o ridimensionate rispetto al loro assetto precedente, altri centri vennero invece incentivati[152].

Un rapido ed agevole collegamento tra Roma e Brindisi venne assicurato con il prolungamento della via Appia, la *regina viarum*[153], realizzando il tratto finale che congiungeva Taranto a Brindisi (fig. 4).

Nella ricostruzione dell'Uggeri[154], che si basa sull'analisi aerofotografica, cartografica e autoptica tramite ricognizioni sul terreno, la via Appia, costeggiando il Mar Piccolo, usciva da Taranto e si dirigeva ad est, verso Masseria Cimino. Raggiunta la piana di San Paolo ed oltrepassato il sito di Corti Palazzi, piegava a nord-est giungendo a Masseria Misicuro e da qui la strada puntava dritta verso Oria, non è stato però appurato con sicurezza se la strada attraversasse Oria o se la costeggiasse sul lato settentrionale. L'asse continuava il suo percorso fiancheggiando a nord l'insediamento di Muro Tenente e,

---

[150] Sulla *chora* di Taranto si veda OSANNA 1992; per una lettura diacronica degli insediamenti dell'area tarantina GUAITOLI 2002.

[151] Sulla colonizzazione latina e sul ruolo da essa rivestito si veda: TORELLI 1988, pp. 65-72.
[152] Sulla romanizzazione del territorio brindisino si veda APROSIO 2008, pp. 87-106.
[153] Stat. *Silv.* II 2,12.
[154] UGGERI 1983, 210-227. Per un aggiornamento sulla questione si veda anche DE LUCA 1996.

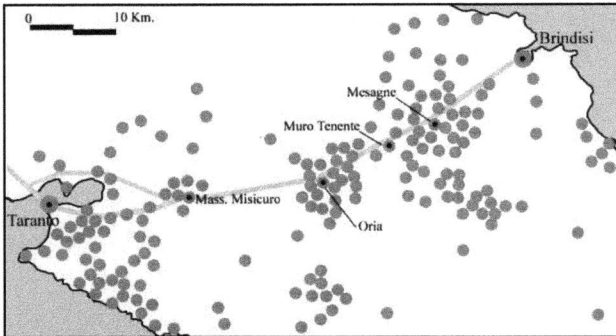

Fig. 4. Ipotesi ricostruttiva del percorso della via Appia.

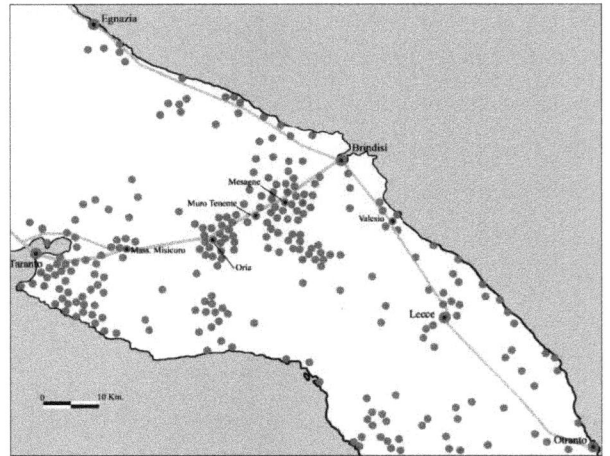

Fig. 5. Ipotesi ricostruttiva del percorso della via Traiana e Traiano-Calabra

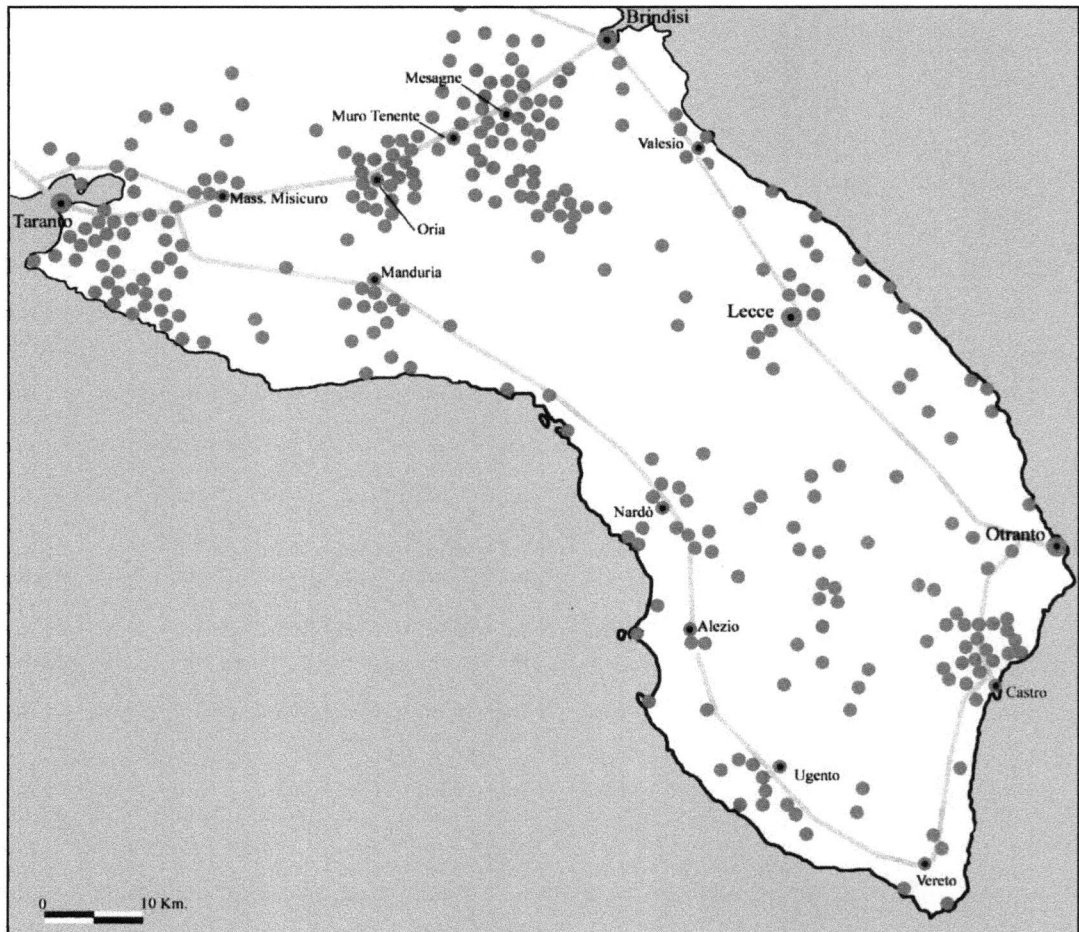

Fig. 6. Ipotesi ricostruttiva del percorso della via *Sallentina*.

successivamente, costeggiava Mesagne. Oltrepassato l'abitato di Mesagne il tracciato piegava verso nord-est e raggiungeva la colonia di Brindisi.

E' probabile che in una fase successiva venne realizzata una "scorciatoia", nota come l'Appia *per compendium* che passava a nord di Taranto senza attraversarla[155].

Un'altra importante arteria stradale era ubicata sul versante adriatico, la via Minucia che, dopo la risistemazione in età imperiale, divenne la Via Traiana. Questo asse attraversava Egnazia e, proseguendo lungo un percorso paracostiero, entrava a Brindisi sul lato nord-occidentale della città.

In età imperiale venne poi sistemato anche il tratto successivo, denominato Via Traiano-Calabra (fig. 5) che congiungeva Brindisi ad Otranto; l'esistenza di questo asse stradale era sicuramente già presente prima degli interventi imperiali, ma non si conosce la sua antica denominazione.[156]

Infine le fonti tramandano l'esistenza di una strada paralitoranea, denominata via *Salentina* (fig. 6), che congiungeva i principali centri del Salento per tutta la sua lunghezza, da Taranto sino al capo Iapigio e da qui ad Otranto[157].

E' indubbio che la presenza di questa rete stradale condizionò anche la fortuna degli insediamenti posti nelle vicinanze o addirittura interessati dal passaggio urbano di tali assi di collegamento.

Osservando nello specifico le singole aree definite all'interno del Salento si possono trarre interessanti constatazioni.

Nel Salento settentrionale (fig. 7) il sito che appare conservare un suo ruolo di rilievo è Egnazia (n. 1); insediamento fortificato in età messapica presenta una continuità di frequentazione in età repubblicana.

Vicino si sviluppano piccoli insediamenti rurali, S. Basilio (n. 2), La Cordara (n. 4), Mass. Ciccolucci (n. 6), ed insediamenti costieri con funzione di approdo, La Forcatella (n. 3) ed impianti produttivi per la realizzazione di anfore da trasporto Vuotano Piccolo (n. 5).

Gli insediamenti rurali appaiono, in base ai pochi dati che si riferiscono esclusivamente a segnalazioni, appartenere alla categorie degli abitati sparsi.

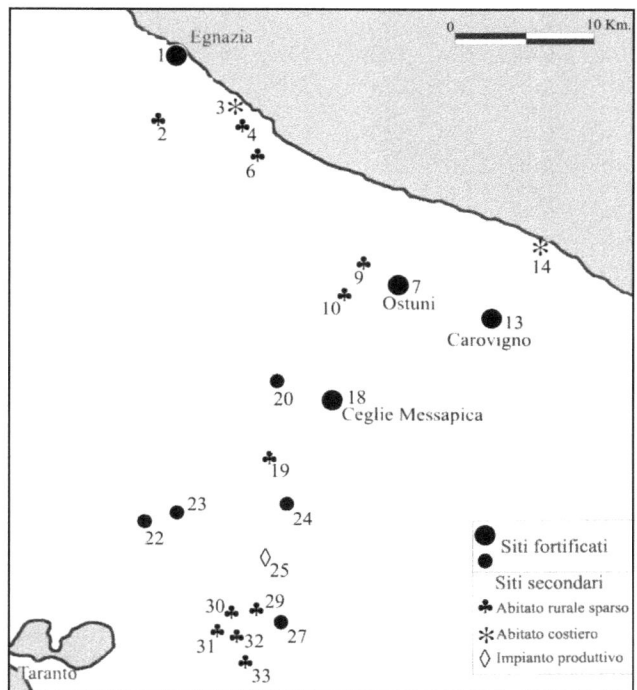

Fig. 7. Salento settentrionale. Insediamenti di età tardorepubblicana (III-II sec. a.C)

Ad abitati raggruppati sembrano invece afferire i siti di La Forcatella (n. 3) e Vuotano Piccolo (n. 5), che presentano una definizione funzionale precisa, un approdo inserito nelle rotte di cabotaggio della Messapia settentrionale il primo; un abitato con un impianto di produzione ceramico tra cui anfore commerciali del tipo Dressel 2-4 destinate all'esportazione dei prodotti agricoli il secondo.

Tra il III ed il II secolo a.C. tutti i siti fortificati presentano una continuità di frequentazione che inizia però, dopo il II secolo a.C., ad assumere una minore intensità sino a

---

[155] Sulla ricostruzione di questo tratto si veda CIPPONE 1993.
[156] I dati sul reale percorso della via Traiano-Calabra sono alquanto scarsi: si ipotizza che l'asse usciva da Brindisi, passava per S. Rosa ed attraversava Valesio. Da qui puntava verso Lecce, la attraversava e continuava il suo percorso in un'area più interna, passando nei pressi dell'attuale paese di Martano. Da qui si dirigeva verso Otranto, identificandosi con l'attuale asse stradale Martano-Otranto. UGGERI 1983, pp. 228-232.
[157] Anche per questo percorso i dati sono molto labili. Nella ricostruzione proposta (UGGERI 1983), all'altezza di Corti Palazzi dalla via Appia si staccava una deviazione che, attraversando la zona di Fragagnano entrava a Manduria. La strada si dirigeva verso sud-est, alla volta di Nardò, attraversando la zona dell'Arneo. Il tratto successivo, che corrisponderebbe all'attuale strada per Galatone, giungeva ad Alezio, ne lambiva il centro e, superando contrada Gelsi e Metriano, puntava verso Ugento. Dopo aver costeggiato Vereto il percorso risaliva lungo il litorale adriatico giungendo prima a Castro e da lì, rientrando nella zona dove sorgono gli attuali centri di Cerfignano e Cocumula, proseguiva verso Otranto.

scomparire per alcuni di essi, è il caso dei centri posti sulla Murge tarantine; in alcuni casi la documentazione diviene più rarefatta tanto che grandi insediamenti cinti da mura presentano un processo involutivo che fa assumere loro l'aspetto di abitati raggruppati (fig. 8).

E' il caso di Ostuni (n. 7), Ceglie (n. 18) e Carovigno (n. 13) che, per questa fase, presentano scarsi dati archeologici.

Al II secolo a.C. si data a Ceglie l'abbandono delle necropoli, contemporaneamente termina la frequentazione dei santuari extraurbani posti intorno l'insediamento. Solo Monte Scotano (n. 9) presenta una continuità di frequentazione riferibile ad un abitato rurale a carattere sparso.

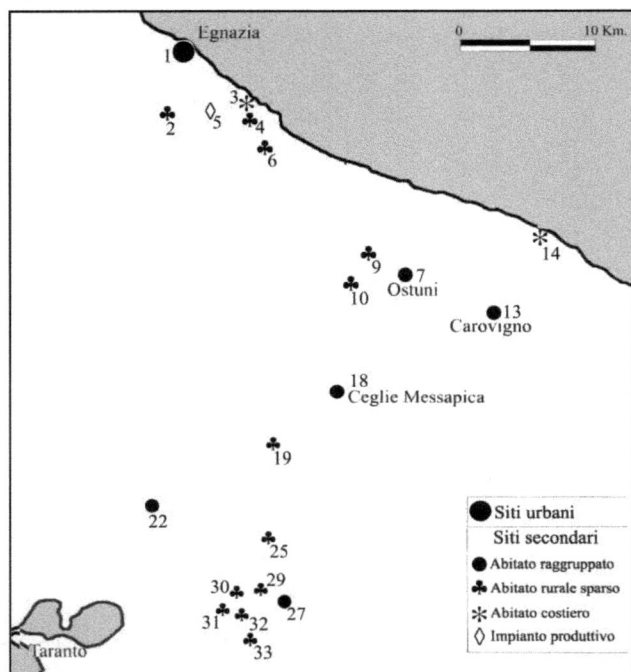

Fig. 8. Salento settentrionale. Insediamenti di età tardorepubblicana (II-I sec. a.C)

La situazione è simile anche per Carovigno ed Ostuni; anche in quest'ultimo caso sono presenti abitati rurali sparsi in prossimità di precedenti luoghi di culto, come Risieddi/S. Maria d'Agnano e grotta Zaccaria (n. 9).

Appare invece conservare una continuità di vita ed una maggiore strutturazione il sito di Torre Santa Sabina (n. 14), dove sembrerebbe svilupparsi un villaggio legato alle attività commerciali e portuali.

Nell'area ionica si registra la scomparsa di alcuni centri fortificati, solo Masseria Vicentino (n.27) sembra conservare il carattere di un villaggio raggruppato mentre intorno si dispongono abitati sparsi che erano già presenti in età messapica o di nuova fondazione, come ad Oliovitolo (n. 25) dove è attestata la presenza di un impianto produttivo di olio che rimane attivo sino alla metà del I a.C.

Nell'area ionico tarantina si nota che il sito che continua ad avere un ruolo principale è Taranto (n. 43), divenuta colonia romana nel 123 a.C. e, inseguito, municipio.

Intorno alla città sembrano disporsi piccoli abitati sparsi, fattorie o, presumibilmente, impianti rurali legati alla distribuzione e la suddivisione del territorio dopo la deduzione della colonia (fig. 9).

La maggior parte di tali impianti si distribuisce intorno alla città di Taranto ed in prossimità del Mar Piccolo. E' probabile che la maggiore concentrazione di abitati nel settore ad est ed a nord di Taranto sia da mettere in relazione con la presenza di un asse stradale, in cui si potrebbe riconoscere la via Appia. Nell'area orientale di questo comprensorio la densità insediativa è alquanto bassa e non si distinguono abitati raggruppati ad eccezione di Monte Sant'Elia (n. 61), un insediamento di età ellenistica abbandonato in età tardorepubblicana, e di Masseria Ruina (n. 62).

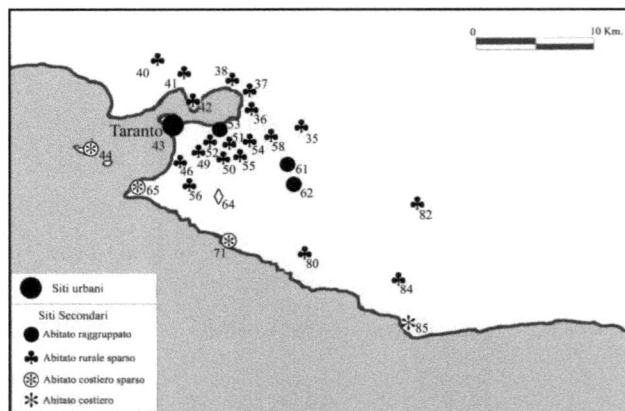

Fig. 9. Salento ionico. Insediamenti di età tardorepubblicana (III-I sec. a.C)

Lungo la costa ionica sembrano differenziarsi due tipi di abitati, uno di piccole dimensioni, come Tramuntone (n. 65) ed il primo impianto di Saturo (n. 71a), o di tipo sparso come presso l'isola di San Pietro (n. 44). L'altro invece caratterizzato da una maggiore articolazione, il caso di Torre Ovo (n. 85), che si presenterebbe come un villaggio legato alle attività di pesca ed anche ad attività commerciali e di attracco di navi.

Nel Salento centrale (fig. 10) si osserva come la maggior parte degli insediamenti si distribuisca lungo gli assi stradali di cui viene ipotizzato il tracciato. I centri fortificati che sono posti in queste vicinanze conservano una loro organizzazione, tendono invece ad impoverirsi demograficamente i centri più distanti.

Un'area fortemente antropizzata risulta quella gravitante intorno ad Oria (n. 102), insediamento che, nella fase iniziale dell'età tardorepubblicana, era sede di una zecca. Le indagini sistematiche hanno evidenziato la presenza di impianti agricoli a carattere sparso e di abitati raggruppati legati ad un intenso sfruttamento rurale del territorio.

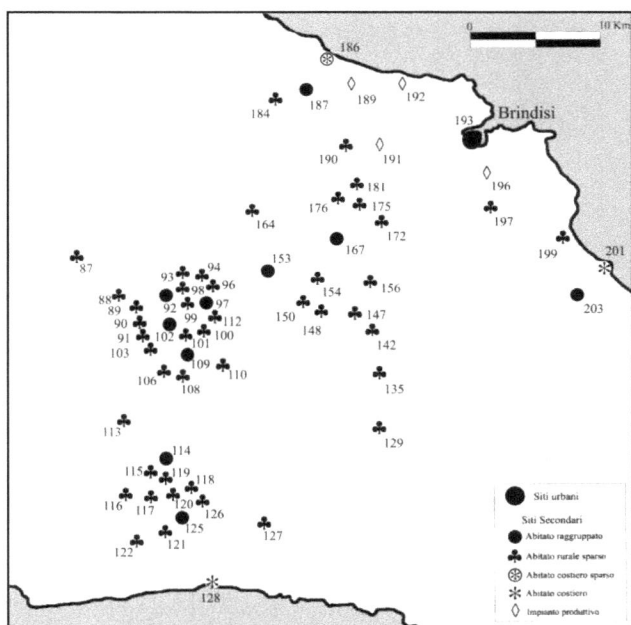

Fig. 10. Salento centrale. Insediamenti di età tardorepubblicana (III-I sec. a.C)

L'abitato di Oria, che tra la fine del III ed il II sec. a.C. sembra probabilmente occupare un ruolo non subalterno, insieme ai siti di Muro Tenente (n. 153) e Mesagne (n. 167), presenta una continuità insediativa forse proprio in virtù della sua ubicazione, lungo il percorso della via Appia. La documentazione archeologica registra a partire

dal II sec. a.C. i segnali di una trasformazione di tali centri i cui caratteri comuni sono un restringimento dell'area abitata con l'abbandono delle aree cultuali e, soprattutto, il progressivo abbandono delle mura che porta ad una destrutturazione dell'assetto urbano.

Diversa invece la fortuna di altri siti, lontani dalle vie di comunicazione più utilizzate; è il caso di Muro Maurizio (n. 142) che decade assumendo l'aspetto di un abitato sparso a carattere rurale.

Anche nell'area ionica si attuano delle trasformazioni nel paesaggio insediativo: intorno a Manduria (n. 114), sito che seppure ridimensionato sopravvive ed è interessato dal passaggio di un'arteria stradale pubblica, si distribuiscono piccoli abitati rurali sparsi in cui sono stati rinvenuti frammenti di macine, indicativi delle attività produttive svolte in questi insediamenti. Al contrario l'altro sito fortificato dell'area, l'abitato de Li Castelli (n. 125), presenta una frequentazione che diviene più rarefatta tra III e II secolo a.C. sino a scomparire definitivamente.

L'analisi del quadro insediativo del territorio prossimo alla città di Brindisi (n. 193) consente di riconoscere una pianificata articolazione del paesaggio rurale volta allo sfruttamento agricolo e condizionata da una nuova organizzazione economica[158].

Brindisi, oltre ad essere il luogo di residenza delle *élites* che gestivano l'amministrazione urbana e dell'intero territorio afferente alla colonia, costituiva il volano economico dell'intero comprensorio, grazie soprattutto al ruolo che rivestiva il porto. Nella fascia paracostiera sia a nord che a sud della colonia di Brindisi sorgevano insediamenti con impianti produttivi in cui venivano realizzati contenitori da trasporto. Questi impianti erano strettamente collegati sia ai siti rurali dell'entroterra, in cui venivano coltivati e trasformati i prodotti successivamente riposti nelle anfore, sia agli approdi ed ai porti dove le merci venivano imbarcate ed esportate. La sovrintendenza di tali attività risiedeva nelle mani dei grandi proprietari

---

[158] Per una lettura del paesaggio dell'area afferente alla colonia di Brindisi in età epubblicana si veda APROSIO 2008, pp, 107-131.

terrieri che, in modo non stabile, potevano risiedere nei propri possedimenti in dimore residenziali[159].

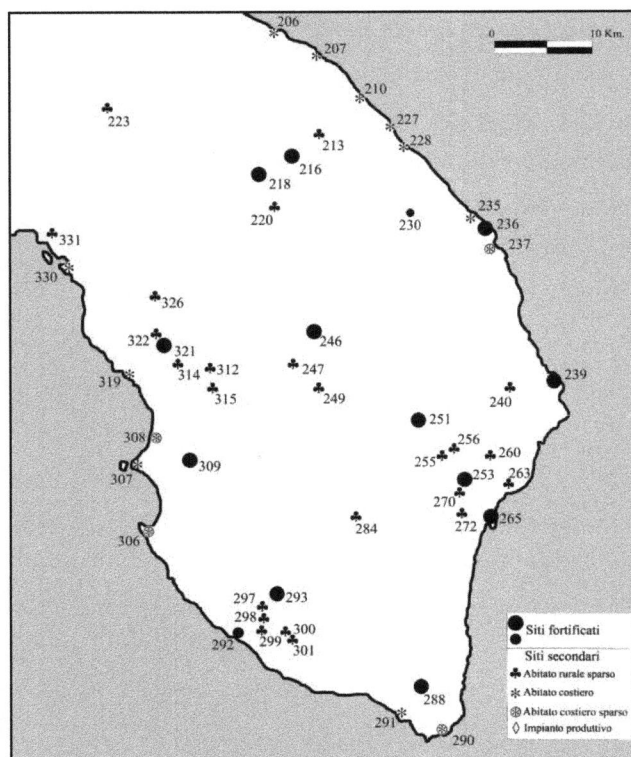

Fig. 11. Salento meridionale. Insediamenti di età tardorepubblicana (III-II sec. a.C)

Anche per quanto riguarda il Salento meridionale è possibile constatare, per la prima fase dell'età tardorepubblicana (seconda metà III – inizi II sec. a.C.), una sostanziale continuità di frequentazione con la presenza dei siti fortificati di età ellenistica (fig. 11).

Tale situazione subisce però delle trasformazioni intorno alla metà del II sec. a.C., quando la documentazione archeologica registra un sensibile calo di documentazione per alcuni centri, come Roca (n. 236), Soleto (n. 246) e Muro Leccese (n. 251). Per questi siti non sembrano sussistere attestazioni significative, anzi viene addirittura ipotizzata una brusca cesura segnata da un loro rimpicciolimento, se non addirittura da una scomparsa (fig. 12).

Gli insediamenti che invece sembrano conservare un ruolo centrale e di controllo sono soprattutto Lecce (n. 216) ed Ugento (n. 293), quest'ultima sede anche di una zecca.

Accanto a questi continuano a detenere una posizione di riferimento per l'organizzazione amministrativa ed economica del territorio circostante altri centri, come Otranto (n. 239), Vaste (n. 253), Vereto (n. 288), Alezio (n. 309) e Nardò (n. 321), seppur con una ridefinizione urbana in cui, come già evidenziato per gli altri centri fortificati del Salento, le peculiarità sono da cogliere in un restringimento dell'area urbana ed in un progressivo abbandono delle fortificazioni che divengono un elemento del paesaggio extraurbano.

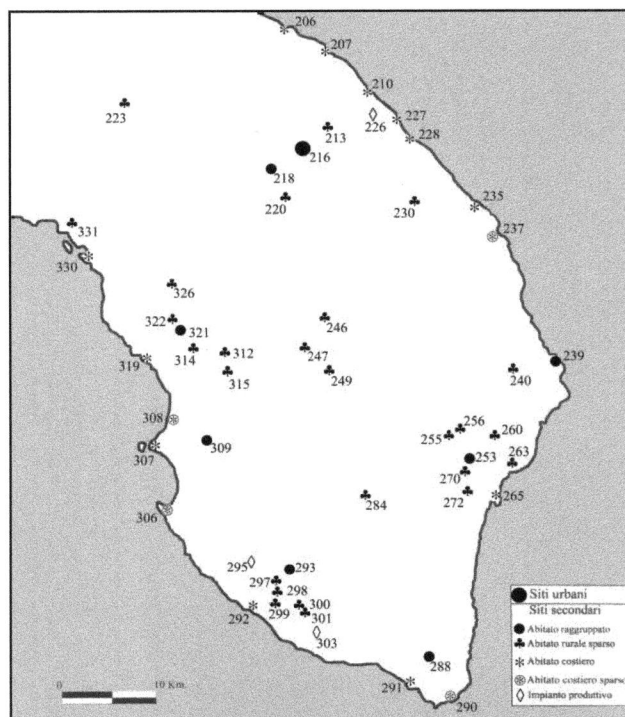

Fig. 12. Salento meridionale. Insediamenti di età tardorepubblicana (II-I sec. a.C)

Un incremento insediativo si registra sulla fascia costiera, adriatica e ionica, dove si distribuiscono una serie di abitati, di tipo sparso o raggruppato, con funzione di porti sussidiari e di approdi per il cabotaggio della penisola da parte delle imbarcazioni dirette verso i porti principali del Mediterranneo.

Attestazioni di impianti produttivi per la realizzazione di contenitori da trasporto sono stati individuati nell'area paracostiera, adriatica e ionica. Scarsi sono i dati sulla presenza degli insediamenti nell'entroterra, dove sembrano prevalere abitati a carattere sparso, fattorie e stanziamenti rurali, legati allo sfruttamento agricolo.

---

[159] Quest'ultime vengono definite "ville meno ambiziose, talvolta nate dall'ampliamento di case coloniche della media età repubblicana" e che continuano ad essere attive sino all'età imperiale, si veda CAMBI 2001, 367.

L'esame complessivo delle evidenze consente di avanzare alcune proposte interpretative sulla situazione politico, amministrativa ed economica del Salento in età tardorepubblicana. I dati archeologici sembrano documentare una ridefinizione degli asseti insediativi nel corso del II sec. a.C.

Non sembra casuale che tali cambiamenti si attuino dopo le vicende annibaliche, quando il controllo romano su quest'area divenne saldo e sicuro. Un successivo intervento che influì sull'organizzazione territoriale fu la divisione agraria. La cronologia di tali interventi non è ancora sicura[160], di certo però in età graccana il paesaggio agrario salentino sembra caratterizzato da una importante trasformazione: la coltura dell'ulivo diviene la principale attività agricola; fonti di età tardorepubblicana ed augustea attestano l'importanza dell'olivicoltura in questa regione[161]. Tale dato appare dunque ben supportato dalla documentazione storica ed archeologica che consente di valutare la reale portata dell'olivicoltura sul territorio italiano proprio in questa fase.

Da un censimento effettuato sulle evidenze produttive olearie si definiscono le principali aree di produzione: sul Tirreno quella toscano-laziale, campana e, con una sporadica presenza, in Calabria; sull'Adriatico quella istriana, mesoadriatica, dauna e, infine, quella calabro-salentina[162].

In base ai dati archeologici è dunque possibile riconoscere nel Salento una serie di insediamenti legati alla produzione olearia, grazie alla presenza di quattro principali evidenze:

- presenza di indicatori legati alla coltura e lavorazione
- presenza di impianti produttivi per la lavorazione e stoccaggio dell'olio
- presenza di impianti produttivi per la realizzazione di anfore da trasporto olearie
- dati epigrafici.

Il paesaggio del Salento tardorepubblicano sarebbe quindi caratterizzato da un entroterra agricolo con una forte vocazione alla coltura specialistica dell'ulivo, in cui si segnalano piccoli insediamenti, villaggi di tipo sparso o raggruppato, spesso anche antichi abitati "ridimensionati" che fungono da luoghi di riferimento per le attività agricole ed in cui sono spesso presenti resti di macine. All'interno di tali insediamenti potevano esistere le residenze di personaggi afferenti alle *gentes*, o loro rappresentanti, che gestivano gli interessi economici; appare probabile che questi però risiedessero stabilmente nei abitati strutturati ed organizzati come indicano alcune epigrafi funerarie di Taranto, Brindisi, Lecce ed Otranto dove compaiono i nomi di esponenti di queste famiglie.

Nelle aree paracostiere, o in particolari luoghi commercialmente attraenti, erano posti gli *ateliers* artigianali dove venivano realizzate le anfore per contenere i prodotti agricoli. Numerose *figlinae* sono state individuate in tutto il territorio salentino, soprattutto lungo la fascia adriatica. Presso Vuotano Piccolo (n. 5), nel territorio afferente ad Egnazia, venivano prodotte anfore del tipo Dressel 2-4; più a sud, nel territorio intorno a Brindisi sono state individuate ed in alcuni casi scavate le fornaci che producevano anfore ovoidali definite Brindisine o Apule, anche se il tipo sembrerebbe esser stato realizzato anche in altre officine dell'area calabro-salentina, come a Masseria Ramanno (n. 226), sito posto tra Lecce ed il porto di S. Cataldo (n. 227). La produzione di tali anfore è attestata anche sull'arco ionico, a Sorgente Pozziche (n. 303) ed a Felline (n. 295), posto tra Ugento e l'approdo di Torre S. Giovanni (n. 292). Presso Felline parrebbe documentata la produzione di entrambe le tipologie, le anfore Dressel 2-4 e le anfore ovoidali calabro-salentine. Un altro sito in cui è stata accertata la presenza di *figlinae* è Porto Cesareo (n. 330), ma non è stato ancora definito il tipo anforario prodotto. Infine una matrice in bronzo per bolli anforari rinvenuta in modo erratico nel territorio a nord-ovest di Lecce potrebbe supportare la presenza di un impianto artigianale in tale zona[163]. Inoltre l'analisi autoptica delle argille di

---

[160] Si rimanda alla nota 135.
[161] Per una raccolta delle fonti si rimanda a DESY 1993, pp. 107-108.
[162] Per uno studio sulla produzione olearia in età tardorepubblicana si veda: ROSSITER 1981, BRUN 1993 e LAFON 1993.

[163] TISÈ 2009.

contenitori da trasporto del tipo Lamboglia 2 ed alcuni esemplari di anfore Greco-italiche autorizzerebbe ad ipotizzare un'origine salentina anche per tali merci.

Recenti ricerche hanno poi consentito di documentare la presenza di impianti legati al ciclo di produzione e di conservazione dell'olio. Sono sicuramente riferibili a tale utilizzo gli impianti rinvenuti ad Oliovitolo (n. 25), ubicato nell'entroterra tarantino, a Lecce e ad Ugento; in altri siti, Oria, *Rudiae* e Felline, sono state rinvenute strutture che potrebbero riferirsi ad impianti produttivi, ma la documentazione edita non consente di appurare con sicurezza la loro funzione. I contenitori venivano poi imbarcati nei numerosi porti ed approdi minori presenti sul litorale salentino, sia adriatico sia ionico, ed esportati per un medio ed ampio raggio.

La conduzione di queste attività economiche, in base agli studi prosopografici, sembrerebbero essere in mano alle aristocrazie centro-italiche piuttosto che in quelle dell'aristocrazia locale. L'ipotesi trova un riscontro nell'assenza di documentazione relativa a famiglie senatorie provenienti dalla *Calabria* romana[164]. Nonostante ciò appare probabile che anche *élites* locali abbiano avuto un ruolo direttivo all'interno di questo sistema economico.

Ad una di queste, i *Fabii Hadriani*, si può riferire il *dominus* che produceva anfore nell'impianto di Masseria Marmorelle[165].

Significativo appare anche il caso di *Dazos* a Delo. Qui infatti, negli inventari del tempio di Apollo, si conserva un'iscrizione in cui si ricorda il dono, una coppa, offerto da *Dazos* figlio di *Daziskos* di Ugento dai proventi degli affari. Tale menzione, attestata per la prima volta intorno al 198 a.C., è presente anche in sei inventari successivi. E' stata proposta la seducente interpretazione di riconoscere in *Dazos* un mercante che, nel porto franco di Delo, si occupava della commercializzazione dei prodotti oleari salentini.

Età imperiale

Il sistema analizzato sembrerebbe perdurare sino all'età augustea, che costituisce sicuramente un momento di transizione tra la fase tardorepubblicana e quella imperiale. Il processo di trasformazione del sistema insediativo della Messapia, avviato presumibilmente in un momento successivo alle guerre annibaliche, appare ormai concluso. I siti fortificati non caratterizzano più il territorio salentino, essi appaiono quasi tutti ridimensionati e decaduti in realtà insediative secondarie; si delinea la prevalenza, come forma aggregativa più diffusa, degli abitati rurali, prevalentemente a carattere sparso o, in alcuni casi, raggruppato.

Il quadro della documentazione, che si basa quasi esclusivamente sulle informazioni derivanti da ricognizioni, consente di ipotizzare la presenza di insediamenti rurali, soprattutto fattorie di piccole-medie dimensioni . Sono poi presenti villaggi spesso muniti di un organismo locale di governo che li pone a capo delle attività amministrative, giurisdizionali ed economiche di un territorio.

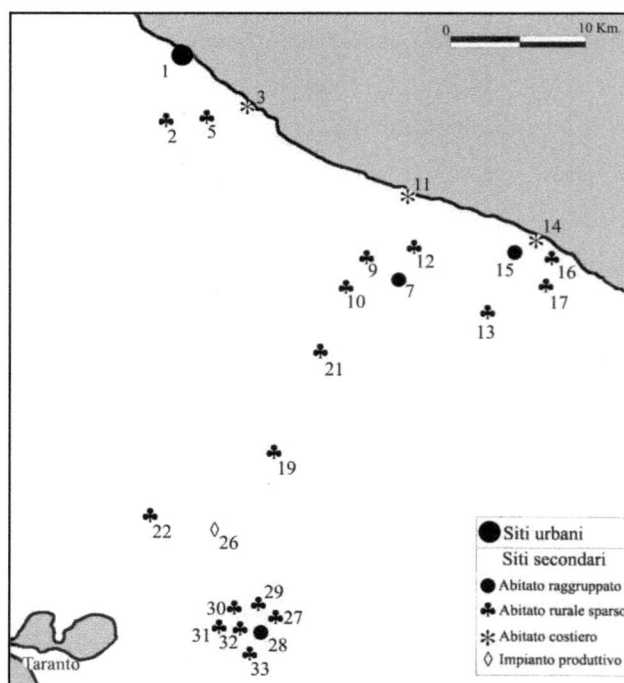

Fig. 13. Salento settentrionale. Insediamenti di età imperiale (I- inizi IV sec. d.C)

[164] Oltre ai diversi lavori di Manacorda si rimanda all'analisi in DESY 1993, pp. 233-251.
[165] Lo stesso bollo compare anche su anfore del tipo Lamboglia 2 conservate a Taranto. Tra i membri di questa famiglia si ricorda inoltre un decurione ed altri esponenti di spicco tra cui uno a Delo. Per un'analisi si veda PALAZZO, SILVESTRINI 1993.

Nel Salento settentrionale (fig. 13) il principale abitato è Egnazia (n. 1), in cui sono presenti i segni di un'organizzazione urbana ed in cui sembrano concentrarsi i grandi interventi monumentali che culmineranno con la creazione della via Traiana, elemento caratterizzante della città imperiale collegata alla riorganizzazione dell'intero centro abitato.

In questo territorio, allo stato attuale della ricerca, la fascia costiera appare quella interessata da una maggiore presenza antropica stabile, con la sussistenza dei precedenti approdi, La Forcatella (n. 3) e Torre S. Sabina (n. 14), e la creazione di nuovi abitati, alcuni di tipo raggruppato, come Villanova (n. 11), altri a carattere sparso.

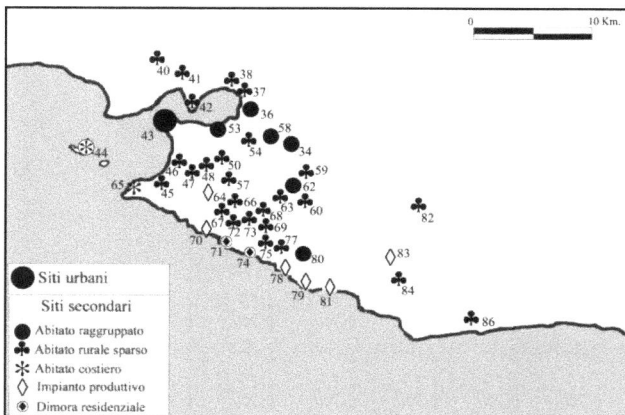

Fig. 14. Salento ionico. Insediamenti di età imperiale (I- inizi IV sec. d.C)

Un'altra area che continua ad essere frequentata è quella posta sulle murge tarantine, gravitane intorno alla via Appia; qui, oltre alla presenza di abitati prevalentemente agricoli, è attestata la presenza presso Angiuli (n. 26), di un impianto produttivo per l'olio, attivo sino al III sec. d.C.

Nel Salento ionico il territorio (fig. 14), gravitante tutto intorno a Taranto, presenta delle tipologie abitative specifiche che sembrano costituire un *unicum* nel panorama delle attestazioni salentine.

Le indagini archeologiche effettuate a Saturo (n. 71) ed a Luogovivo (n. 74) porterebbero all'interpretazione di tali siti come ville residenziali suburbane. Si tratta quindi di grandi dimore dotate di una parte residenziale per accogliere i notabili che in modo stagionale vi

risiedevano, ed una rustica, in cui stazionavano gli addetti alle attività produttive e servili.

Lungo la costa sono inoltre presenti impianti legati all'itticultura; nell'entroterra, tra i diversi siti rurali, si segnala la presenza di un impianto produttivo, presso il sito di Palma (n. 83), legato alla trasformazione dei prodotti agricoli; i dati non consentono di riconoscervi il prodotto realizzato, se si tratta di olio o di vino, quest'ultimo indicato dalle fonti come uno dei prodotti realizzati e diffusi a Taranto in età imperiale.

Nel Salento centrale la documentazione archeologica registra un aumento del numero degli insediamenti, soprattutto piccoli siti di tipo agricolo (fig. 15). Tali abitati, rispetto al periodo precedente, presentano impianti rurali più ampi in cui compaiono settori produttivi ed altri di tipo residenziale.

Altri insediamenti, spesso villaggi dotati di un organismo di governo locale, sono presenti lungo gli assi stradali principali o in prossimità della viabilità secondaria.

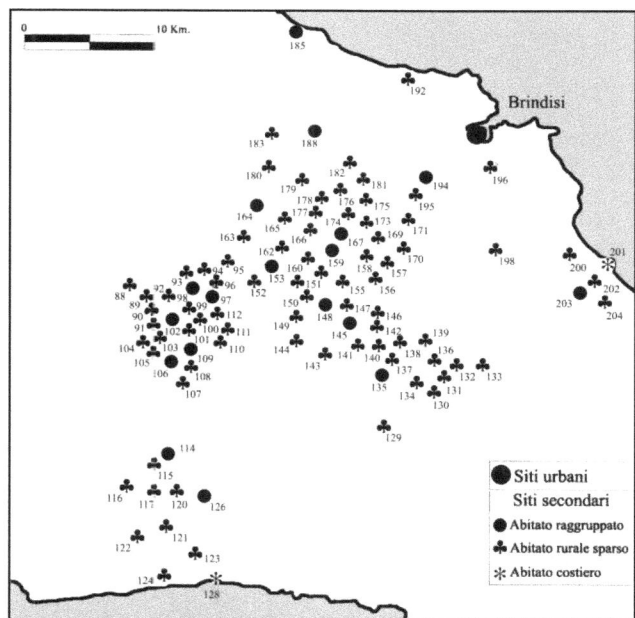

Fig. 15. Salento centrale. Insediamenti di età imperiale (I- inizi IV sec. d.C)

Questa crescita insediativa corrisponde ad una crescita economica attribuibile, almeno in parte, agli investimenti delle ricche famiglie imperiali e senatoriali profusero, in generale, nell'Italia meridionale tra il I e gli inizi del III sec. d.C.[166]

L'intera area centrale, dalle alture dove sorge Oria sino alla piana costiera, appare strettamente legata a Brindisi, il sito di convergenza delle attività economiche ed amministrative del comprensorio.

Sempre alla città di Brindisi sembrerebbero rimandare i personaggi, spesso insigniti di cariche pubbliche, menzionati in epigrafi pubbliche o funerarie, che risiedevano nei centri secondari[167].

Anche nel Salento meridionale si registra un sensibile aumento degli abitati, prevalentemente piccoli insediamenti agricoli, posti nell'entroterra (fig. 16). La presenza di abitati raggruppati è quasi assente nella parte settentrionale di quest'area, dove è presente Lecce, l'unico insediamento dotato di opere monumentali che lo qualificano come centro urbano e luogo di controllo politico ed amministrativo.

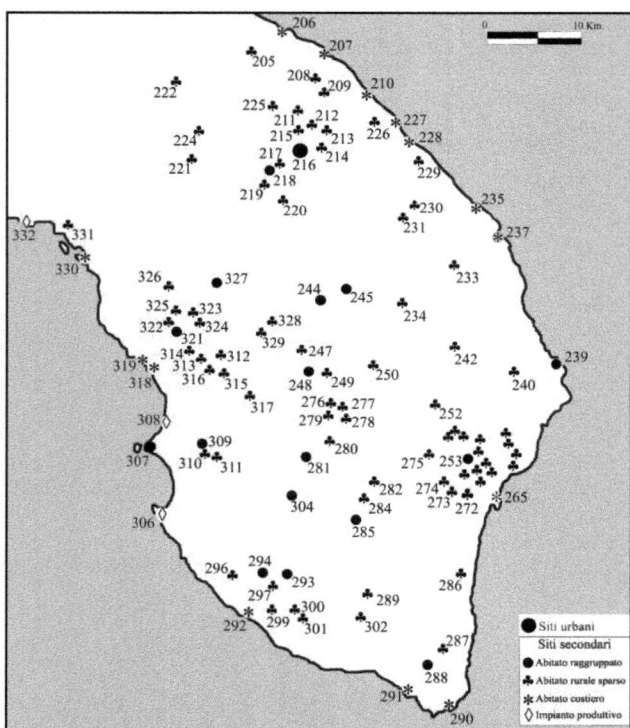

Fig. 16. Salento meridionale. Insediamenti di età imperiale (I - inizi IV sec. d.C)

La parte meridionale presenta un maggior numero di villaggi che si pongono ad un livello intermedio tra la città ed i numerosi piccoli insediamenti disposti sul territorio.

Permangono ed aumentano gli abitati costieri, sede spesso di impianti legati all'itticultura, che detenevano la funzione di porti ed approdi utilizzati nelle rotte di cabotaggio della penisola.

Il quadro generale che emerge dall'analisi del sistema insediativo del Salento in età imperiale è di una regione con un alto numero di piccoli insediamenti rurali legati probabilmente a pratiche agricole, quali la cerealicoltura ed l'allevamento.

Risultano in netta diminuzione i centri produttivi, i pochi *ateliers* ceramici attestati non producono più manufatti destinati ad un ampio mercato mediterraneo, ma solo contenitori con un raggio di diffusione locale o regionale.

I dati prosopografici fornisco delle indicazioni su coloro che risiedevano in questi insediamenti. Se infatti gli esponenti dell'aristocrazia, alcuni discendenti da famiglie locali come i *Tutorii* a Lecce, risiedevano stabilmente di preferenza nei grandi centri, negli insediamenti secondari è attestata la presenza di genti appartenenti al mondo servile e di liberti che ormai occupano posti di controllo nell'amministrazione locale.

Un primo studio sulla composizione sociale degli abitanti consente di evidenziare le numerose attestazioni, soprattutto nella prima e media età imperiale, di servi imperiali (tab. 2) e di servi alle dipendenze di *domini* privati che risiedevano stabilmente negli insediamenti secondari e sovrintendevano per conto dei proprietari alle attività economiche.

Accanto a questi è molto diffusa anche la presenza di servi posti alle dipendenze di liberti.

Tra le diverse attestazioni di servi dipendenti da *domini* privati si ricorda l'iscrizione dall'agro di Galatina, (n. 247) in cui è menzionato *Zethus*, *uilicus* di *Basila*, uno dei documenti più antichi di questo tipo riferibile ad età augustea[168].

---

[166] Per la prima fase imperiale si veda CAMBI 2001, per una sintesi sull'organizzazione del territorio brindisino in età imperiale si veda APROSIO 2005, p. 443.
[167] Si vedano, in merito, le schede dei siti nel catalogo in appendice. Inoltre per una definizione dell'area di controllo sul territorio del Salento centrale da parte della colonia brindisina si veda APROSIO 2008, pp. 133-150.

---

[168] MANACORDA 1995, p. 147.

n.	nome	qualifica	Luogo rinvenimento	datazione	bibliografia
1	*Donatus*	*Caes(aris) n(ostri) ser(uus)*	Guagnano (n. 223)	Fine I – prima metà II d.C.	MARANGIO 2001.
2	*An[t(onianus)]*	*Caes[aris n(ostri) s]e[r(uus)]*	Squinzano (n. 222)	Fine I – prima metà II d.C.	MANACORDA 1994a
3	*Dama*	*Caesaris nostri librarius*	Brindisi (n. 193)	Fine I d.C.	MANACORDA 1995, 156.
4	*Saturninus*	*Cae(saris) seru(us)*	Mass. Moreno (n. 165)	Prima metà II d.C.	MARANGIO 1971.
5	*Aste*	*Caesaris N(ostri) ser(ua)*	Oria (n. 102)	Fine I-II d.C.	CIL IX, 226; MANACORDA 1995, 157-158.
6	*[---]ris*	*Ca[es(aris)] [A]ug(usti) ser(uus).*	Mass. Centorizzi (n. 89)	I sec. d.C.	MARANGIO 1978

Tab. 2. Attestazione di servi imperiali nel Salento romano.

Ricorrente la presenza di servi di *Sisenna*, attestati nei pressi di Sandonaci (n. 130), a Masseria Calce (n. 140,) ed in un'epigrafe conservata a Lecce[169].

Numerose anche le attestazione di servi di *Laenilla*, sempre dall'area di Sandonaci (n. 130), da Vasapulli (n. 159), da Masseria Pacchiano (n. 151), e dal territorio di S. Maria dell'Alto (n. 122)[170]. Altre menzioni isolate sono quelle di un *gregarius Crespinillae* a Taranto[171]; nel Salento centrale sono attestati una *serua Appaliorum* in Contrada S. Anna (n. 158)[172]; un *libertus Orfìti* a Campistrutto (n. 183)[173]; una *serua Anni Veri* a Manduria (n. 114)[174] ed una *serua Tut(orii) Acronis* nel territorio di Valesio (n. 203)[175]; nel Salento meridionale un *uilicus Cn. Sentini* a *Rudiae* (n. 218)[176]; una *serua Passeni Rufi* sempre dai dintorni di Galatina[177] ed un *seruus Isauricae* a S. Cataldo (n. 227)[178].

Nonostante in età imperiale si registri un aumento degli insediamenti, il Salento sembra divenire un'area periferica dell'Impero, in cui solo le città strutturate sono interessate da un fenomeno di crescita e di riqualificazione urbana. Soprattutto Brindisi ed il suo porto, che diviene il ponte con la *pars orientalis* dell'Impero, come attestato anche dalla straordinaria quantità di manufatti di produzione egeo-orientale rinvenuti durante gli scavi archeologici. Il territorio appare caratterizzato da un alto numero di insediamenti rurali, prevalentemente a carattere sparso o, in alcuni casi, raggruppato.

Il controllo delle attività economiche sembra essere svolto all'interno dei villaggi che, a partire dalla media età imperiale, vengono riorganizzati e dotati di un ordinamento giuridico-amministrativo; spesso, come indicato dalle attestazioni epigrafiche, vengono insigniti col titolo di municipio, anche se il valore di tale *status* non riveste lo stesso significato che aveva nella precedente fase repubblicana.

Tra la fine del III secolo, con la riforma di Diocleziano ed il regno di Costantino vennero effettuate una serie di modifiche amministrative, territoriali e politiche che coinvolsero tutto l'Impero. Venne creata la provincia *Apulia et Calabria* e la città di Canosa venne scelta come sede delle attività amministrative e questo determinò uno spostamento a settentrione, verso la zona apula della regione, degli interessi politici ed economici.

Età Tardoantica

Il paesaggio rurale del Salento, nel corso dell'età tardo antica, presenta dei caratteri comuni per tutte le differenti aree in cui è stato suddiviso il territorio: un maggiore accentramento in villaggi e l'aumento di spazi "vuoti"

[169] Per il documento di Sandonaci si veda AE 1978, n. 201 e 1980, n. 278; per Masseria Calce MANACORDA 1995, p. 166, nota 111; per l'epigrafe conservata nel Museo di Lecce SUSINI 1962, p. 160, n. 123.
[170] Per Sandonaci AE 1980, n. 279; per Vasapulli CIL IX, n. 220; Masseria Pacchiano MANACORDA 1995; per il ritrovamento dal territorio di S. Maria dell'Alto: PAGLIARA 1976, pp. 450-451.
[171] GASPERINI 1971, p. 179, N4.
[172] *NTS* I, 73, p. 15.
[173] MANACORDA 1995, p. 170, nota 128.
[174] PAGLIARA 1974, p. 71.
[175] PAGLIARA 1980, p. 211.
[176] SUSINI 1962, p. 129, n. 73.
[177] MANACORDA 1995, p. 163.

[178] SUSINI 1962, p. 154, n. 109.

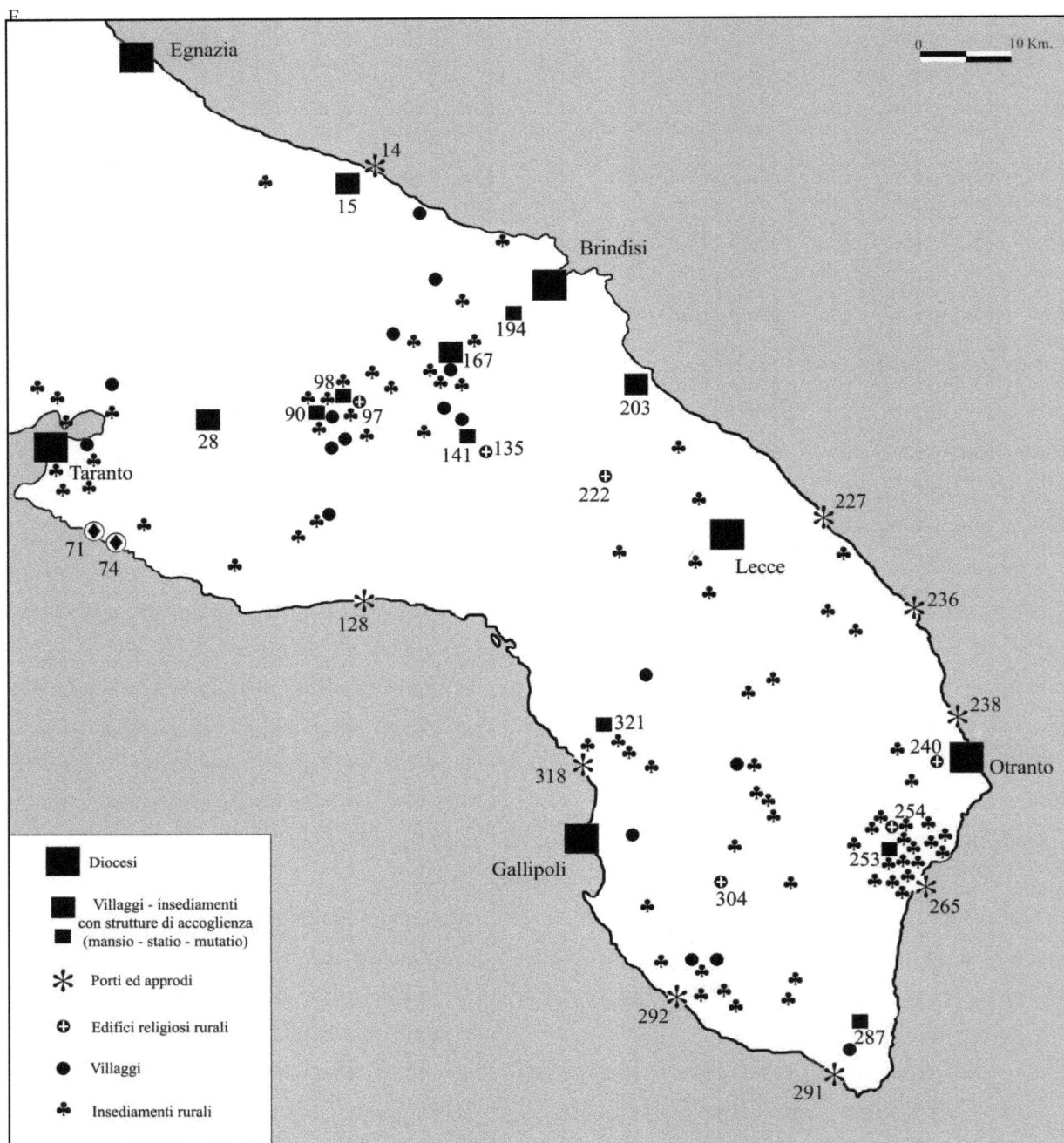

Fig. 17. Salento in età tardo antica (metà IV - VI sec. d.C). Probabile organizzazione insediativa.

utilizzati a fini agricoli. I motivi di tale situazione sono riconducibili ad alcuni fattori. In primo luogo la contrazione degli abitati rurali e la conseguente scomparsa dei piccoli insediamenti rurali a vantaggio di villaggi più o meno grandi può essere imputata alla diffusione del latifondo, ovvero l'accorpamento di differenti agri nelle mani di un unico proprietario terriero, prassi già esistente in età imperiale ma che in questo periodo diviene più diffusa. Inoltre, in particolari casi, come la fascia adriatica settentrionale, da Egnazia a Brindisi, il degrado delle condizioni ambientali, soprattutto con l'impaludamento delle aree costiere, può avere determinato un depauperamento insediativo. Infine la riorganizzazione regionale, con lo spostamento delle attività amministrative a Canosa, ha indubbiamente influito a favore di una marginalizzazione che investe tale comprensorio tra la fine del IV ed il V secolo.

Oltre alle trasformazioni ambientali ed alle riforme attuate sul sistema amministrativo dell'Impero, anche la crescente diffusione del cristianesimo influì non solo sul paesaggio urbano e rurale del Salento, ma anche sull'organizzazione territoriale. Gli insediamenti principali, le *ciuitates*, oltre ad essere i capoluoghi amministrativi divengono anche il luogo di riferimento della comunità cristiana grazie alla presenza del vescovo, posto a capo di questa comunità, e nelle cui mani confluiva anche il controllo agricolo di ampi settori del territorio, denominati "*massa*". Pertanto in questa fase un'importante discriminante per stabilire il ruolo rivestito da un insediamento in un sistema gerarchico è la presenza di una diocesi. Con la diffusione del cristianesimo si attua quindi una nuova organizzazione del territorio in cui nuove emergenze e nuove istanze ne condizionano l'articolazione.

E' altresì attestata una continuità di vita e di "importanza" dei centri amministrativi di piena età romana ma questo non costituisce la norma né si può creare un assioma assoluto tra colonia/diocesi, anche se è molto diffuso questo passaggio.

Nel Salento la presenza di alcune diocesi è accertata dalle fonti e dai rinvenimenti archeologici, ad Egnazia, Brindisi, Lecce ed Otranto sul versante adriatico; Taranto e Gallipoli su quello ionico. Non è possibile stabilire con esattezza la loro nascita e ripercorrerne le vicende però la loro esistenza si può ascrivere tra il IV e il VI secolo d.C.[179]

La scelta di questi centri per la collocazione di una diocesi appare sicuramente condizionata dal precedente assetto amministrativo e giurisdizionale, nonché geografico (collegamenti stradali, ubicazione etc.); le città che erano prospere vengono "scelte"; pertanto oltre ai centri urbani di Egnazia (n. 1), Brindisi (n. 193), Lecce (n. 216) e Taranto (n. 43) si affiancano anche Otranto (n. 239) e Gallipoli (n. 307), questi ultimi due insediamenti con uno statuto non proprio chiaro in età romana ma che sicuramente, grazie alla loro ubicazione ed al ruolo giocato in un sistema commerciale ed economico, costituivano dei siti prosperi e degli abitati di riferimento per un ampio territorio posto sotto il loro controllo.

All'interno di tali aree territoriali, la principale discriminante che condizionava la fortuna di un insediamento era la sua vicinanza con le principali vie di comunicazione, legate sia al passaggio di merci, sia di uomini. Perdurano così gli insediamenti posti lungo gli assi stradali maggiori, *stationes*, *mutationes* e *mansiones* muniti spesso di strutture di accoglienza per i viaggiatori, come gli impianti termali.

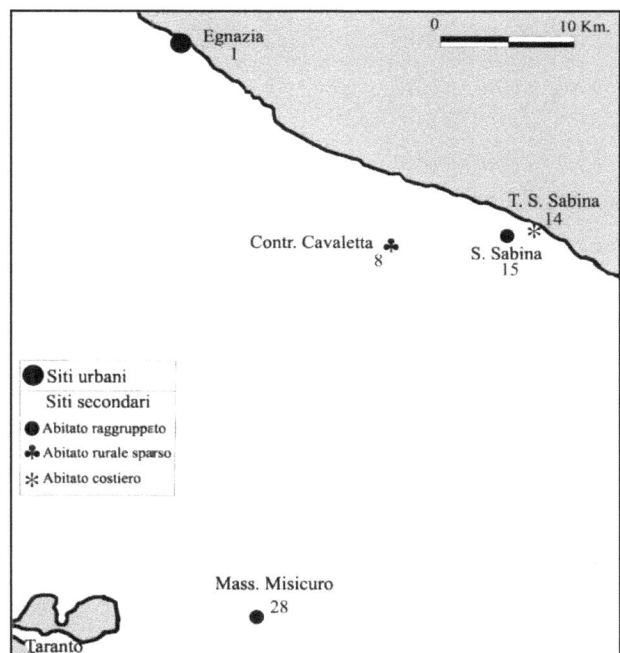

Fig. 18. Salento settentrionale. Insediamenti di età tardoantica (metà IV – VI sec. d.C)

La riorganizzazione del *cursus pubblicus* del Salento è documentata da alcuni miliari posti lungo la via Appia e

[179]. Per Egnazia le fonti letterarie riportano la presenza di una sede vescovile agli inizi del VI secolo con il vescovo Rufenzio, però la presenza di edifici di culto già nel IV secolo avvalora l'ipotesi di riferire a questo periodo la nascita di una diocesi; a Brindisi le fonti ecclesiastiche riferiscono la presenza del vescovo Lucio agli inizi del IV secolo e del vescovo Giuliano alla fine del V secolo, sotto papa Gelasio, viene inoltre riferito a Brindisi il vescovo "Marco di Calabria" che, nel 325, prese parte al Concilio di Nicea; la presenza di una diocesi a Taranto è attestata alla fine del V secolo con il vescovo Pietro; a Lecce l'effettiva presenza di un vescovo è accertata solo nella metà del VI secolo con Venanzio, è molto probabile, inoltre, che la diocesi decadde per un lungo periodo, dal VII all'XI secolo; ad Otranto le epistole del papa Gregorio Magno certificano l'attività del vescovo Pietro, cui erano affidate le diocesi vacanti di Brindisi, Lecce e Gallipoli; infine a Gallipoli il vescovo Domenico esercitava nella metà del VI secolo. Per

un'analisi delle fonti si veda MARTIN 1993, pp. 129-133, da integrare con i dati presentati in BERTELLI 1999.

lungo la via traiano-calabra e, per le fasi successive, dalle fonti letterarie[180].

Inoltre nella campagna salentina, a partire dal V sec. d.C., si assiste ad una progressiva diffusione di chiese rurali che sorgono in corrispondenza di abitati posti in prossimità di percorsi stradali. Tali chiese divennero non solo un luogo di accentramento all'interno dei nuclei insediativi, ma svolgevano presumibilmente una funzione di controllo territoriale, economico e della popolazione.

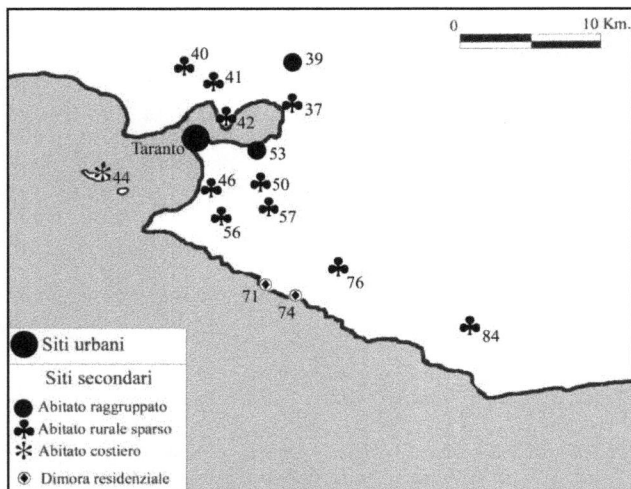

Fig. 19. Salento ionico. Insediamenti di età tardoantica (metà IV – VI sec. d.C.)

Nel Salento settentrionale (fig. 18), oltre alla diocesi di Egnazia, solo il sito di S. Sabina (15), posto lungo la via Traiana, sembra conservare una sua rilevanza e, proprio per la sua ubicazione, avrebbe potuto ospitare una *mansio* o una *statio* Accanto a questo insediamento continua ad essere frequentato il vicino approdo di Torre S. Sabina (14), inserito nelle rotte di cabotaggio della penisola; nell'entroterra non si registrano siti rilevanti, eccetto l'insediamento di Contrada Cavaletta (8), probabilmente un abitato sparso di tipo rurale.

Nell'area ionica (fig. 19) la vivacità della città di Taranto, divenuta sede episcopale, è attestata dai restauri effettuati sui monumenti urbani. Un ulteriore indizio di tale situazione è fornito dalla continuità di utilizzo delle ville suburbane di Saturo (71) e Luogovivo (74).

I collegamenti tra la diocesi di Taranto e quella di Brindisi erano assicurati dalla via Appia lungo la quale continua ad essere utilizzato l'insediamento presso Masseria Misicuro (28), limitatamente però all'area intorno all'edificio termale, fulcro dell'abitato tardo antico che potrebbe corrispondere alla *Mesochorum* citata dalle fonti.

Nel Salento centrale (fig. 20) si registra una forte flessione insediativa e, per quanto riguarda il porto di Brindisi, la perdita della supremazia nei commerci con il Mediterraneo orientale, a vantaggio di Siponto a nord e di Otranto a sud. Nell'entroterra il passaggio della via Appia assicura una fortuna insediativa ad alcuni siti, soprattutto quelli dotati di strutture ricettive e di riposo, edifici termali e stazioni di cambio dei cavalli, legate proprio alla presenza dello stesso asse stradale, come a Mass. Misicuro (28), Casa Meo/Loc. S. Pietro (90), Campo Adriano (98) e Mass. Masina (194); l'importanza dell'ubicazione è, a volte, sottolineata dalla presenza di edifici religiosi, come a Gallana (97). Un insediamento che sembra conservare un ruolo importante è Mesagne (167), sempre per merito della sua ubicazione lungo l'asse stradale e forse anche per la costruzione di una chiesetta rurale, l'odierna chiesa di S. Lorenzo, posta nella periferia dell'abitato.

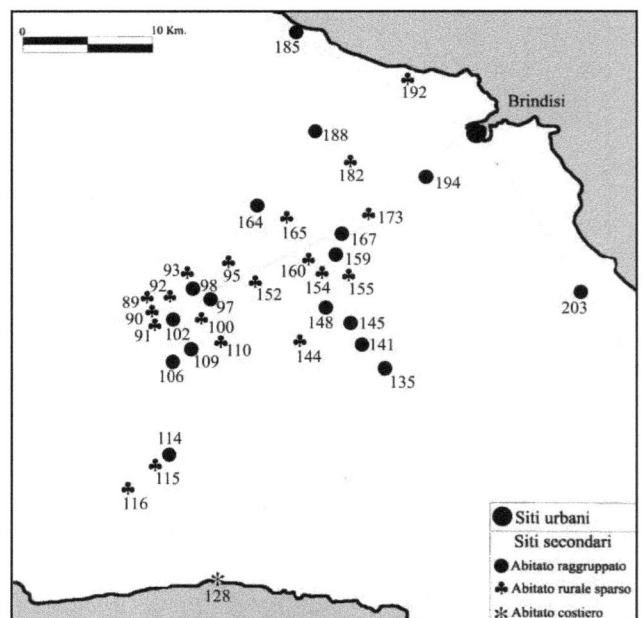

Fig. 20. Salento centrale. Insediamenti di età tardoantica (metà IV – VI sec. d.C.)

[180] Si tratta di un miliario di età costantiniana rinvenuto nei pressi di Mesagne; un altro da Brindisi, datato all'età di Massenzio; un ultimo proviene da Rocavecchia, sempre di età costantiniana; per un'analisi di tali documenti si veda UGGERI 1983. Per le fonti letterarie si rimanda a quanto già analizzato nelle pagine precedenti, pp. 39-41.

E' probabile che un altro asse stradale interno, che metteva in comunicazione con la diocesi di Lecce senza dover necessariamente giungere a Brindisi, abbia caratterizzato la fortuna di alcuni siti, come Campofreddo/Malvindi (141), dotato di una struttura termale, e di S. Miserino (135) e Madonna dell'Alto (222) dove sorgevano invece edifici di culto.

Il percorso della via Appia si concludeva quindi a Brindisi, da cui poi si diramava la via traiano-calabra che, attraversando Valesio (203), divenuta ormai una *mutatio*, entrava a Lecce (216).

Meno fitto di attestazioni il settore ionico di tale comprensorio, infatti solo a Manduria (114) e S. Pietro in Bevagna (128) è possibile riferire, in questa fase, la presenza di insediamenti raggruppati stabili.

Nel Salento meridionale (fig. 21), nonostante si possa osservare una leggera flessione degli abitati soprattutto nell'area circostante la città di Lecce e nella parte centrale della penisola, si registra una sostanziale continuità insediativa.

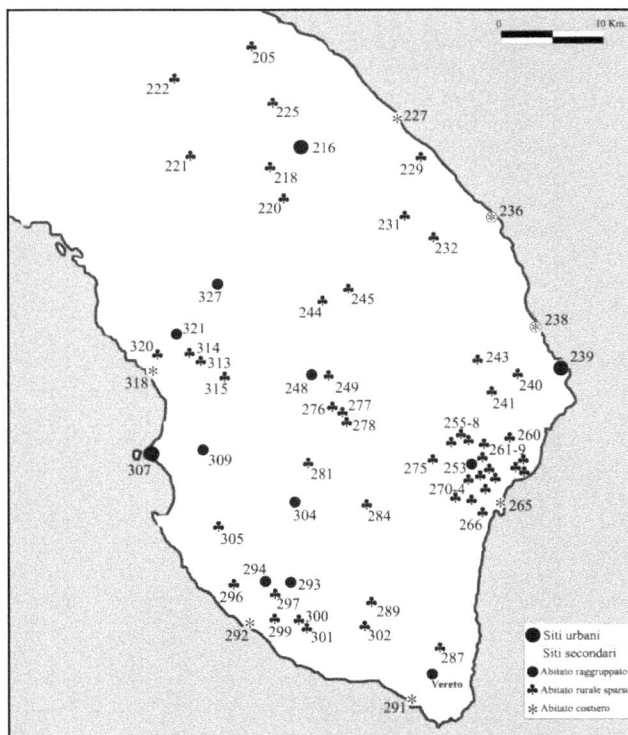

Fig. 21. Salento meridionale. Insediamenti di età tardoantica (metà IV – VI sec. d.C)

La presenza di tre diocesi suggerisce l'importanza svolta dalla Chiesa nella gestione del territorio, sia per l'organizzazione agricola, sia sul ruolo di controllo svolto grazie alla presenza di edifici di culto nel paesaggio rurale che costituivano un punto di riferimento per coloro che risiedevano lontano dai grandi centri.

La diocesi più settentrionale era quella di Lecce, posta tra quella di Brindisi a nord, quella di Otranto a sud e quella di Gallipoli ad ovest. Il territorio sottoposto a Lecce non sembrerebbe particolarmente esteso ed appare caratterizzato dalla presenza di abitati prevalentemente rurali e funzionali alla vita della città. Nella settore nord-ovest erano presenti due edifici religiosi, probabilmente centri di parrocchie rurali: S. Maria dell'Alto (222) e S. Miserino (135) entrambe al confine tra le diocesi di Lecce e Brindisi e pertanto risulta difficile attribuirne una sicura afferenza.

Più ampio e con una maggiore differenziazione insediativa era il territorio posto sotto il controllo della diocesi di Gallipoli. Oltre ad insediamenti rurali sparsi e raggruppati erano presenti centri abitati rilevanti, come Nardò (321) che ospitava un edificio termale forse da mettere in relazione ad una *statio*. Sempre nel territorio della diocesi di Gallipoli insisteva l'*empurium Naunae*, un insediamento costiero noto da un'epigrafe rinvenuta a Nardò ed oggi dispersa; l'emporio di Nauna viene identificato con l'odierna S. Maria al Bagno (318).

Un importante traccia della politica di cristianizzazione delle campagne attuata dalle sedi episcopali è la chiesa di S. Maria di Casaranello (304), che sembra aver dato un maggiore impulso al nucleo insediativo stabile preesistente all'edificio di culto.

Il confine naturale con la diocesi di Otranto era costituito dalle serre, nella cui zona sorgevano insediamenti che dovevano avere una certa rilevanza, come il sito posto nei pressi di Masseria Stanzie (281) o gli abitati posti nell'odierna area di Cutrofiano (248), anche se mancano maggiori dati per suffragare tale ipotesi.

Infine il settore orientale della penisola, probabilmente sino al capo di Leuca, rientrava sotto il controllo della diocesi di Otranto, la principale città di tale comprensorio e, a partire dalla metà del IV secolo, dell'intera penisola salentina; essa è infatti l'unica città che, in tale periodo, registra una fase di crescita e di ampliamento urbano.

In tale area, caratterizzata dalla presenza di nuclei insediativi rurali e pochi abitati raggruppati, è significativa la presenza di edifici religiosi, soprattutto a Le Centoporte (240) e presso i SS. Stefani (254), cui si aggiungono alcune probabili chiese rurali, la cui datazione è però ancora controversa come nel caso dell'attuale edificio presso Specchia Preti (posta tra i siti 241/243), segni profondi di quella trasformazione del paesaggio rurale da ascrivere alla cristianizzazione delle campagne che nel territorio idruntino l'indagine archeologica ha consentito chiaramente di delineare.

Appendice:

Catalogo dei siti

Sistema di schedatura

Per riuscire a controllare e razionalizzare tutti i dati riguardanti il Salento in età romana è stato effettuato il censimento dei siti noti dal III-II secolo a.C. sino al VI secolo d.C. Poiché il grado di conoscenza è molto differenziato, soprattutto riguardo al tipo ed alla qualità di ricerca svolta, è stato utilizzato il sistema impiegato per la schedatura degli insediamenti rurali della Lucania e della Daunia, in cui era presente una situazione documentaria affine[181]. Non si tratta dunque di una vera e propria scheda con campi fissi ma di una sintesi descrittiva in cui le informazioni sono ordinate in una sequenza fissa.

Dopo aver indicato il toponimo del sito, con il riferimento cartografico della tavoletta dell'IGM, è specificato il tipo di indagine effettuata, se questo è noto solo da segnalazione, da ricognizioni sistematica o da scavo.

Segue la parte descrittiva in cui si riassumono le evidenze archeologiche documentate distinguendo le differenti fasi cronologiche.

Al termine, dopo eventuali osservazioni, viene indicata la principale bibliografia di riferimento.

Sono stati schedati, complessivamente, 334 insediamenti stabili che presentano un diverso tipo di indagine.

Come si evince dal grafico (fig. 22) il 50% dei siti è noto da ricognizione ed il 27% da semplice segnalazione. Una percentuale ridotta, il 16% è costituita da insediamenti in cui sono stati effettuati saggi o limitati interventi di scavo; infine il 7% presentano scavi in estensione.

Osservando la tipologia delle evidenze (fig. 23) si evince chiaramente che la maggior parte delle informazioni proviene da siti attestati da aree di frammenti fittili, 60%; in alcuni casi sono presenti anche documenti epigrafici, solitamente di carattere funerario, 4%; oltre a frammenti fittili possono essere visibili resti di strutture, 10%, ed anche in questo caso sono presenti delle epigrafi, 3%.

Il 23% è invece costituito da insediamenti in cui sono state effettuate delle attività di scavo, semplici saggi e trincee, o scavi in estensione.

Le indicazione cronologiche consentono infine di appurare, per l'età tardorepubblicana, la presenza di 166 insediamenti; si tratta, in prevalenza, di abitati con una frequentazione di vita dall'età ellenistica; numericamente inferiori sono i centri di nuova formazione che sorgono solo dopo il II sec. a.C. In età imperiale si registra un sensibile aumento delle attestazioni, 273 insediamenti, soprattutto nell'area centrale e meridionale del Salento dove, rispetto alla fase precedente, si riscontra quasi il raddoppiamento degli abitati. Una flessione, generalizzata a tutta la penisola ad eccezione della parte meridionale corrispondente all'attuale provincia di Lecce, è invece riscontrabile nella fase successiva: sono stati infatti schedati 124 insediamenti di età tardoantica.

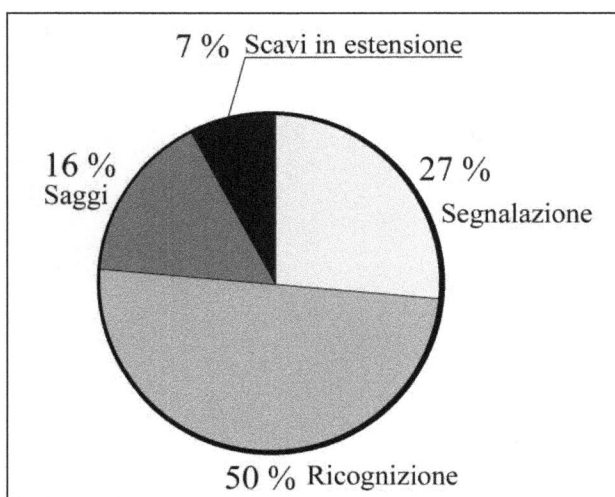

Fig. 22: Tipologia delle indagini archeologiche effettuate sui siti del territorio Salentino.

---

[181] Per la Lucania si veda DI GIUSEPPE 1996; per la Daunia VOLPE 1990.

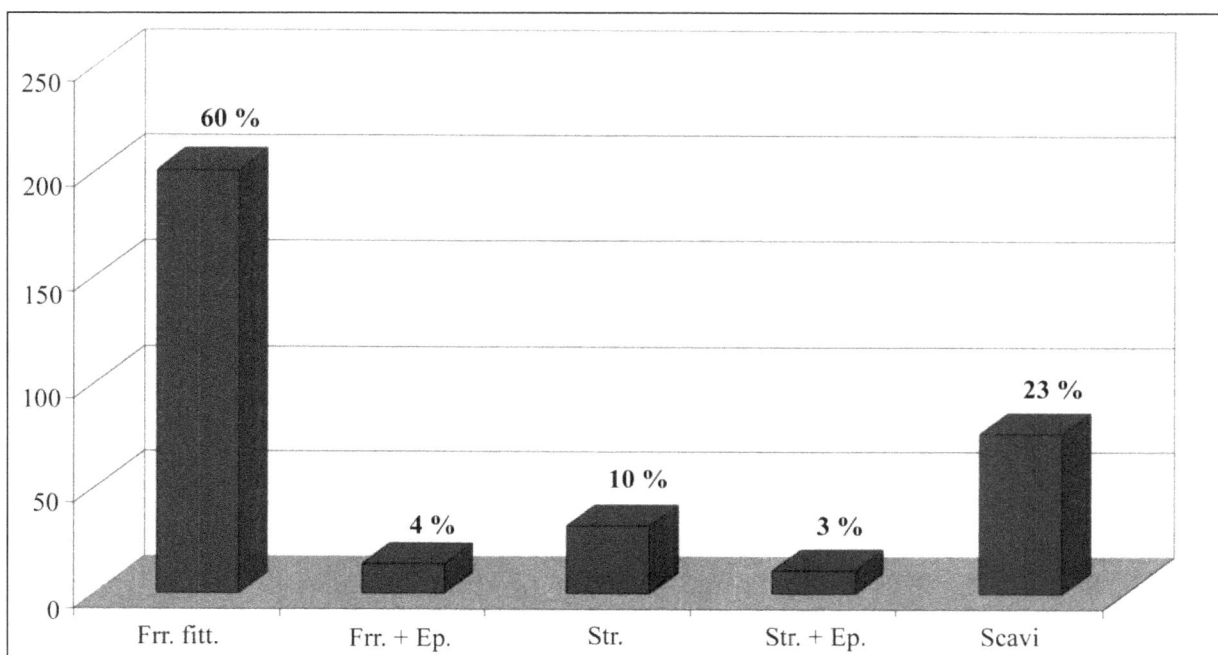

Fig. 23: Tipologia delle evidenze archeologiche (Frr. fitt.= area di frammenti fittili; Frr. + Ep.=area di frammenti fittili in cui sono state rinvenute epigrafi; Str.= area con presenza di strutture murarie antiche visibili; Str. + Ep.= area con presenza di strutture murarie ed epigrafi; Scavi= siti interessati da attività di scavo.

	Totale siti	Età tardorepubblicana	Età imperiale	Età tardoantica	Segn.	Ric.	Saggi	Scavo
Salento settentrionale	33	24	24	5	13	9	7	4
Salento ionico	54	29	42	14	9	31	10	4
Salento centrale	118	62	101	32	62	30	19	7
Salento meridionale	129	51	106	73	7	95	17	10
TOTALE	334	166	273	124	91	165	53	25

Tab. 3: Siti romani nel Salento divisi per area geografica, cronologia e tipo di indagine (segnalazione – ricognizione – saggi – scavo in estensione.)

SALENTO SETTENTRIONALE

Nella parte settentrionale del Salento sono distinguibili tre aree: la prima sul versante adriatico, legata alla presenza di un'importante arteria stradale, la via Traiana, che ne condiziona la fortuna; la seconda, sulle murge salentine, con una scarsa frequenza stabile in età romana; ed infine l'area meridionale che, da un punto di vista giuridico amministrativo, sembra più rientrare nel comprensorio tarantino, ed in cui si assiste ad una progressiva riduzione insediativa nel corso dell'età romana. Recenti studi, pur ampliando il quadro delle attestazioni grazie al riconoscimento di altri piccoli insediamenti, non alterano la lettura generale proposta.

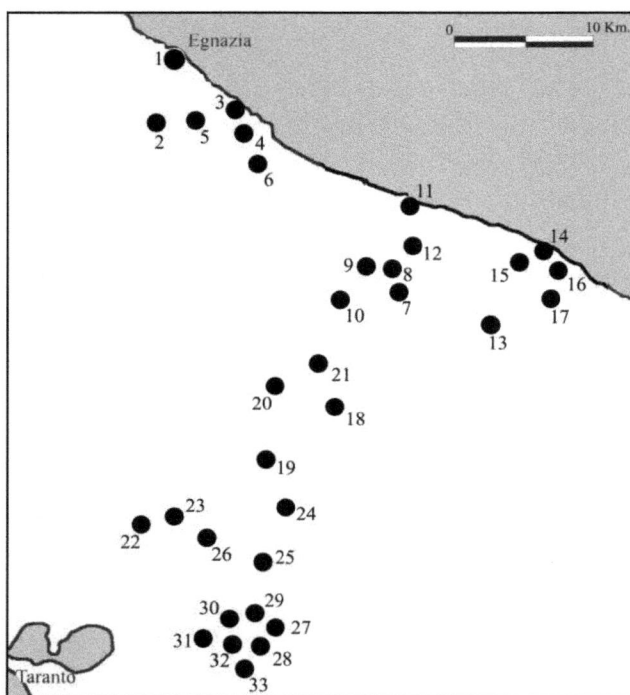

Fig. 24: Salento settentrionale. Siti di età romana (III sec. a.C. – VI sec. d.C.)

1. Egnazia

F. 190 I SE

Il sito è sede di un insediamento con tracce di frequentazione dall'età del Bronzo sino ad epoca medievale. Gli scavi sono stati avviati nel XVI secolo, ma i primi interventi sistematici furono organizzati a partire dal 1912 dal Quagliati. Ad oggi sono stati messi in luce circa 14.500 mtq dell'antico insediamento, manca però un lavoro di sintesi con la presentazione e discussione dei dati di scavo. Nel 2001 è stato avviato un progetto interdisciplinare, organizzato dal Dipartimento dell'Antichità dell'Università degli Studi di Bari in collaborazione con la Soprintendenza per i Beni Archeologici della Puglia, incentrato sulla ripresa delle indagini archeologiche e la valorizzazione del sito.

Età repubblicana

A partire dalla metà del III sec. a.C. è da riferire una riorganizzazione dell'intera area urbana. Le mura, che racchiudo un'area di circa 42 ha, sembrerebbero sussistere per tutta l'età repubblicana. All'interno del circuito murario sono riconoscibili aree con differente destinazione: cultuale, pubblica ed abitativa.

Ad una destinazione sacra appare essere riservata l'"acropoli", leggera altura a picco sul mare che costituisce l'area su cui si concentrava maggiormente l'abitato indigeno. Il riesame dei pochi elementi della decorazione figurata del santuario e della struttura stessa dell'edificio posto sull'acropoli, porterebbero ad una datazione più bassa dell'edificio, in precedenza datato genericamente al IV sec. a.C.

Ai piedi dell'"acropoli" lungo il pendio meridionale, si trovano edifici pubblici. Qui, tra la metà del III ed il I sec. a.C. vengono realizzate una serie di strutture la cui lettura oggi appare alquanto complessa per la sovrapposizione delle fasi più recenti e per l'assenza di una documentazione di scavo stratigrafico. Ciò nonostante è stata proposta una pianta ricostruttiva in cui si identifica un'ampia area racchiusa da *stoai* con la presenza, sul lato settentrionale della piazza, di un edificio teatrale.

A sud di questo centro monumentale si estendeva una zona destinata prevalentemente a scopi insediativi compresa tra il percorso di un asse stradale a nord, identificata come la via *Minucia*, e le mura preromane.

Infine, nelle due insenature poste ai lati dell'acropoli, vi erano i settori portuali. L'insenatura orientale è di formazione naturale, l'altra invece è in gran parte artificiale e sono tuttora sommerse le banchine e due

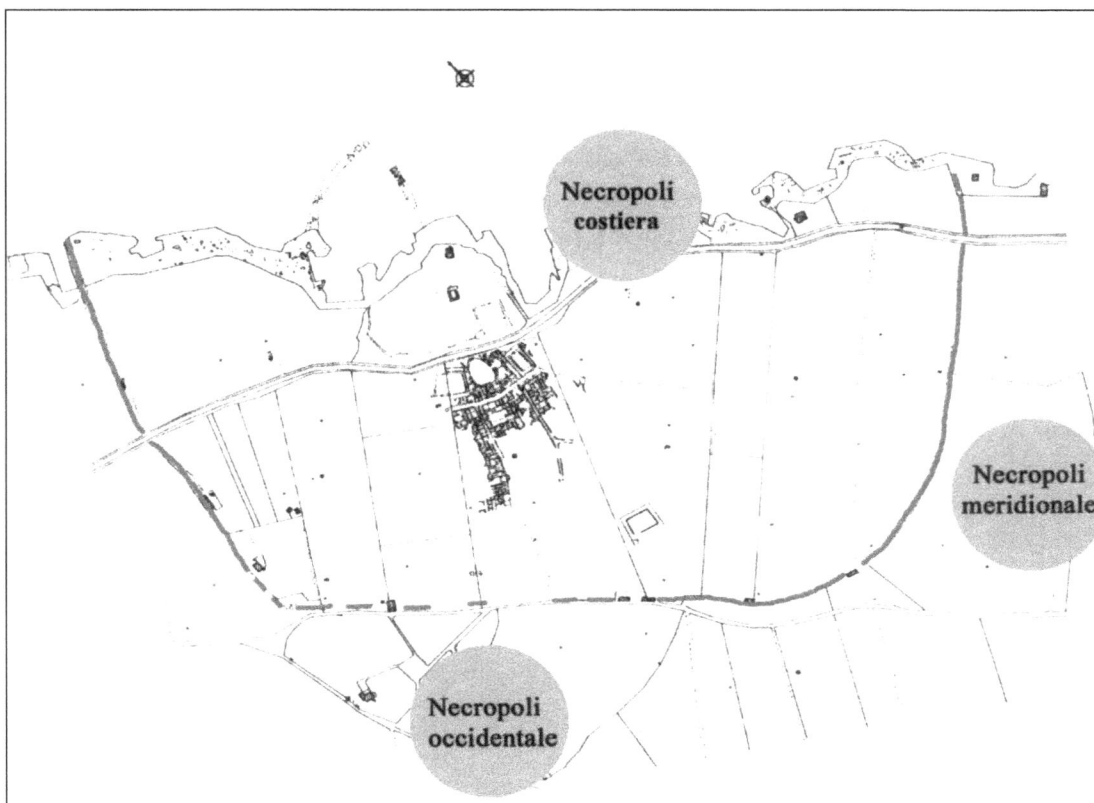

Fig. 25: Egnazia, planimetria generale con ubicazione delle necropoli di età romana.

moli il cui impianto è databile alla metà-seconda metà del I sec. a.C. L'uso di deporre i defunti all'interno del circuito murario, prassi in uso nel mondo messapico, è attestato anche ad Egnazia sino alla fine del III – inizi II sec. a.C. Sino a questa data è inoltre attestato l'utilizzo di ipogei funerari. Successivamente le aree necropolari di età tardorepubblicana sembrano concentrarsi all'esterno delle mura, nella necropoli occidentale ed in quella meridionale.

Non siamo a conoscenza dello statuto giuridico e dell'ordinamento amministrativo dell'insediamento in questa prima fase dell'età romana. La continuità di vita e la vitalità del centro, succesivamente alla guerra sui *Sallentini,* potrebbe indirizzare a ritenerla una *ciuitas foederata*, però non vi sono dati. Il rinvenimenro di un'epigrafe (CIL IX, 262) in cui si menziona il patronato di M. Vipsanio Agrippa anteriore al 18 a.C. ha avvalorato l'ipotesi che l'insediamento, in questo periodo, fosse un municipio.

Sempre da un documento epigrafico (CIL IX 266) viene desunto che la città fu iscritta alla tribù Romilia.

Età imperiale

Gli scavi si sono concentrati soprattutto nella parte centrale del sito, nell'area posta ai piedi dell'"acropoli". Qui è stata messa in luce una strada a grossi blocchi di selce che costituisce il percorso urbano della via Appia Traiana. A sud di tale arteria è stato scavato parte dell'abitato, articolato in *insulae* irregolari; a nord della strada persiste l'utilizzo pubblico dell'area, così come era già stato definito in età repubblicana. L'assetto di quest'area subisce delle trasformazioni, con il riutilizzo degli edifici preesistenti; da ovest il primo edificio indagato è una piazza trapezoidale chiusa da un porticato dorico continuo, a lungo interpretata come foro, accanto a questa si apre un edificio a pianta ellittica irregolare, anch'esso con problemi di identificazione. In parte è stata ormai rigettata l'interpretazione di edificio di tipo anfiteatrale, a vantaggio di una piazza per mercato, o recinto per bestiame o, più di recente, un deposito a cielo

51

aperto per le acque funzionale anche al culto della *Magna Mater* e della dea *Syria*; l'edificio infatti risulta contiguo al santuario. Nel settore orientale di quest'area è posta la basilica forense, l'unico edificio identificato con chiarezza; proprio per la posizione di quest'ultima è stato ipotizzato che il foro sia da collocare in un'area accanto alla basilica.

Ad età augustea è da riferire la realizzazione dei moli e l'assetto del porto posto nell'insenatura occidentale.

La principale area di necropoli rimane quella occidentale, con un nucleo di incinerazioni riferibili alla prima età imperiale, e con sepolture ad inumazione; anche la necropoli meridionale continua a restare in uso.

Età tardoantica

Una nuova fase di edilizia e di grossa attività è attestata nel IV secolo d.C. data cui risale la realizzazione di tre complessi ecclesiali. Uno è forse alloggiato nella basilica forense che viene ristrutturata e convertita ad edificio di culto. La struttura è inoltre collegata ad una grande sala quadrangolare con pavimento musivo con èmblema raffigurante le tre Grazie, che escluderebbe però una committenza cristiana.

Nel quartiere abitativo gli scavi del 1969-70 hanno portato alla luce un edificio interpretato come la Basilica episcopale. La costruzione è ripartita in tre navate, presenta un abside, un orientamento nord est-sud ovest, e le dimensioni di 40x18,70 m. L'analisi dei dati di scavo e lo studio del pavimento musivo a decorazione essenzialmente geometrica consentono una datazione al V secolo d.C.

Infine un altro edificio di culto cristiano è stato identificato aldisotto della c.d. basilica Quagliati, un edificio altomedievale, ma la planimetria della costruzione paleocristiana non è chiara.

La presenza di comunità cristiane è documentata dalle fonti che attestano la presenza del vescovo Rufenzio che nel 501 e 502 partecipa ai sinodi romani.

Tra IV e V secolo continuano ad essere utilizzate le stesse aree necropolari cui si aggiunge un nuovo settore sulla costa rocciosa presso l'insenatura orientale.

I recenti scavi, che si sono concentrati soprattutto a sud della via Traiana, hanno evidenziato la vivacità del sito, attestata da attività produttive, come la produzione ceramica, e da un intenso traffico commerciale che perdura sino agli inizi del VII secolo. Dopo tale periodo, solo l'acropoli sembra conservare una continuità di frequentazione.

Bibl. Per un quadro di sintesi, da cui reperire bibliografia precedente, LIPPOLIS 1997a, 57-74; LIPPOLIS 1994, 818-821. Per le evidenze di età tardoantica NUZZO 1991; per la documentazione numismatica TRAVAGLINI 1997. Sui nuovi scavi ed una analisi complessiva dell'insediamento CASSANO *et al.* 2007 e CASSANO *et al.* 2008; per i dati istituzionali SILVESTRINI 2005, 114-116.

2. Località S. Basilio (Masseria Nuova)

F. 190 I SE

Il sito è noto solo da segnalazione. Sul luogo sono presenti materiali ceramici che coprono un ampio arco cronologico, dall'età ellenistica alla prima età imperiale.

Bibl. QUILICI 1975, 24, A9; BTCGI VII, 1989, 417-418.

3. La Forcatella

F. 190 I SE

Il sito è noto solo da segnalazione. Sul luogo, frequentato in età ellenistica, sono presenti materiali ceramici di età tardorepubblicana ed imperiale. L'ubicazione costiera consente di presupporre una funzione di approdo nelle rotte di cabotaggio della Messapia settentrionale.

Bibl. QUILICI 1975, 25, A17; BTCGI VII, 1989, 417-418.

4. La Cordara

F. 190 I SE

Il sito è noto solo da segnalazione. Sul luogo sono presenti materiali ceramici di età tardorepubblicana.

Bibl. BTCGI VII, 1989,. 417-418.

5. Vuotano Piccolo

F. 190 I SE

Le indagini sul sito hanno consentito di definire un'area di occupazione di circa 2 ha su cui sono stati effettuati dei saggi di scavo stratigrafico. Sono stati cosi individuati due periodi di vita.

Età repubblica.

Ad una fase tardorepubblicana è da riferire un impianto produttivo di materiale ceramico tra cui anfore afferenti al tipo Dressel 2-4 che costituiscono il tipo maggiormente attestato anche negli scarichi di fornace rinvenuti.

Età imperiale.

Al di sopra dei livelli di frequentazione tardorepubblicana venne realizzato un lastricato che obliterò la situazione precedente, ed i pozzi vennero riempiti con materiale ceramico. Non è possibile accertare al momento se l'impianto produttivo sia attivo anche in questo periodo.

Bibl. COCCHIARO 1991, 275.

6. Masseria Ciccolucci

F. 190 III NO

Il sito è noto solo da segnalazione. Sul luogo sono presenti materiali ceramici di età tardorepubblicana.

Bibl. QUILICI 1975, 27, C5; BTCGI VII, 1989, 417-418.

7. Ostuni

F. 191 SO e SE

Nell'abitato, che presenta una continuità di vita sino ai nostri giorni, sono stati effettuati alcuni saggi in occasione di interventi urbani. In età messapica il sito presentava una doppia cinta muraria. Per le fasi romane si dispone di scarsi dati archeologici: gli sporadici rinvenimenti, tra cui alcune strutture abitative romane in contrada S. Stefano (n. 3) dimostrano che l'insediamento continuò ad essere frequentato.

Anche nell'area di piazza Libertà (n. 5) sono attestati livelli di età romana ascrivibili, genericamente, tra il III a.C. ed il III d.C., con la presenza di una struttura muraria obliterata dalle costruzioni ottocentesche.

La presenza di tombe romane, riferibili ad età tardorepubblicana o prima età imperiale, è documentata in alcuni settori: almeno due sepolture databili ad età tardorepubblicana sono state rinvenute negli anni '50 in un'area esterna alla prima cinta muraria (n. 1), e la cronologia è accertata dalla presenza di una lucerna a raggi; altre tre tombe, che contenevano tra gli oggetti di corredo ceramica a rilievo, sono state individuate all'esterno della seconda cinta in contrada Crocifisso (n. 2). In via Vitale (n. 4) nel 2003 è stata scoperta una tomba a semicamera parzialmente violata in antico che risulterebbe utilizzata per tutto il I secolo a.C., come attestato dai resti del corredo della sepoltura primaria tra cui figura un denario del 90 a.C. Sempre ad età tardorepubblicana è da riferirsi una lucerna a vernice nera del tipo Esquilino di cui però non si conoscono dati di rinvenimento. Non si dispone di alcun dato archeologico per l'età tardoantica.

Bibl. COPPOLA 1983b; BTCGI XIII, 1994, 113-114; SCARDOZZI 2003a; ANDREASSI 2004, 1046; COCCHIARO 2007, 134-135; CALANDRO, COCCHIARO 2007, 136-137.

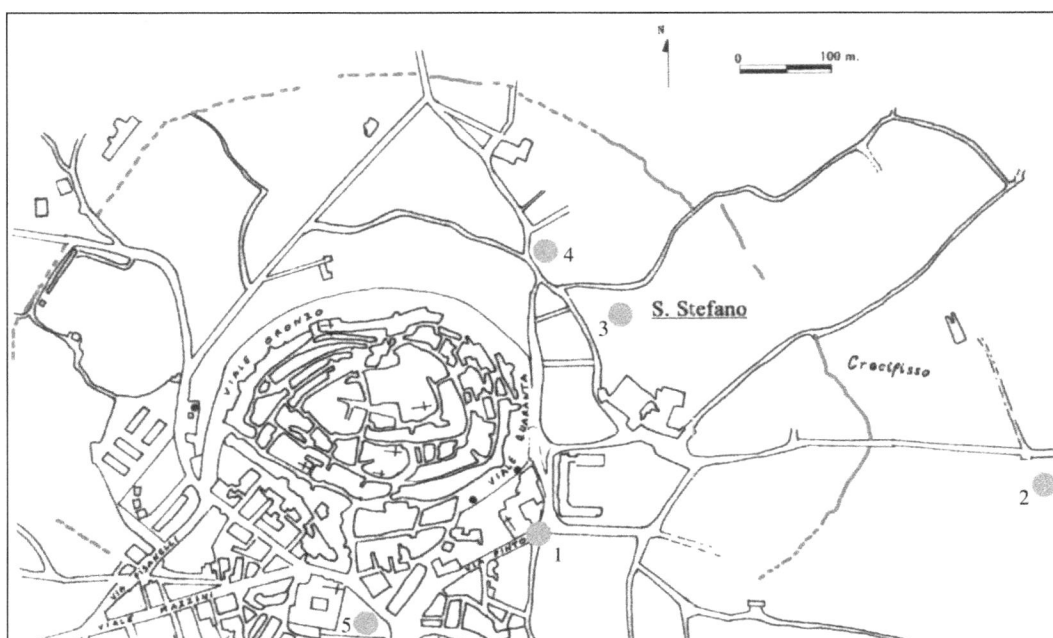

Fig. 26. Ostuni. Ubicazione dei rinvenimenti di età romana.

8. Contrada Cavaletta

F. 191 III SE

Il sito è noto per la segnalazione di una necropoli romana e per la presenza di materiali ceramici di età tardoantica.

Bibl. QUILICI 1975, 39, G1.

9. Rissieddi/ S. Maria di Agnano

F. 191 III SO

A pochi km da Ostuni è stata identificata una vasta area con tracce di frequentazione antica. Le indagini archeologiche hanno accertato una presenza stabile soprattutto in relazione ad una grotta con valenze cultuali. Tale cavità, grotta S. Maria di Agnano, posta nel pendio sottostante la collina di Rissieddi, presenta tracce di frequentazione sin dal paleolitico superiore. Ad età arcaica risalirebbe l'utilizzo della grotta come luogo di culto che si protrae, come attestato dal materiale ceramico, in età tardorepubblicana. All'esterno della grotta è presente materiale ceramico di età imperiale.

Anche nell'area antitante un'altra cavità, grotta Zaccaria, posta nelle vicinanze, è presente materiale di età imperiale, ceramica da fuoco e lucerne a perline.

L'intera area è stata oggetto di ricognizioni sistematiche da parte della Libera Università di Amsterdam e Gröningen, che hanno evidenziato tracce di frequentazione stabile del territorio in esame riferibili ad abitazioni rurali sparse.

Bibl. COPPOLA 1977; COPPOLA 1983a;BURGERS, ATTEMA, LEUSEN 2003; AURIEMMA 2004, 63-64.

10. Masseria Cervarolo

F. 191 III SO

Le ricognizioni sistematiche hanno rivelato la presenza, in questa zona, di un'area con frammenti fittili, resti di blocchi e tegole, pertinenti ad un piccolo insediamento rurale, interpretato come una fattoria. Tali evidenze coprono un arco cronologico inscrivibile tra l'età tardorepubblicana, III-II sec. a.C., e quella imperiale, II sec. d.C.

Bibl. BURGERS, ATTEMA, LEUSEN 2003.

11. Villanova

F. 191 III NE

Il sito era noto per il rinvenimento occasionale di materiale ellenistico romano e per il rinvenimento di numerose epigrafi funerarie dal territorio. Nel 1999 sono stati effettuati due saggi da parte della Soprintendenza Archeologica che hanno documentato l'esistenza di strutture antiche. Sulle fasi di età ellenistica si imposta la frequentazione di età romano imperiale (II-III sec. d.C.) con un edificio costiero realizzato in opera cementizia. Lo scavo di un ambiente ha permesso di appurare che la copertura era realizzata con travi lignee su cui poggiavano tegole e coppi. Il pavimento, in terra battuta, era a contatto diretto con la roccia. Nell'angolo esterno all'ambiente è stato messo in luce un focolare con resti di pasto. Il cospicuo numero di epigrafi funerarie induce a ritenere che il centro avesse una discreta densità di abitanti.

Bibl. COCCHIARO 2000, 69-70; CIL IX, 49 ss., AURIEMMA 2004, 61-62.

12. Masseria Citro

F. 191 III NE

Il sito è noto per la segnalazione di una necropoli romana e per la presenza di materiali ceramici e resti di strutture murarie riferibili genericamente ad età imperiale.

Bibl. QUILICI 1975, 32, D4; LAMBOLEY 1996, 38.

13. Carovigno

F. 191 III SE

L'abitato presenta una continuità di vita sino ai nostri giorni. Non sono mai state effettuate indagini sistematiche e le conoscenze si basano su rinvenimenti occasionali. In età messapica era un centro fortificato frequentato sino al III-II sec. a.C., come attestato dai rinvenimenti funerari. Ad età imperiale è riferibile una tomba rinvenuta in un area periferica dell'odierno centro abitato, in via Isaia Pagliara.

Bibl. BTCGI, V, 1985, 17-19; LAMBOLEY 1996, 39-43; COCCHIARO 1998.

14. Torre S. Sabina

F. 191 II SO

Il sito è ubicato sulla fascia costiera a nord di Brindisi, in un'area solcata da lame e da brevi canali che raggiungono il mare. Il territorio è interessato da fenomeni di arretramento della costa. Resti dell'antico insediamento, frequentato dal VII sec. a.C. sino al VI d.C., sono presenti nella baia, tra cui un'antica cava. Le attività di scavo hanno riguardato i relitti presenti nelle acque antistanti la baia, dove è stato recuperato il carico di una nave che trasportava principalmente ceramica a rilievo.

A questo insediamento sembrano riferirsi i rinvenimenti monetali dal territorio circostante, in particolare dalla località Masseria Caposenno Piccolo, da dove provengono reperti fittili e numismatici di età tardorepubblicana, imperiale e tardoantica.

Bibl. SIEBERT 1977; PIETROPAOLO 1997, 249-270; TRAVAGLINI 1994; AURIEMMA 2001; AURIEMMA 2004, 66-77.

15. S. Sabina

F. 191 III NE

Sul posto sono stati individuati resti di strutture murarie con blocchi in calcare e calcestruzzo, un mosaico con tessere in bianco e nero, e materiale ceramico di età romana e tardoromana.

Bibl. QUILICI 1975, pp. 32-33, D12.

16. Masseria Acciano

F. 191 II SO

In corrispondenza della masseria sono presenti resti di strutture murarie in blocchi squadrati e materiale ceramico di età romano imperiale.

Bibl. QUILICI 1975, 45, H5.

17. Taverna nuova

F. 191 II SO

Sul terreno si segnala una concentrazione di materiale ceramico di età romano imperiale.

Bibl. QUILICI 1975, 45, H2; AURIEMMA 2004, 82.

18. Ceglie Messapica

F. 203 IV NO

Il sito, che presenta una continuità di vita sino ai nostri giorni, non è stato oggetto di scavi sistematici. Alcuni interventi di emergenza hanno consentito di individuare tratti del circuito murario messapico. I dati, desumibili dai rinvenimenti funerari, consentono di accertare una continuità di vita sino al III-II sec. a.C. Sempre al II sec. a.C. è da riferirsi l'abbandono di due santuari in grotta,

Monte Vicoli e Monte Abate Nicola, legati all'antico insediamento di Ceglie.

Bibl. BTCGI, V, 1985, 228-232; LAMBOLEY 1996, 43-48; SCARDOZZI 2003b.

19. Monte Scotano

F. 203 IV NO

La frequentazione dell'area sembra dipendere da una grotta cultuale frequentata dall'età ellenistica sino ad età romano imperiale; per quest'ultima fase un deposito di lucerne, rinvenuto all'interno, ne attesterebbe questo utilizzo. Intorno a questo luogo di culto sembra svilupparsi un insediamento rurale di tipo sparso.

Bibl. COPPOLA 1977, 302-303, nota 155; D'ANDRIA 1990, 452, nota 62.

20. Masseria S. Pietro

F. 203 IV NO

Sito fortificato in età messapica, noto solo da segnalazione. L'insediamento sembrerebbe avere una continuità di frequentazione, in base al rinvenimento di materiale ceramico, sino al II sec. a.C.

Bibl. QUILICI 1975, 52, K1.

21. Campo d'Orlando

F. 191 III SO

Il sito è noto per la segnalazione di una necropoli romana e materiale fittile riferiti genericamente ad età imperiale.

Bibl. QUILICI 1975, 38-39, F 30.

22. Monte Salete

F. 202 I SE

Le indagini, soprattutto di ricognizione, sembrano indicare l'abbandono dell'insediamento, un sito fortificato, tra il III-II sec. a.C. Tracce di una frequentazione successiva, riferibile alla fase tardorepubblicana e di prima età imperiale, sono documentate da rinvenimenti occasionali: materiale ceramico di età romana, tra cui sigillata italica, ed un'epigrafe funeraria latina.

Bibl. MENCHELLI 1992; LAMBOLEY 1996, 49-50.

23. La Mutata

F. 202 I SE

Le ricognizione effettuate sembrano indicare l'esistenza di un insediamento fortificato abbandonato tra il III-II sec. a.C.

Bibl. ALESSIO 2001, 96-98.

24. Pezza Petrosa

F. 203 IV SO

Le ricognizione effettuate sembrano indicare l'esistenza di un insediamento fortificato abbandonato tra il III-II sec. a.C.

Bibl. LAMBOLEY 1996, 50-52; MARUGGI 1992.

25. Oliovitolo (Grottaglie)

F. 203 IV SO

I lavori realizzati per la condotta Snam hanno portato all'individuazione ed allo scavo stratigrafico di questo sito. La frequentazione è attestata da una fattoria con impianto produttivo di olio. L'edificio, realizzato tra la fine del V e gli inizi del IV sec. a.C. venne abbandonato nel corso del III sec. a.C. Alla prima metà del II sec. a.C. si data una ripresa dell'impianto con una ristrutturazione ed una nuova articolazione degli ambienti. Il complesso venne abbandonato intorno alla metà del I sec. a.C., ed a tale periodo si riferiscono due tesoretti con monete di argento repubblicane. Le tracce di bruciato presenti in quest'ultima fase lasciano presupporre che l'abbandono fu dovuto a cause traumatiche.

Bibl. ALESSIO 2001, 102-103.

26. Angiuli (Grottaglie)

F. 203 IV SO

Alcuni saggi effettuati nel 1979 a Grottaglie, in località Angiuli, hanno consentito di riconoscere un'abitazione con un impianto produttivo per olio. Sono stati indagati tre ambienti contigui aperti sul versante ovest attraverso una struttura porticata. Sui pavimenti in *signinum* erano ricavate tre basi circolari leggermente sopraelevate, pertinenti ad *arae* di torchi. In un ambiente contiguo è stata rinvenuta una vasca di forma quadrata 2,40x2,30, scavata nel pavimento. La struttura sembra in funzione in età imperiale, sino al III d.C.

Materiale ceramico residuo è riconducibile ad una frequentazione tardorepubblicana, ma i dati non consentono di valutarne la consistenza.

Bibl. ACMG XX, 365

27. Masseria Vicentino

F. 203 III NO

Le indagini archeologiche hanno appurato che l'insediamento fortificato venne abbandonato tra il III-II secolo a.C. Ad età imperiale si datano due nuclei insediativi distinti di piccole dimensioni posti nell'area centrale del pianoro. In particolare, nella pianura a poca distanza dall'omonima masseria, è stato indagato un insediamento rurale con continuità di vita dal I a.C. al III d.C. Alcuni saggi hanno permesso di identificare la presenza di due edifici a pianta rettangolare ai bordi di una cava.

Bibl. FORNARO 1973, ALESSIO 2007a.

28. Masseria Misicuro

F. 203 III NO

Alcuni saggi di scavo hanno evidenziato la presenza di un abitato di età romana che si sviluppa soprattutto in età tardoantica, come attestato dai resti di varie strutture. Tra queste è stato identificato un edificio termale attivo in età tardoantica, come dimostrato dai pochi materiali ceramici editi.

L'insediamento è stato messo in relazione con il sito menzionato dalle fonti, *Mesochorum*, posto lungo l'Appia in età imperiale e tardoantica.

Bibl. FORNARO 1973, 174-179.

29. Masseria Civitella

F. 203 III NO

Il sito, noto solo per rinvenimenti occasionali e da ricognizioni, presenterebbe una fase di vita riferibile ad età repubblicana ed imperiale.

Bibl. FORNARO 1973, 210.

30. Masseria Monticelli

F. 203 III NO

Il sito, noto solo per rinvenimenti occasionali e da ricognizioni, presenterebbe una fase di vita riferibile ad età repubblicana ed imperiale.

Bibl. FORNARO 1973, 210.

31. Monte Scianna

F. 203 III NO

Il sito, noto solo per rinvenimenti occasionali e da ricognizioni, presenterebbe una fase di vita riferibile ad età repubblicana ed imperiale.

Bibl. FORNARO 1973, 210.

32. Casino Pignatelli

F. 203 III NO

Il sito, noto solo per rinvenimenti occasionali e da ricognizioni, presenterebbe una fase di vita riferibile ad età repubblicana ed imperiale.

Bibl. FORNARO 1973, 210.

33. Masseria Montedoro

F. 203 III NO

Il sito, noto solo per rinvenimenti occasionali e da ricognizioni, presenterebbe una fase di vita riferibile ad età repubblicana ed imperiale.

Bibl. FORNARO 1973, 210.

SALENTO IONICO

L'intera area del Salento ionico gravita intorno alla città di Taranto. Nel corso dell'età romana sembrano caratterizzarsi alcuni settori: quello costiero in cui sono presenti impianti produttivi legati all'itticultura e dimore residenziali ascrivibili a ricche ville suburbane; quello paracostiero con una vocazione preminentemente agricola; l'area più interna, sulle murge tarantine, con abitati raggruppati.

34. Feudo (San Giorgio Ionico)

F. 202 II NE

A meno di 1 km. a SE del moderno abitato di S. Giorgio, uno scavo eseguito dalla Soprintendenza ha consentito di individuare un complesso rurale. Sono stati messi in luce due ambienti rettangolari contigui che si affacciano su un'ampia corte scoperta di 14,10 x 5,60 m. L'impianto, dall'analisi del materiale ceramico, è da riferire ad età imperiale ed era probabilmente correlato ad un'attività di lavoro connessa ad una vicina fornace, come suggeriscono i dati di scavo.

Bibl. ALESSIO 2001, 105-106; ALESSIO s.d.

35. Le Corti Palazzi (San Giorgio Ionico)

F. 202 II NE

Nei pressi del cimitero di S. Giorgio in occasione dei lavori per la messa in opera di una trincea, sono stati individuati livelli di frequentazione dall' età tardoarcaica sino ad età romano repubblicana riferibili ad un impianto rurale.

Bibl. ALESSIO 2001, 96-98.

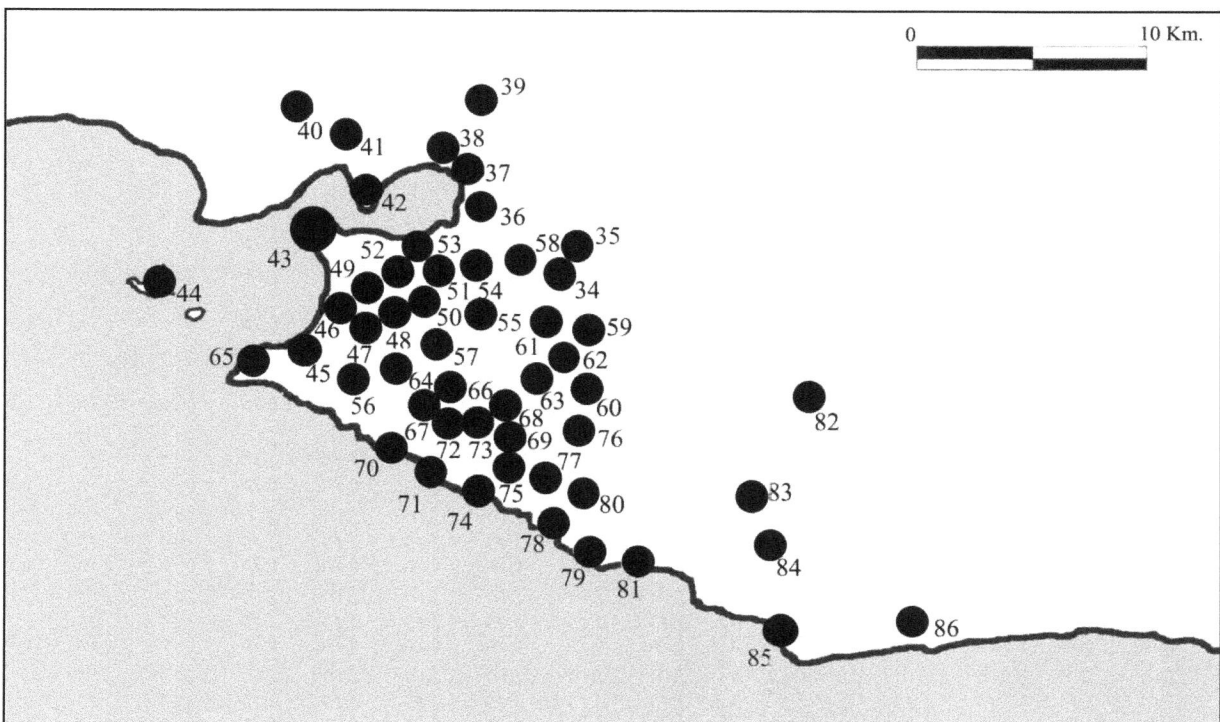

Fig. 27. Salento ionico. Siti di età romana (III sec. a.C. – VI sec. d.C.)

36. Aiedda (Le Corti)

F. 202 II NO

A sud del Canale d'Aiedda, in un'area di circa 20x40 mt., è stata segnalata la presenza di numerosi frammenti di laterizi, resti di blocchi e materiale ceramico che attestano una frequentazione dall'età ellenistica sino al IV sec. d.C.

Bibl. CIPPONE 1993, 109-113.

37. Contrada Le Lamie

F. 202 II NE

Ad est del Mar Piccolo sono state individuate piccole aree, poste molto vicine, con frammenti fittili che consentono una datazione dal II a.C. al V d.C. Nella stessa zona sono state rinvenute epigrafi funerarie di fine II inizi III secolo d.C.

Bibl. GASPERINI 1971, 197-198; FORNARO 1978, 159-162.

38. Masseria S. Pietro

F. 202 I SO

Ad est del secondo seno del Mar Piccolo è stata individuata, grazie a ricognizioni, un'area di circa 2 mtq con frammenti fittili che attestano una frequentazione dall'età ellenistico-repubblicana ad età tardoantica. Sul posto sono visibili resti di costruzioni in opera cementizia.

Bibl. CIPPONE 1993, 105-108; DE VITIS 2003, 52.

39. Masseria Ferrara

F. 202 I SE

Immediatamente a N del seno di levante del Mar Piccolo sono stati effettuati da parte della Soprintendenza alcuni saggi in un'area in cui erano stati segnalati rinvenimenti occasionali. Lo scavo ha consentito di individuare alcune strutture murarie pertinenti a diversi ambienti, riferibili a nuclei abitativi. Nell'area meridionale è stato rinvenuto un complesso sistema con una lunga vasca a pianta rettangolare rivestita da malta idraulica, probabilmente riferibile ad un impianto produttivo. Tali attestazioni sono databili al III-IV d.C. e cessano nel corso del VI secolo. Quest'ultima fase avrebbe obliterato la frequentazione di età tardorepubblicana e di prima età imperiale.

Bibl. DELL'AGLIO 1996.

40. S. Teresa

F. 202 II NO

Ad 1 km ad est di Taranto, un'area di frammenti fittili è stata interpretata come un piccolo insediamento agricolo con una frequentazione dall'età ellenistica a quella imperiale, come attestato dal materiale ceramico.

Bibl. CIPPONE 1993, 128.

41. Nasisi

F. 202 I SO

A nord del mar Piccolo su un piccolo altipiano è stata individuata un'area di frammenti fittili con una continuità di frequentazione dall'età ellenistica sino al IV sec. d.C.

Bibl. CIPPONE 1993, 102-104; DE VITIS 2003, 51.

42. Masseria Punta Penna

F. 202 II NO

Tutta la piccola penisola e l'area intorno alla masseria risulta frequentata dall'età arcaica sino a quella tardoantica. Le ricognizioni hanno consentito di riconoscere concentrazioni di materiali fittili e di frammenti lapidei riferibili a resti di costruzioni.

Bibl. CIPPONE 1993, 129.

43. Taranto

F. 202 II NO

Il sito presenta una continuità di vita sino ai nostri giorni. Tale situazione ha impedito una corretta integrazione tra sviluppo urbano moderno e ricerca. Solo in questi ultimi anni si è cercato di rileggere l'immensa mole dei dati raccolti in seguito ai rinvenimenti effettuati nella città soprattutto attraverso il riesame delle attestazioni necropolari e dei rinvenimenti dell'abitato.

Età repubblicana

La documentazione archeologica relativa al periodo dopo la conquista della città da parte dei romani offre un quadro di cesura rispetto alla situazione precedente. Tracce di distruzioni, smontaggi e buche con scarichi di materiale sono state rinvenute in diverse aree della città antica. Una ripresa sembra attuarsi tra la seconda metà del II ed il I sec. a.C. quando in un'ampia area precedentemente occupata da necropoli sino agli inizi del II sec. a.C. viene impiantato un nuovo quartiere insediativo.

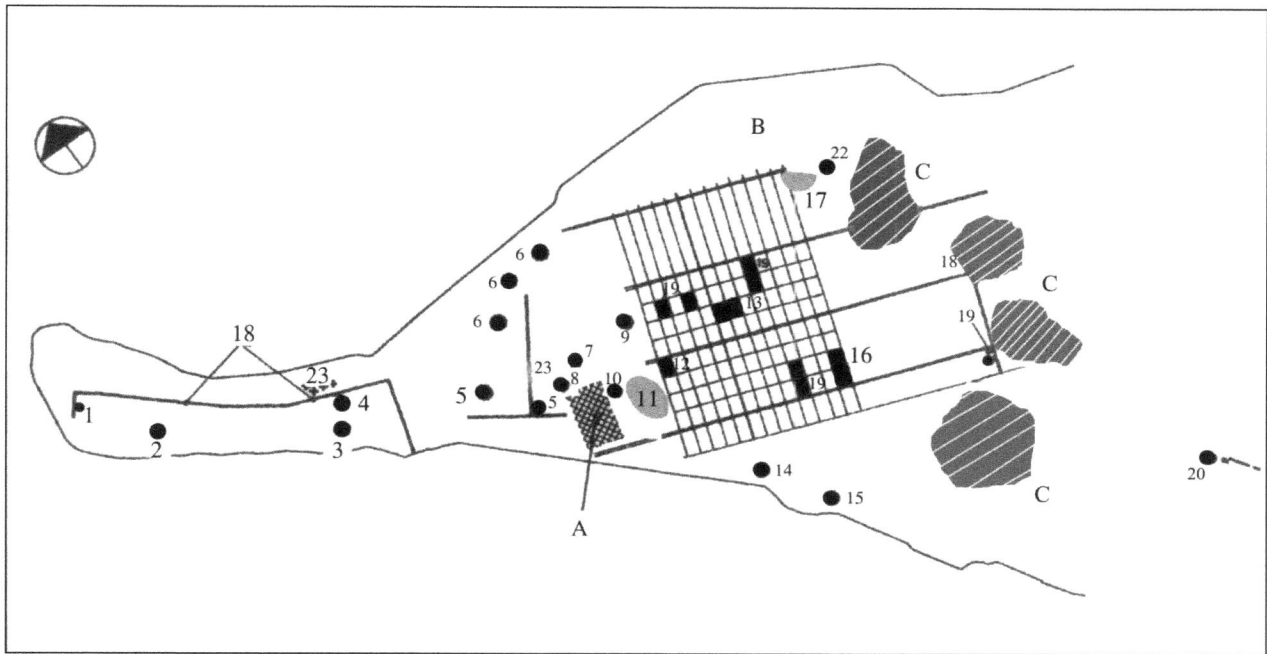

Fig. 28. Taranto, schema ricostruttivo della planimetria urbana di età romana (da LIPPOLIS 1997a). A agorà; B area portuale; C aree di necropoli di età romana; 1 tempio di S. Domenico; 2 area di rinvenimento della dedica a G. Columella; 3 tempio dorico della Trinità; 4 area di rinvenimento dell'altare di Afrodite; 5 cave di pietra da taglio; 6 depositi di murici, aree di lavorazione della porpora; 7 complesso termale; 8 stipe del culto dei Dioscuri; 9 area artigianale con fornaci; 10 edificio di tipo teatrale (*bouleuterion* ?); 11 anfiteatro; 12 probabile area sacra a Dioniso; 13 area pubblica (rinvenimento di strutture architettoniche e delle statue del ciclo giulio-claudio); 14 complesso cosiddetto delle terme di Montegranaro; 15 villa suburbana (?); 16 terme *Pentascinenses* 17 teatro; 18 mura; 19 principali rinvenimenti di resti insediativi di età imperiale; 20 *castellum aquae* e cisterna; 21 acquedotto dell'*aqua nymphalis*; 22 sacello di culto tardorepubblicano; 23 sepolcreti tardoantichi.

Questa sistemazione è stata messa in relazione con la deduzione della colonia romana *Neptunia*; il nuovo quartiere si estende su una superficie di circa 12,5 ettari, è di forma subrettangolare e presenta un sistema stradale di orientamento diverso da quello dell'insediamento greco. Un importante documentazione relativa alla fase repubblicana è fornita dalle necropoli che attestano, con la ricchezza delle strutture funerarie e dei corredi, la vitalità e l'inserimento dei tarentini nei circuiti commerciali mediterranei.

Tale interpretazione è inoltre suffragata dalla presenza di *figlinae* che producevano differenti classi ceramiche, in particolar modo appartenenti al gruppo della Ceramica fine da mensa, come la HFR, la ceramica a pasta grigia ed a rilievo.

Le fonti storiche ed epigrafiche ci informano che la città, appartenente alla tribù Claudia, fu un municipio duovirale dopo la guerra sociale e che nel 123 a.C. divenne una colonia romana marittima.

Età imperiale.

Alla fine del I sec. a.C. sembra possa datarsi l'abbandono del quartiere repubblicano, in concomitanza con una ricostruzione urbana integrale di tutta la città. Una nuova città, sovrapposta alla precedente e rinnovata secondo i modelli dell'urbanistica coloniale romana, si imposta su un'area di circa 73 ettari. Il nuovo abitato presenta nel settore settentrionale un'ampia area pubblica dotata di portici e di altre strutture che la connoterebbero come nucleo forense, centrale rispetto alla ridefinizione dell'abitato. Inoltre nella zona prospiciente il Mar Grande viene costruito l'anfiteatro distruggendo parte delle strutture pubbliche e private presenti nell'area. I rinvenimenti relativi a questa fase documentano inotre la presenza di numerose opere pubbliche e di residenze private di cui si conservano i pavimenti con decorazioni musive. Ad età neroniana va riferita una nuova deduzione coloniaria con l'assegnazione di territori a veterani.

Età tardoantica

Poco note e non ancora analizzate in un unico quadro d'insieme sono le attestazioni di età tardoantica. Interventi di edilizia sono attestati dai mosaici di IV secolo afferenti a ricche dimore ed il rifacimento delle terme *Pentascinenses* ed il ripristino dell'*Aqua Nymphalis*.

Un'area funeraria "bizantina" con epigrafi in greco, ebraico ed in latino è stata identificata presso la Chiesa del Carmine, nell'area "Borgo Nuovo".

Le fonti indicano la presenza di *bàphia* legati alla produzione ed alla tintura delle lane e, sempre dalle fonti letterarie, si è a conoscenza della presenza di un vescovo, Pietro, nel 494-5; da questa notizia si desume l'esistenza di una basilica episcopale e dunque di una diocesi nel V secolo ma si presuppone la sua esistenza già nel IV secolo. Gli scavi realizzati nella Cattedrale di San Cataldo hanno accertato la presenza di un edificio di culto più antico. La struttura, un impianto basilicale a tre navate con abside centrale semicircolare è riferibile allla seconda metà del VI – VII secolo.

Bibl. Bibl. LIPPOLIS 1997a, 39-55; LIPPOLIS 1997b, 134-182; LIPPOLIS 2002; DE VITIS 2003; LIPPOLIS 2005; BIFFINO 2007; MASTROCINQUE 2007 e D'ANGELA 2007. Per un riesame delle fonti letterarie ed epigrafiche: SILVESTRINI 2005, 117-128.

44. Isole Cheradi

F. 202 II NO

Di fronte a Taranto sono poste alcune piccole isole che chiudono la rada portuale. Su una di queste, l'isola di San Pietro, sono stati riconosciuti resti di strutture murarie a schegge di pietra legate da terreno argilloso, battuti pavimentali e livelli di crollo, indizi di una frequentazione stabile. L'analisi del materiale ceramico raccolto consente di appurare una frequentazione nel II sec. a.C. che tenderebbe ad intensificarsi ed a concentrarsi presso punta Lo Scanno a partire dall'età tardoantica. Oltre al materiale ceramico sono stati rinvenute monete di IV secolo.

Bibl. D'ANDRIA , MASTRONUZZI 1999.

45. Contrada Le Fontane.

F. 202 II NO

A 2,5 Km ad ovest di Talsano area di frammenti fittili che attesta una frequentazione del sito in età imperiale, I-II sec. d.C.

Bibl. COCCHIARO 1981, n. 37.

46. Masseria Mannarino.

F. 202 II NO

A 3 km circa a sud di Taranto area di fammenti fittili, tegole e resti di blocchi, databile dal II secolo a.C. ad età tardoantica.

Bibl. COCCHIARO 1981, n. 35.

47. Contrada Cesarea

F. 202 II NO

Segnalazione effettuata nel 1936 di un insediamento di età romana a poco più di 3 km a sud di Taranto lungo la strada per Talsano.

Bibl. GUASTELLA 1997-2000.

48. Casino Fiore

F. 202 II NO

Posta tra la Salina piccola e la Salina grande, a circa 2 km e mezzo a sud est di Taranto area di frammenti fittili, con numerosi resti di blocchi sul terreno, che attestano la frequentazione in età imperiale, II –III sec. d.C.

Bibl. COCCHIARO 1981, n. 20; OSANNA 1992, 27.

49. Casino Spartera

F. 202 II NO

Area pianeggiante inquadrata dalle due Saline distante 4 km e mezzo da Taranto, con frammenti di laterizi e materiale ceramico che attestano, dal rinvenimento di pasta grigia, una continuità di frequentazione dal IV al II secolo a.C.

Bibl. COCCHIARO 1981, n. 19; OSANNA 1992, 27.

50. Casino Galeone

F. 202 II NO

Ubicata nei pressi del margine nord-occidentale della Salina Grande, area con continuità di frequentazione dal VI sec. a.C. all'età tardoantica. Oltre a rinvenimenti ceramici sono presenti sul terreno frammenti di macine, resti di blocchi, due colonne scanalate ed una cisterna.

Bibl. COCCHIARO 1981, n. 25; OSANNA 1992, 27.

51. Casino Monopoli

F. 202 II NO

A circa 3 km a SE di Taranto, area di frr. fittili ubicata nei pressi della Salina Grande, con tracce di frequentazione dal IV al I sec. a.C. Nella zona è stata inoltre individuata un'area di necropoli.

Bibl. COCCHIARO 1981, n. 15; OSANNA 1992, 26.

52. Masseria Rhao

F. 202 II NO

Distante 3 km da Taranto area di frammenti fittili che attestano una continuità di vita dal IV al II a.C.

Bibl. COCCHIARO 1981, n.10; OSANNA 1992, 26.

53. Masseria Cimino

F. 202 II NO

Distante circa 3 km dalle mura classiche di Taranto il sito appare frequentato sin dall'età neolitica. Nella zona è stato scoperto un tratto di strada lastricata di 200 m. di lunghezza circa identificato con la via Appia. Intensa la frequentazione dal V sec. a.C. al IV-V sec. d.C. attestata dal materiale ceramico e, per l'età imperiale, dalla presenza di due rocchi di colonne scanalate in calcare. Collegabile a questo stanziamento appare il rinvenimento di strutture nel limite orientale della caserma dell'aeronautica Militare (S.A.R.A.M.), confinante con la Contrada Cimino. Qui, negli anni 1987-89, sono stati individuati un battuto in malta cementizia su vespaio di tegole ed coppi ed un'area quadrangolare direttamente impostata sulla roccia; poco più a sud-est è stata individuata un'area di necropoli ad inumazione di prima età imperiale.

Bibl. COCCHIARO 1981, n. 5; OSANNA 1992, 25-26; UGGERI 1983, 201; DELL'AGLIO 1988; DELL'AGLIO 1989.

54. Masseria San Paolo ed area a Sud

F. 202 II NO

Nei pressi della masseria sono state identificate piccole aree di frammenti fittili contigue che attestano una frequentazione di età ellenistica e repubblicana (IV-II sec. a.C.) e di età imperiale.

Bibl. COCCHIARO 1981, n. 4 e 8;

55. Masseria Patrovaro

F. 202 II NO

Area distante circa 5 km da Taranto, con frammenti fittili e laterizi che evidenziano una frequentazione dal IV al II-I secolo a.C., documentata principalmente da ceramica a pasta grigia ed anfore.

Bibl. COCCHIARO 1981, n. 6; OSANNA 1992, 26.

56. Salina Grande

F. 202 II NO

Area a sud est della masseria, presso il margine della Salina grande, con frammenti fittili di IV-II a.C. e di IV-V d.C.

Bibl. COCCHIARO 1981, n. 32; OSANNA 1992, 27.

57. Contrada Lucignano

F. 202 II NO

Sul limite meridionale della Salina Grande, a circa 8 km a SE di Taranto, ampia area di frr. fittili con tegole, sigillata africana A e D, grossi contenitori. Da informazioni orali risulterebbe l'esistenza di tombe tra masseria La Carducci e masseria Lucignano.

Bibl. GUASTELLA 1997-2000.

58. Località Montefusco

F. 202 II NE

A circa 3 km ad W di San Giorgio Jonico su un promontorio di forma ovale delimitato ad ovest da un canale naturale sono stati effettuati degli scavi da parte della Soprintendenza che hanno portato al rinvenimento di resti di ambienti termali e di tracce di frequentazione tardorepubblicana. Il sito è stato messo in correlazione con il passaggio della via Appia.

Bibl. COCCHIARO 1981, 72.

59. Santa Maria della Camera

F. 202 II NE

A 2 km a SE di Roccaforzata presso una cappella con affreschi definiti di età bizantina, sono stati riconosciuti resti di un impianto rurale romano, di età imperiale.

Bibl. D'ARCO 1984; GUASTELLA 1997-2000.

60. Masseria Barbuzzi

F. 202 II NE

A circa 2 km ad E di San Crispieri, nel comune di Monteparano, nel 1941, durante lavori agricoli, sarebbe stato individuato un insediamento romano di età imperiale.

Bibl. GUASTELLA 1997-2000.

61. Monte Sant'Elia (Roccaforzata)

F. 202 II NE

Su un pianoro, posto a 133 s.l.m., è attesta una frequentazione dall'età arcaica sino ad età ellenistico romana.

Bibl. BTCGI XII, 1993, 7-10; ALESSIO 2001, 90-92.

62. Masseria Ruina

F. 202 II NE

A 2 km. a ovest di Roccaforzata e a 3 km. a NO di Faggiano, è stato individuato un insediamento in cui è attesta una frequentazione dall' età arcaica sino ad età imperiale. Il sito appare essere in connessione con le vicine cave. Le cave vennero riempite nel IV sec. a.C. ed al di sopra si sviluppò un abitato tra il IV-III sec. a.C. di cui si conosce un edificio a pianta rettangolare. A pochi metri da questo venne realizzato un nuovo edificio, sempre a pianta rettangolare che rimase in funzione dal II sec. a.C. sino al II sec. d.C.

Bibl. OSANNA 1992, 34; ALESSIO 1990; ALESSIO 1996, 380-383; ALESSIO 2001, 95-96.

63. Contrada Diago

F. 202 II NE

Ad circa 1 Km di distanza da masseria Ruina nel comune di Faggiano nel 1988 è stato riconosciuto un piccolo insediamento romano.

Bibl. ALESSIO 1996, 380-383

64. Loc. Pizzariello.

F. 202 II NO

A meno di 2 km a E/NE di Talsano, area di frammenti fittili con continuità di frequentazione dall'età ellenistica ad età imperiale. Recenti scavi hanno appurato la presenza di un insediamento di tipo rurale con attività produttive legate alla lavorazione del grano e dell'olio. L'impianto ha una continuità di vità dall'età repubblicana sino al IV secolo.

Bibl. COCCHIARO 1981, n. 29; OSANNA 1992, 29; ANDREASSI 2006.

65. Tramuntone

F. 202 II SO

Sulla punta del promontorio a 300 m. dal mare è stata individuata un'area di frammenti fittili che attestano la frequentazione del sito dall'età del Bronzo sino alla prima età imperiale.

Bibl. GUASTELLA 1997-2000.

66. Contrada Baldassarre

F. 202 II SO

A 3 Km a est di Talsano, presso Casina De Bellis, vasta area di frammenti fittili romani, con vernice nera, ceramica acroma, vetri, anfore, sigillata africana.

Bibl. GUASTELLA 1997-2000.

67. Località Palumbo

F. 202 II SO

A circa 3,5 km da Talsano, area di frammenti fittili, con sigillata italica ed africana, e resti di blocchi. Nelle vicinanze, presso la Masseria Amendulo, è stata rinvenuta una necropoli con epigrafi funerarie di prima età imperiale che può essere riferita a questo insediamento.

Bibl. GUASTELLA 1997-2000; LO PORTO 1964; GASPERINI 1971, 196.

68. Masseria Nisi

F. 202 II SO

A circa 3 Km a N di Pulsano ampia area con varie fasi di frequentazione, tra cui quella romana con relativa necropoli.

Bibl. GUASTELLA 1997-2000.

69. Contrada Presta

F. 202 II SO

Presso Masseria Fica Piccola, ad 1 km a N di Pulsano, sono state individuate piccole aree di frr. fittili di età romana.

Bibl. GUASTELLA 1997-2000.

70. Gandoli

F. 202 II SO

A circa 3 Km a SE di Leporano, sulla punta di terra che chiude ad ovest la baia di Gandoli sono state individuate strutture romano imperiali e tardoromane; queste constano di due vasti ambienti comunicanti tra loro databili al II d.C.. A sud di questi si vedono tracce di muri relativi ad una fase più tarda. Il complesso è stato interpretato come un impianto produttivo-residenziale.

Bibl. ALESSIO 2001, 106.

71a. Saturo

F. 202 II SO

Piccolo promontorio situato a circa 12 km a sud est di Taranto, delimitato dalle due insenature di Porto Perone e Porto Saturo. Tutta l'area è interessata da frequentazione stabile, dall'età del Bronzo sino al medioevo.

Presso la Masseria Galeota, subito a SO del Santuario, uno scavo condotto dalla Soprintendenza ha evidenziato i resti di strutture murarie e di un mosaico fittile a "spina di pesce". Al di sotto del piano pavimentale di un vano è stato rinvenuto un tesoretto con oltre 30 denarii, di età tardorepubblicana. Lo scavo non è stato però oggetto di una adeguata pubblicazione, pertanto le notizie sono alquanto esigue. **Bibl.** LO PORTO 1964, 256; ACMG 1972, 365; ACMG 1973, 420-21; ACMG 1975, 645; GUASTELLA 2003a.

71b. Saturo

F. 202 II SO

Sul promontorio, ai piedi della Torre costiera rinascimentale, sono stati individuati i resti di una struttura interpretati come villa romana. Dopo indagini saltuarie nel corso del '900 gli scavi sistematici sono stati realizzati nel 1969-1970; nel 1990 la Soprintendenza ha aperto due nuovi saggi. Un nuovo studio, che analizza e sistematizza i dati noti, è stato edito nel 2007.

L'impianto è formato da una *pars* rustica/abitativa collegata da una strada ad un grande impianto termale posto a circa 100 mt più ad O. L'edificio fu edificato nella tarda età repubblicana – prima età imperiale, e presenta una continuità di vita per tutta l'età imperiale sino agli inizi del VII secolo. In questo lungo arco di vita il complesso fu oggetto di rifacimenti, ristrutturazioni e cambiamenti funzionali dei singoli ambienti. Di certo la residenza di Saturo, come la successiva di Luogovivo, può essere connessa al più ceto senatoriale che risiedeva a Taranto e che sovrintendeva alle attività economiche e produttive del territorio.

Numerosi i rinvenimenti relativi alla fase di utilizzo della struttura che rimangono però inediti. Si hanno solo notizie sommarie tra cui quella che presso la collezione Guarini di Pulsano si conservi una testa di statua femminile in marmo proveniente da Saturo. Cospicuo anche il materiale ceramico rinvenuto, noto da pubblicazioni preliminari, e di rinvenimenti numismatici.

Bibl. ACMG 1970, 541-542; D'ANGELA 1972; LATTANZI 1973; D'ANDRIA 1977, 86; DELL'AGLIO 1993a; GUASTELLA 2003a; SFAMENI 2006; D'AURIA, IACOVAZZO 2007.

72. Località San Marco

F. 202 II SO

A circa 2 km a SO di Leporano, in un terreno che si affaccia sulla valle La Lama è stata individuata un'area di frammenti fittili di 35x70 mt., con laterizi e frammenti di materiale ceramico, di età imperiale.

Bibl. GUASTELLA 1997-2000

73. Località Il Pizzo

F. 202 II SO

Sul pendio occidentale della collina di Leporano è stata individuata una piccola area, 30x15 mtq, con materiale ceramico di età imperiale, tra cui sigillata africana.

Bibl. GUASTELLA 1997-2000.

74. Luogovivo

F. 202 II SE

A circa 2 km a S/SE di Leporano, a pochi metri dalla baia omonima, sono stati individuati i resti di una struttura di età imperiale con una continuità di utilizzo sino all'età tardoantica. I primi rinvenimenti risalgono al 1955 a seguito dell'espianto di una vigna; nel 1993 furono riavviate le indagini sul sito scavato parzialmente nel 1955, ma non documentato e nel 2001 sono state riportate alla luce altre strutture dello stesso impianto in un'area a ridosso dell'insenatura. La struttura, in base ai dati descrittivi ed alle interpretazioni, sembrerebbe pertinente ad una villa suburbana.

Sono stati pertanto messi in luce sia i resti della *pars rustica*, sia strutture che facevano parte del settore residenziale e di rappresentanza della villa. Relative a questo settore un sistema idrico con vasche di varia grandezza e una fontana a pianta ellittica foderata di marmo; nel riempimento di una vasca sono stati rinvenuti frammenti di marmo bianco relative a sei statue di diverse dimensioni.

Da ricognizioni di superficie e dalle foto aeree si può dedurre che il complesso si estendesse per un'area di circa 200 x 100 mt, sino al costone roccioso che si affaccia sulla baia. A tale impianto era correlato un approdo.

Bibl. D'ANGELA 1972; ALESSIO 2001, 106-107.

75. Masseria Scorcola

F. 202 II SE

A meno di 1 km a sud di Pulsano è stata individuata un'area di frr fittili con necropoli relativa ad un impianto di età imperiale.

Bibl. GUASTELLA 1997-2000.

76. Località Casalini

F. 202 II SE

A circa 1 km a S/SE di Pulsano è stata segnalata un' area di frammenti fittili di età tardoantica.

Bibl. GUASTELLA 1997-2000.

77. Cappella Monticelli

F. 202 II SE

A circa 1 km. a sud di Pulsano area di frammenti fittili con ceramica d'uso comune, sigillata africana e resti di blocchi che attestano frequentazione di età romano imperiale. Tali attestazioni si impostano su fase ellenistica con necropoli.

Bibl. GUASTELLA 1997-2000.

78. Lido Silvana

F. 202 II SE

A circa 3 km a SE di Pulsano, sul litorale sono stati rinvenuti resti di strutture imperiali. Il sito è noto solo da ritrovamenti fortuiti, tra cui frammenti di mosaici ed una testa di marmo raffigurante un animale. Attualmente sul limite meridionale del promontorio che chiude a nord la baia si notano 4 vasche, interpretate come strutture per la lavorazione del pesce; sulla parte NO del promontorio sono visibili resti di strutture relativi ad ambienti.

Bibl. GUASTELLA 1997-2000.

79. Seno Ferone (Torre Castelluccia)

203 III NO

Promontorio sul mare con resti di strutture e frammenti di mosaico riferibili ad età romano imperiale. Sulla punta meridionale del promontorio sono visibili resti di strutture rettangolari scavate nel banco roccioso interpretate come vasche legate ad un impianto produttivo.

Bibl. GUASTELLA 2003b.

80. Località Monteparasco/S. Lucia

203 III NO

A 4 km a SE di Pulsano, su una lieve collinetta, nel 1948 si rinvenne un'area di frammenti fittili e resti di blocchi, tutto cancellato dall' espansione urbana e dall'impianto di una pineta.

Nell'area si segnala il rinvenimento di un tesoretto con 86 monete datato tra III e I sec. a.C., la più recente è di *C. Naeuius Balbus* del 74 a.C. Dalla stessa area proviene una lucerna romana ed un'epigrafe funeraria che riporta il nome *Vlpius*.

Bibl. NSc 1907, 95-101; GASPERINI 1971, 198; GUASTELLA 1997-2000.

81. Torre Zozzoli

203 III NO

A 1,5 km da Torre Castelluccia, su una lingua di terra protesa sul mare presenza di strutture e scarsi materiali riferibili ad età romana.

Bibl. SCALZO 1982.

82. Masseria Agliano

F. 203 III SO

A 3 km a O di Sava impianto rurale di età ellenistica con continuità di vita in età romana.

Bibl. PICHIERRI 1978, 155.

83. Palma

F. 202 II NE

Località nel Comune di Torricella. A seguito di un profondo scasso agricolo è stato individuato un impianto produttivo di età romana. Sono state infatti indagati, oltre ai resti in crollo di ambienti, una fornace e due vasche foderate con malta idraulica. Una di queste aveva sul lato nord una scaletta di accesso e sul fondo un pavimento realizzato con tasselli e mattoncini di cotto, sul quale si apre una fossa di decantazione.

Bibl. ALESSIO 2001, 127.

84. Località Pezze la Torre (Torricella)

F 203 III SO

Posta ai margini della pianura costiera, presso le pendici delle Murge Salentine, a circa 2 km a S/SO di Torricella sono stati effettuati scavi sistematici tra il 1970 ed il 1972, attualmente ricoperti.

Le indagini hanno rivelato la presenza di un insediamento rurale con continuità di frequentazione dall'età ellenistica a quella tardoromana.

Bibl. ACMG XI, 1971, 500-501; ACMG XII, 1972, 375; OSANNA 1992, 31-32.

85. Torre Ovo

F 203 III SO

Nell'insenatura della baia sono presenti tracce di frequentazione di età romana. Si nota la presenza di una vasca pavimentata a spina di pesce rivestita di cocciopesto, simile a quelle di Lido Silvana, destinate, presumibilmente, alla lavorazione di mitili e di pesce.

Sulla spiaggia di Torre Ovo, antistante l'omonima insenatura, un limitato saggio ha riportato in luce strutture murarie riferibili a due ambienti a pianta rettangolare parzialmente sovrapposti, riferibili pertanto a due distinte fasi edilizie, la prima di inizio III sec. a.C., la seconda prima metà del II sec. a.C. I blocchi rinvenuti in acqua e, inizialmente, interpretati come molo, sarebbero invece da riferirsi a soluzioni contro l'impaludamento e per il transito e lo stazionamento di merci. L'insediamento è stato interpretato come un villaggio di pescatori che traeva sostentamento dal mare ma che probabilmente presiedeva anche alle attività di attracco di navi commerciali.

Bibl. ALESSIO 2001, 98-99.

86. Contrada Spirito Santo

F 203 III SO

A circa 1,5 km a sud di Maruggio nel 1978 è stata segnalata la presenza di strutture murarie di età imperiale.

Bibl. GUASTELLA 1997-2000.

SALENTO CENTRALE

Nell'area centrale del Salento è possibile definire tre aree differenti: quella adriatica e paracostiera, afferente all'*ager brundisinus*; quella centrale con insediamenti che devono la propria fortuna alla vicinanza con assi stradali

che garantivano il collegamento tra Brindisi e Taranto; ed infine quella ionica, strettamente connessa a Taranto, sia sotto l'aspetto amministrativo sia sotto quello socio-economico.

87. Fondo Camassa - Spertillo

F. 203 IV SO

Il sito è noto solo da una segnalazione che indica la presenza di una "stazione" romano messapica di III-II sec. a.C.

Bibl. QUILICI 1975, 81, P11.

88. San Lorenzo

F. 203 IV SE

Ubicato a circa 1,5 Km dal centro di Francavilla Fontana il sito è stato oggetto di uno scavo nel 1978 da parte della Soprintendenza archeologica. Le indagini hanno evidenziato la presenza di due fasi di frequentazione. La prima, caratterizzata da un'area necropolare con resti di abitato, è databile tra il IV e gli inizi del II sec. a.C. Ad una fase successiva di età imperiale è relativo un impianto rurale, definito nella pubblicazione "villa rustica" romana. Sono stati messi in luce alcuni ambienti di piccole dimensione a pianta quadrangolare. Uno di questi era sicuramente adibito a cucina, come dimostra il rinvenimento di un focolare. La struttura venne utilizzata tra la fine del I sec. a.C. e la metà circa del II sec. d.C.

Bibl. QUILICI 1975, 87, Q13; MARINAZZO 1979.

89. Contrada Centorizzi – Casino Resta Schiavone.

F. 203 IV SE

Nell'area di questa contrada sono stati riconosciuti una serie di piccoli nuclei insediativi di tipo rurale. Oltre ad una generica segnalazione di "resti romani con pavimento in laterizi e tombe", le indagini sistematiche condotte dall'équipe olandese hanno riconosciuto almeno quattro altri piccoli siti rurali, definiti fattorie (YNTEMA 1993, Scatters 5.6; 5.15; 5.16; 5.17). Il primo, Yntema 5.6 presenta una frequentazione dalla metà circa del III sec. a.C. sino al II sec. d.C. Gli altri tre siti , Yntema 5.15, 16, 17, sono di III –I sec. a.C.

Bibl. SANTORO 1966, 88 ss.; QUILICI 1975, 90, Q33.; MARANGIO 1989, 321; YNTEMA 1993, 83-85.

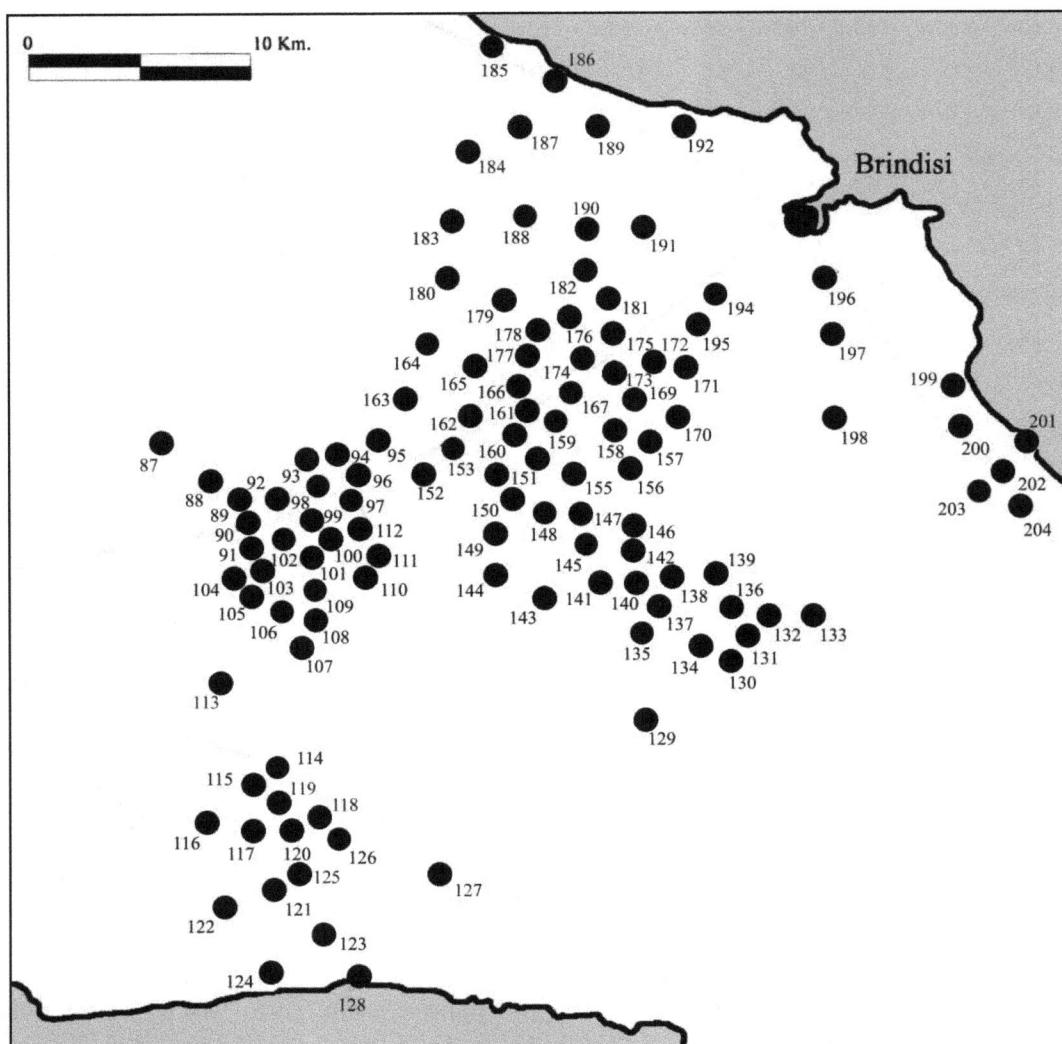

Fig. 29. Salento centrale. Siti di età romana (III sec. a.C. – VI sec. d.C.)

90. Casa Meo – Località San Pietro

F. 203 IV SE

Nell'area è presente una concentrazione di materiale fittile e tegole che consentono di datare la frequentazione del sito dalla fine del IV-inizi III sec. a.C. sino al pieno V sec. d.C. Inoltre la presenza di vetri, resti litici, frammenti di marmo e tegole da ipocausto presuppongono la presenza di un edificio fornito di strutture termali o ambienti riscaldati in età imperiale.

Bibl. QUILICI 1975, 89, Q25; YNTEMA 1993, 78-82.

91. Masseria Consiglio

F. 203 IV SE

Sito noto da rinvenimenti di materiale ceramico, laterizi, ed anche il frammento di una macina, che attestano una frequentazione dal IV sec. a.C. al IV d.C.

Bibl. QUILICI 1975, Q27; YNTEMA 1993, 75-76.

92. Masseria La Pigna

F. 203 IV SE

Sito rurale che viene impiantato alla fine del IV sec. a.C. e presenta una continuità di vita sino al II sec. a.C. come dimostra il rinvenimento di monete con legenda *ORRA*. A questo periodo si riferisce anche una piccola necropoli. L'insediamento appare frequentato anche nelle fasi successive; è però a partire dal II sec. d.C. che le attestazioni divengono più fitte e si protraggono sino al V sec. d.C. L'intensificarsi delle attestazioni in questa fase è stata correlata, dalle intepretazioni dell'equipe olandese, all'impianto di una villa rustica.

Bibl. YNTEMA 1993, 76-78.

93. S. Cecilia

F. 203 IV SE

Tutta l'area appare interessata da resti di manufatti antichi. Oltre ad un'alta densità di frammenti fittili che coprono un ampio lasso cronologico, dall'età ellenistica e, principalmente dall'età imperiale a quella tardoantica, presenti resti di blocchi in carparo, tessere di mosaico, laterizi da ipocausto, intonaco dipinto, e, tra le pietre dei muretti a secco, frammenti di macine.

La frequentazione appare più fitta in età imperiale con una maggiore densità di materiale che si protrae, cronologicamente, sino al V sec. d.C.

Bibl. QUILICI 1975, 88, Q18; MARANGIO 1989, 321; YNTEMA 1993, 86-92.

94. Casa Corrado

F. 203 IV SE

Sito noto da rinvenimenti di materiale ceramico e laterizi, che attestano una frequentazione di età ellenistica, sino al II sec. a.C., ed una rioccupazione nel I sec. d.C. protratta sino al III d.C.

Bibl. QUILICI 1975, 88, Q 20; MARANGIO 1989, 321; YNTEMA 1993, 111-112.

95. S. Maria di Cotrino

F. 203 IV SE

Area con frammenti fittili e lapidei che attestano una frequentazione di I-VI sec. d.C. Dal sito proviene un'epigrafe funeraria di fine I sec. d.C.

Bibl. SANTORO 1970; QUILICI 1975, 88, Q 22; MARANGIO 1989, 321.

96. Masseria Pupini

F. 203 IV SE

Nei pressi della Masseria è stata individuata un'area di frammenti fittili databili tra il III sec. a.C. ed il III sec. d.C. Sempre nella stessa zona si registra il rinvenimento di epigrafe funeraria con iscrizione di II sec. d.C., e la presenza di un'area di necropoli ellenistica.

Bibl. SANTORO 1966b; QUILICI 1975, 88, Q 19; YNTEMA 1993, 111.

97. Madonna di Gallano

F. 203 IV SE

Il sito è noto per il rinvenimento di un'iscrizione funeraria in cui si menziona un membro della *gens Gerellana*, da cui deriverebbe il toponimo. La chiesa medievale riutilizzerebbe parte delle strutture murarie dell'edificio preesistente, come l'abside stesso della chiesa, molti blocchi ed anche resti di *opus uittatum* sarebbero reimpiegati nelle murature attuali. Tutta l'area presenta un'alta concentrazione di materiali fittili, laterizi, frammenti di *suspensurae*, resti di pavimentazione in *opus spicatum*, resti di piccole colonne, frammenti di bacino in marmo, forse di Luni. L'insediamento, che ha una frequentazione ellenistica, sembra assumere una maggiore rilevanza in età imperiale e, soprattutto, tardo antica; a quest'ultima fase potrebbe riferirsi la prima fase della chiesa.

Bibl. PAGLIARA 1970, 101; QUILICI 1975, 90, Q 34; YNTEMA 1993, 105-108; MARUGGI 1993, 31.

98. Campo Adriano

F. 203 IV SE

Il sito è noto per una serie di rinvenimenti effettuati in località Campo Adriano e nelle immediate vicinanze, Masseria Scierzi e Masseria S. Andrea. Appare probabile che i tre siti facciano parte di un unico sistema che, nato in età ellenistica, continua ad essere frequentato con differente "intensità" sino all'età tardoantica. Sul terreno visibili tracce di strutture murarie, alcune con andamento "curvo" e resti di un *praefurnium*. Da queste zone provengono, oltre a materiale ceramico e laterizi, resti di pavimentazioni con tessere in terracotta, di *suspensurae*, di dolia, di macine in pietra lavica, e di elementi architettonici.

Bibl. QUILICI 1975, 90, Q32-33; MARANGIO 1989, 321; YNTEMA 1993, 95-103.

99. Casina Pinto

F. 203 IV SE

Nelle vicinanze del sito presenza di materiale ceramico che attesta una frequentazione dall'età ellenistica, fine IV sec. a.C., all'età imperiale, III se. d.C. Oltre a materiale fittile è stato rinvenuto un frammento di *opus spicatum* nei muretti a secco della zona. Si ha notizia del rinvenimento di due *asses* in bronzo di I sec. d.C.

Bibl. YNTEMA 1993, 103-105.

100. Guastaferri

F. 203 IV SE

Presente area di frammenti fittili che attesta una frequentazione del sito in età ellenistica con continuità sino ad età tardoimperiale. Segnalazione di rinvenimento di monete tardoromane.

Bibl. QUILICI 1975, 91, Q37; YNTEMA 1993, 109-111.

101. Sito Yntema 1993 13-8

Piccolo insediamento rurale, con estensione di circa 7 mtq., attestato da area di frammenti fittili, frammenti di macina e resti lapidei. Lo studio del materiale consente di datare l'insediamento tra l'età ellenistica, fine IV sec. a.C., e l'età imperiale, II sec. d.C.

Bibl. YNTEMA 1993, 114.

102. Oria

F. 203 III NE

Il sito è stato oggetto di ricognizioni *intrasite* e di scavi urbani grazie ad un progetto che ha visto la collaborazione tra la Soprintendenza Archeologica, l'Università del Salento e la libera Università di Amsterdam.

Età repubblicana

La documentazione archeologica relativa a questo periodo registra un ridimensionamento dell'insediamento e, un forte indizio di tale situazione, è l'abbandono nel II sec. a.C. del Santuario di Monte Papalucio (n. 1). Per ciò che concerne l'abitato le maggiori informazioni provengono da via Erodoto (2) e via Fratelli Bandiera (3); in questi scavi sono state indagate alcune abitazioni costituite da più vani in cui è spesso riconoscibile un vano utilizzato per la conservazione delle derrate alimentari, poste all'interno di grossi contenitori alloggiati in buche; un vano usato come cucina, caratterizzato dalla presenza di un focolare. A questi in genere si affiancano spazi scoperti. In alcuni casi lo scavo ha evidenziato la presenza, in aree aperte adiacenti alle abitazioni, di piccole vasche rivestite di malta idraulica con canalette di scolo interpretate come fontane o come indicatori di attività produttive. Alla frequentazione tardorepubblicana sono da riferirsi classi ceramiche di tradizione ellenistica che continuano ad essere utilizzate in età romana: vernice nera, ceramica a fasce, ceramica da fuoco e ceramica acroma. Sempre ad età repubblicana si riferisce una

fornace che produceva ceramica a pasta grigia rinvenuta in via Machiavelli (4).

Fig. 30. Oria. Principali rinvenimenti di età romana. (Rielaborazione da MARUGGI 1993)

Gli scavi hanno inoltre fornito importanti dati sulla viabilità urbana, con la scoperta di assi stradali che spesso ricalcano percorsi già esistenti.

Le necropoli di età romana riutilizzano, generalmente, le stesse aree cimiteriali preesistenti, queste si concentrano nell'area nord-occidentale dell'insediamento (5 e 6).

Non siamo a conoscenza dello statuto giuridico dell'insediamento, va però sottolineato che l'attestazione di una coniazione monetaria in questa prima fase della presenza romana indica che il centro aveva ancora una sua rilevanza nonostante il ridimensionamento dell'area urbana.

Età imperiale.

Per la fase imperiale è attestata una ristrutturazione degli ambienti repubblicani, come ad esempio presso l'edificio di via Erodoto (2), alla struttura, nel corso del I-II sec. d.C., vengono aggiunti altri vani di minore dimensione che ne ampliano la planimetria. In questa fase i pochi documenti epigrafici rinvenuti menzionano la presenza di un *ordo decurionum* ed alcuni personaggi che rivestivano cariche politiche o religiose; è stato dimostrato che tali personaggi svolgevano tali attività a Brindisi.

Età tardoantica.

Scarsa e sporadica la documentazione relativa a questa fase; oltre al materiale ceramico sono state messe in luce in via Strabone (7), sempre nell'area della necropoli nord-occidentale, due tombe inquadrabili cronologicamente tra la fine del VI ed il VII secolo.

Bibl. MARANGIO 1989; TRAVAGLINI 1990; YNTEMA 1993, 55-73; MARUGGI 1993; MARUGGI 2001.

103. S. Anna

F. 203 III NE

Area di circa 3,7 mtq con materiale fittile di età repubblicana e di prima età imperiale. Presenti inoltre frammenti lapidei e di macine.

Bibl. QUILICI 1975, 116, V12; YNTEMA 1993, 121-122; MARUGGI 2001.

104. Monte Ciminiello

F. 203 III NE

Segnalazione di un'area con frammenti fittili di età imperiale.

Bibl. QUILICI 1975, 116, V3.

105. Case Arnò

F. 203 III NE

Segnalazione di un'area con frammenti fittili di età imperiale.

Bibl. QUILICI 1975, 118, V12.

106. Masseria Palombara

F. 203 III NE

In un'area di circa 14 mtq presenza di materiale fittile e laterizi, macine, resti di pavimento in *opus spicatum*, blocchi squadrati. Il sito, piccolo insediamento rurale, presenta una continuità di frequentazione dall'età ellenistica sino al V sec. d.C.

Bibl. QUILICI 1975, 118, V13; YNTEMA 1993, 127-129

107. Masseria Schiavoni

F. 203 III NE

Segnalazione di un'area con frammenti fittili di età imperiale.

Bibl. QUILICI 1975, 119, V22.

108. Demani di Oria

F. 203 III NE

Piccola area di circa 6,4 mtq con presenza di materiale fittile e laterizi che attestano una frequentazione del sito dal III sec. a.C. al II sec. d.C.

Bibl. YNTEMA 1993, 130-131.

109. Masseria Salinelle

F. 203 III NE

Il sito è noto per alcuni rinvenimenti occasionali e per la realizzazione di uno scavo effettuato dalla Soprintendenza negli anni '50 che ha consentito di individuare i resti di un impianto termale di età romana. Uno scasso ha distrutto le attestazioni messe in luce. Oltre alle notizie dei rinvenimenti effettuati nel passato, resti di *dolia*, macine, frammenti di marmo e di tessellato fittile, le ultime ricognizioni hanno permesso di recuperare nuovi materiali: frammenti ceramici, frammenti di un *trapetum*, intonaco dipinto ed il frammento di un capitello dorico in pietra locale. I dati raccolti consentono di proporre una frequentazione dall'età ellenistica sino al periodo tardoantico.

Bibl. QUILICI 1975, 118, V 17; YNTEMA 1993, 134-138.

110. Masseria Danusci

F. 203 III NE

In un'area di circa 32 mtq presenza di materiale fittile e laterizi, tegole per ipocausto, frammenti di rivestimenti in marmo, macine e blocchi squadrati. Tracce di tombe sul banco roccioso da riferire probabilmente alla fase ellenistica. Frequentazione dall'età ellenistica sino al pieno V sec. d.C.

Bibl. QUILICI 1975, 117-118, V 10,; YNTEMA 1993, 115-117.

111. Sito Yntema 30-4

F. 203 III NE

In un'area piccola area di circa 1,4 mtq presenza di materiale fittile, laterizi e macina che attestano una frequentazione del sito dal I sec. a.C. al II sec. d.C.

Bibl. YNTEMA 1993, 139

112. Sito Yntema 14-14

F. 203 III NE

In una piccola area di circa 6,4 mtq presenza di materiale fittile e laterizi che attestano una frequentazione del sito dal IV-III sec. a.C. al I sec. d.C.

Bibl. YNTEMA 1993, 117-118

113. Contrada Inforcata
F. 203 III NE

In un'area di circa 200 mq segnalata la presenza di resti di blocchi, tegole e coppi, ceramica a vernice nera, pasta grigia, anfore che attestano una frequentazione di III-II sec. a.C.

Bibl. NTP I, 145-147.

114. Manduria
F. 203 III SE

Il sito presenta una continuità di vita sino ai nostri giorni. Gli scavi regolari, realizzati tra il 1955 ed il 1960, ed i successivamente interventi occasionali hanno permesso di definire l'organizzazione urbana dell'insediamento fortificato di età ellenistica che, tra la fine del III e la metà del II sec. a.C. registrò una fase di declino. Proprio a questo periodo, 209 a.C., risale l'espugnazione della città ad opera dei romani con la cattura di circa tremila uomini ed un cospicuo bottino, come ricordato dalle fonti.

La frequentazione realtiva alla fase repubblicana è attestata soprattutto dai rinvenimenti funerari, in cui sono presenti monete tardo repubblicane, ceramica a pasta grigia e lucerne del tipo Esquilino.

Per l'età imperiale i dati sono alquanto scarsi. Oltre alla menzione dell'insediamento nelle fonti, anche in questo caso la frequentazione è attestata dai dati necropolari: presenza di sepolture di I-II sec. d.C. in un'area già destinata a tale uso.

Bibl. ACMG XII, 1973, 369; PAGLIARA 1971-1973; LAMBOLEY 1996, 141-151; *Mura* 1997.

115. Masseria Terragna
F. 203 III SE

A circa 2 km a S della cerchia esterna delle mura di Manduria, sulle pendici orientali di un pianoro, è ubicato questo insediamento con continuità di vita dall'età del Bronzo al Tardoantico.

Uno scavo della Soprintendenza ha rilevato la presenza di un impianto agricolo databile dal II sec. a.C. sino a tutto il

I sec. d.C. Lo scavo, realizzato per saggi, consente di ipotizzare che l'impianto si avvalesse di un'ampia corte rettangolare scoperta, recintata su tre lati e chiusa a meridione da strutture abitative e funzionali alle attività agricole; era inoltre collegato all'impianto una fornace per la fusione del ferro.

Bibl. SCIONTI, TARENTINI 1990, 133-136; ALESSIO 1996, 386-388.

116. S. Maria di Bagnolo di Uggiano Montefusco
F. 203 III SE

Nei pressi dell'omonima chiesetta, a circa 5 km a SO di Manduria, insediamento di età ellenistico romana, attestato da area di frammenti fittili, tegole, blocchi riutilizzati che attestano una frequentazione dal I a.C. al VI d.C. Gli scavi avviati nel 1990-1991 ed un successivo intervento realizzato nel 2000 hanno attestato la presenza di strutture murarie riferibili ad età imperiale.

Bibl. SCIONTI, TARENTINI 1990, 162-179; ALESSIO 1996, 388-390; *Taras* XXI, 2001, 111-113.

117. Contrada Torre Bianca Piccola
F. 203 III SE

A 2 km a SO di Manduria area di frammenti fittili con tegole, mattoni, macina in pietra lavica, scorie ferrose che attestano una frequentazione dal II sec. a.C. al IV sec. d.C.

Bibl. SCIONTI, TARENTINI 1990, 150-153.

118. Località Sopra La Foggia
F. 203 III SE

A 3 km a SE di Manduria area di frammenti fittili, frammenti di macine, anfore e blocchi squadrati, che attestano una frequentazione di IV-I sec. a.C.

Bibl. SCIONTI, TARENTINI 1990, 158-159.

119. Contrada Lacu ti li Ciucci
F. 203 III SE

A 2 km a S di Manduria area di 200 mtq circa con frammenti fittili, vernice nera, pasta grigia, ceramica comune acroma ed anche pesi telaio, databili al II-I secolo a.C.

Bibl. SCIONTI, TARENTINI.1990, 154-157.

120. Località La Staffa
F. 203 III SE

Presso Masseria Le Monache, a 3 km a SE di Manduria, è stato indagato da parte della Soprintendenza un impianto rustico con due fasi di vita. La prima è da porre tra il II sec. a.C. ed il I sec. d.C.; la seconda fase è riferibile cronologicamente al IV sec. d.C.

Sono stati riconosciuti tre raggruppamenti di strutture delle quali non è possibile stabilire la connessione.

Bibl. SCIONTI, TARENTINI 1990, 181; ALESSIO 1996, 393-397.

121. Contrada Piacentini

F. 203 III SE

A circa 5 km a S di Manduria tracce di carraie ed area di frammenti fittili con materiali vari che attestano una frequentazione di età tardorepubblicana ed imperiale. Nel 2003, in occasione di lavori di risistemazione della sede stradale, sono state identificate aree di antiche cave, imboccature di cisterne o pozzi, blocchi squadrati pertinenti a setti murari associati a concentrazione di materiale ceramico di III-IV secolo.

Bibl. SCIONTI, TARENTINI 1990, 245-252; ALESSIO 2007b.

122. Località Bosco Cuturi

F. 203 III SE

A 6 km a S di Manduria, presso una zona di cave, area di frammenti fittili e carraie che attestano una frequentazione in età ellenistica e romana. Tra il materiale ceramico si segnala la presenza di sigillata africana di II-III secolo d.C. L'insediamento appare collegato allo sfruttamento del bosco e delle cave.

Bibl. SCIONTI, TARENTINI 1990, 254-258..

123. Masseria della Marina

F. 203 III SE

In occasione di lavori di manutenzione urbana è stato effettuato uno scavo con saggi nel 2002, che ha attestato una frequentazione di età neolitica e una di età romana, dal II sec. a.C. al III sec. d.C. Una selezione del materiale ceramico è stata esposta in una piccola mostra. Sono riferibili a questo insediamento anche i rinvenimenti effettuati in Contrada Quarto Grande.

Bibl. ANDREASSI 2004, 1049.

124. La Scorcola

F. 203 III SE

A circa Km. 1,360 a N dalla Torre di Borraco area di frammenti fittili di età ellenistica ed imperiale, laterizi, resti di macina, pietra lavica e scorie di lavorazione in ferro.

Bibl. TRENTINI, PICCINNI 1998, 43-50

125. Li Castelli

F. 203 II NE

L'insediamento, posto a sud di Manduria è stato oggetto di scavi sistematici tra il 1988 ed il 1996 da parte dell'Università di Firenze in collaborazione con la Soprintendenza Archeologica della Puglia.

E' stato indagato un sito fortificato con continuità di vita sino al III- inizi del II sec. a.C. com'è attestato dai dati numismatici e ceramici.

Bibl. LEPORE 2000.

126. Acquasantara

F. 203 III SE

In un'area non lontana dalle pendici settentrionali dell'insediamento messapico de Li Castelli sono stati identificati, nel corso di saggi stratigrafici effettuati tra il 1998 ed il 2000, i resti di un piccolo insediamento rurale di I sec. a.C.- I sec. d.C. definito fattoria romana. Oltre a setti murari e livelli di crollo riferibili ad un complesso di tipo abitativo sono stati scoperti i resti di un *calidarium* adiacente ad un vano con esedra, ed un vano con pavimentazione in cotto. Inoltre in un settore limitrofo al *calidarium* alcuni saggi hanno evidenziato la presenza di un complesso sistema idraulico, con condutture in pietra ed in argilla che convergevano in una vasca di grandi dimensioni. Questa infatti, costruite con murature doppie e foderata con malta idraulica, presenta una larghezza di 17 m., una lunghezza massima di 24 m ed una profondità di 3 m., assicurando una capienza minima di 1.198 metricubi.

Bibl. SCIONTI, TARENTINI 1990, 183-188; ALESSIO 1999; ALESSIO 2001b.

127. Avetrana/S. Francesco

F. 203 III SE

In un'area con tracce di frequentazione di IV-III sec. a.C. sono state individuate e scavate strutture abitative di II-I se. a.C. L'impianto si articola in una corte scoperta, almeno in parte lastricata, con ambienti disposti ad est ed a sud di essa; pertinente a tale complesso è un tesoretto tardorepubblicano contenente anche monete in AE di Magnesia al Meandro. In occasione di lavori di bonifica nel dicembre del 1987 sono stati scavati anche i resti di strutture abitative di età imperiale.

Bibl. ALESSIO 1988; ALESSIO 1996, 401-402.

128. S. Pietro in Bevagna

F. 203 III SE

Il sito è noto per una serie di rinvenimenti effettuati nell'area e per la presenza, nelle acque prospicienti la costa, di un relitto di III sec. d.C. Sulla terraferma, presso la foce del fiume Chidro, è stata segnalata la presenza di blocchi, interpretati come i resti di un molo sommerso, e materiale ceramico di età repubblicana. Nel 1968, in seguito a lavori edili, fu rinvenuta una struttura definita ellenistico-romana. Sulla zona insiste anche una insediamento definito villa tardo-imperiale.

Bibl. ALESIO, ZACCARIA 1997; CONGEDO 1964, 80; PUTIGNANI,CONGEDO 1964, 12; SCIONTI, TARANTINI 1990, 266-267.

129. S. Pancrazio Salentino

F. 203 III NE

Presso S. Pancrazio Salentino, in contrada Li Castelli, recenti indagini sistematiche, di ricognizione e di sondaggi mirati, hanno evidenziato la presenza di un insediamento con una continuità di vità dall'età del Ferro. Le attestazioni materiali appaiono più rarefatte tra la fine del III e la metà del II secolo a.C. Anche i dati stratigrafici consentono di riferire a questa data l'obliterazione di alcune strutture ed il disuso di pozzi che confermano l'abbandono dell'insediamento. Ad una frequentazione poco incisiva, capanne o *tuguria*, sembra rimandare lo scarso numero di materiali di età romana e, soprattutto, la scarsa densità di materiale rinvenuto in superficie che sembra concentrarsi in un'area dalle modeste dimensioni.

Bibl. BURGERS 1998, 139-159; BURGERS, MARUGGI 2001.

130. Masseria Palazzo

F. 203 II NE

Area di frammenti fittili che attestano una frequentazione dal II al IV secolo d.C.; rinvenuti anche i resti di calidario.

Bibl. QUILICI 1975,126, X14; MARANGIO 1975, 118; APROSIO 2008, 259.

131. La Macchia

F. 203 II NE

Area di frammenti fittili che attestano una frequentazione dal II al IV secolo d.C.; segnalazione di necropoli.

Bibl. QUILICI 1975,126, X13; MARANGIO 1975, 118; APROSIO 2008, 259.

132. Masseria Turco

F. 203 II NE

Area di frammenti fittili che attestano una frequentazione dal II al IV secolo d.C.; segnalazione di necropoli con epigrafi funerarie.

Bibl. QUILICI 1975,126, X16; MARANGIO 1975, 118; APROSIO 2008, 259.

133. Masseria La Mea

F. 203 II NE

Area di frammenti fittili che attestano una frequentazione dal I al IV secolo d.C.

Bibl. QUILICI 1975,126, X17; APROSIO 2008, 258.

134. Masseria Falco

F. 203 II NE

Area di frammenti fittili che attestano una frequentazione dal II al IV secolo d.C.; segnalazione di necropoli.

Bibl. QUILICI 1975,125, X12; MARANGIO 1975, 118; APROSIO 2008, 259.

135. S. Miserino

F. 203 II NE

A circa 5,5 KM a NO di Sandonaci, in zona detta Monticelli, sono visibili i resti di una struttura in *opus incertum*. Tale edificio, con cupola in calcestruzzo, presenta diversa fasi costruttive; la più antica, riferita al VI sec., è stato identificata come chiesa paleocristiana, ma non vi sono elementi sicuri a favore di questa interpretazione. Su un'area di circa 2000 mq. si osserva la fitta presenza di materiale ceramico che attesta una frequentazione del sito dal II sec. a.C. per tutta l'età tardoantica sino all'alto medioevo, quando è accertato l'utilizzo religioso di tale struttura.

Bibl. NTS I, 69-71; LEPORE 1999; APROSIO 2008, 262.

136. Masseria Annano

F. 203 II NE

Area di frammenti fittili che attestano una frequentazione dal II al IV secolo d.C.

Bibl. QUILICI 1975,125, X9; MARANGIO 1975, 118; APROSIO 2008, 258.

137. Cuciulina

F. 203 II NE

Area di frammenti fittili che attestano una frequentazione dal II al IV secolo d.C.; segnalazione di necropoli.

Bibl. QUILICI 1975,125, X10; MARANGIO 1975, 118.

138. Masseria Scaloti

F. 203 II NE

Area di frammenti fittili che attestano una frequentazione dal I sec. a.C. al III secolo d.C.

Bibl. QUILICI 1975,124, X4; MARANGIO 1975, 118.

139. Masseria Esperti

F. 203 II NE

Area di frammenti fittili che attestano una frequentazione dal II al IV secolo d.C.

Bibl. QUILICI 1975,125, X7-8; MARANGIO 1975, 118.

140. Masseria Calce

F. 203 II NE

A 7,3 Km a S di Mesagne, resti di strutture in *opus incertum* identificati come impianto termale; area di frammenti fittili e laterizi per un raggio di 1,5 Km con frequentazione di età imperiale e tardoantica. Presente anche una piccola necropoli che ha restituito un'epigrafe.

Bibl. QUILICI 1975,124, X3;NTS I; MARANGIO 1974, 156; ; APROSIO 2008, 258.

141. Campofreddo/Malvindi

F. 203 II NO

A circa 7,5 Km a S di Mesagne sono visibili resti di una struttura termale in *opus incertum*. Lo scavo effettuato nel 1986 ha portato alla luce quattro ambienti relativi ad un impianto termale realizzato nel I sec. d.C. con profondi trasformazioni riferibili al III-IV sec. E' segnalata la presenza di una vasta area con materiale fittile dove è stato rinvenuto anche un frammento in marmo di una statua leonina.

Bibl. NTS I, 60-63; MARANGIO 1974, 156-157; APROSIO 2008, 258.

142. Muro Maurizio

F. 203 I SE

Il sito, noto per rinvenimenti occasionali, è stato oggetto negli ultimi anni di ricognizioni sistematiche *intra-site* e da sondaggi da parte della Libera Università di Amsterdam.

Sito fortificato in età ellenistica in cui si evidenzia un declino tra la fine del III e la metà del II secolo a.C. Una maggiore densità di materiale ceramico si registra per l'età imperiale, nell'area occidentale a ridosso delle antiche mura messapiche, a Nord dell'attuale Masseria Muro, per una superficie di circa 7500 mtq. Ad età tardo repubblicana si data l'iscrizione cultuale (*]diovei.mur[* / *]sacr[*) rinvenuta in un'area precedentemente occupata da necropoli.

Bibl. BURGERS 1998, 106-127; TORELLI 1969.

143. Guidone

F. 203 II NO

Area di frammenti fittili che attestano una frequentazione dal III al VI secolo d.C.

Bibl. QUILICI 1975,121,W8; MARANGIO 1975, 118.

144. Masseria Palombara

F. 203 II NE

Area di frammenti fittili che attestano una frequentazione dal I al IV secolo d.C.

Bibl. MARANGIO 1975, 118.

145. Masseria La Cattiva

F. 203 I SO

Area di frammenti fittili che attestano una frequentazione dal III al IV secolo d.C.; rinvenuta anche un'epigrafe di II-III sec. d.C.

Bibl. MARANGIO 1975, 118; APROSIO 2008, 257.

146. Masseria Grande

F. 203 I SE

Area di frammenti fittili che attestano una frequentazione dal III al IV secolo d.C. e presenza di una necropoli.

Bibl. QUILICI 1975, 103, S11; MARANGIO 1975, 118; APROSIO 2008, 257.

147. Masseria Colombo

F. 203 I SO

Area di frammenti fittili che attestano una frequentazione dal II a.C. al I secolo d.C.

Bibl. QUILICI 1975, 100, R29; MARANGIO 1975, 118.

148. Tobiano

F. 203 I SO

Area di frammenti fittili che attestano una frequentazione dall'età protostorica sino al medioevo.

Bibl. QUILICI 1975, 99, R27

149. Le Torri (S. Pietro di Crepacore)

F. 203 II NO

Intorno alla chiesetta altomedievale di S. Pietro a Crepacore è stata individuata una dispersione di frammenti fittili che attestano una frequentazione di età romano imperiale. Alcuni saggi realizzati dalla Soprintendenza hanno evidenziato la presenza di un impianto abitativo di tipo rurale che, realizzato in età ellenistica, si protrae sino al IV sec. d.C. Nel VII sec. d.C. venne realizzata la chiesa che riutilizza il materiale lapideo dell'insediamento ormai abbandonato, tra questi anche un'epigrafe funeraria di fine III-prima metà del IV sec. d.C.

Bibl. QUILICI 1975, 120, W2; MARANGIO 1975, 118; MARUGGI, LAVERMICOCCA 1999, pp. 19-36.

150. Masseria Grandizia

F. 203 I SO

Area di frammenti fittili di età tardorepubblicana ed augustea, dal III sec. a.C. al I sec. d.C.

Bibl. MARANGIO 1975, 118; ; APROSIO 2008, 254.

151. Masseria Pacchiano

F. 203 I SO

Nel 1792 sul sito della masseria furono rinvenute quattro tombe con lastre di coperture con iscrizione. Il corredo era costituito da vasi e lucerne di età romana. Inoltre, presso una collezione privata, è conservata un frammento di statuetta in basalto raffigurante una testa di elefante. La frequentazione dell'area è da riferire ad età imperiale e tardoantica II-IV sec. d.C.

Bibl. MARANGIO 1974a, 166; APROSIO 2008, 223.

152. Masseria Paradiso

F. 203 I SO

Area di frammenti fittili che attestano una frequentazione dal II al IV sec. d.C., si segnala anche il rinvenimento di tombe romane.

Bibl. QUILICI 1975, 98, R19

153. Muro Tenente

F. 203 I SO

Il sito è stato di recente oggetto di studio da parte dell'*équipe* della Libera Università di Amsterdam. Ricognizioni intensive *intra-site* ed alcuni sondaggi esplorativi hanno delineato il quadro insediativo di questo centro. In età ellenistica si presenta come un sito fortificato che decade nel corso del II sec. a.C. Solo per la prima età imperiale i dati, soprattutto relativi alla presenza di sigillata italica, denotano la presenza di un nucleo insediativo ubicato nell'area centrale del vecchio abitato. La frequentazione in età imperiale sembra essere di tipo sparso relativo a capanne, *tuguria* o piccole case agricole.

Bibl. BURGERS 1994, 145-154; BURGERS 1998, 66-94

154. Masseria Quercio

F. 203 I SO

Area di frammenti fittili che attestano una frequentazione dal II sec. a.C. al VI sec. d.C.

Bibl. MARANGIO 1974a, 165-166; APROSIO 2008, 255.

155. Masseria Corti Vecchie

F. 203 I SO

Resti di strutture murarie in *opus incertum* e frammenti fittili che attestano una frequentazione tra il II ed il V sec. d.C.

Bibl. MARANGIO 1974, 157; APROSIO 2008, 254.

156. Casino Guardiano

F. 203 I SE

Area di frammenti fittili che attestano una frequentazione tra III sec. a.C. e II sec. d.C.

Bibl. NTS II, 103-105; APROSIO 2008, 257.

157. Madonna delle Grazie

F. 203 I SE

Area di frammenti fittili che attestano una frequentazione di età imperiale. Segnata anche la presenza di tombe.

Bibl. QUILICI 1975, 103, S6; MARANGIO 1975, 117; APROSIO 2008, 255.

158. S. Anna

F. 203 I SE

Area di frammenti fittili in contrada S. Anna, a circa 1,5 Km ad est di Mesagne. Tra il materiale rinvenuto fr. di sigillata italica con bollo *C(aius) Vib//(nus)*.

Bibl. MARANGIO 1975, APROSIO 2008, 256.

159. Vasapulli/Chiaradia

F. 203 I SO

Nei dintorni della Masseria Vasapulli si ha notizia del rinvenimento di due epigrafi romane, databili al II-III sec. d.C., oggi perdute. In un'area adiacente alla Masseria Chiaradia presenza di materiale fittile di età imperiale e tardoantica

Bibl. MARANGIO 1974a, 164; APROSIO 2008, 257.

160. Papa Sisto

F. 203 I SO

Area di frammenti fittili che attestano una frequentazione dal II al V secolo d.C.

Bibl. QUILICI 1975, 101, R35; MARANGIO 1975, 117; APROSIO 2008, 254.

161. Masseria S. Gervasio

F. 203 I SO

In un'area adiacente alla masseria area di frammenti fittili che attestano una frequentazione dal III al IV secolo d.C.

Bibl. MARANGIO 1974, 163; QUILICI 1975, 101, R38; MARANGIO 1975, 117; APROSIO 2008, 255.

162. Villa Parlati

F. 203 I SO

Area di frammenti fittili che attestano una frequentazione di età imperiale. Da riferire a questo sito probabilmente il rinvenimento di due "sepolcri romani".

Bibl. QUILICI 1975, 93, R4; NSc 1880; CIL IX, 6083/125

163. De Nitto

F. 203 I SO

Vasta area di frammenti fittili con resti di laterizi e tessere musive. Nel taglio stradale erano visibili resti di *pithoi* che poggiavano su una pavimentazione.

Bibl. MARANGIO 1974, 153-154; APROSIO 2008, 223.

164. Masseria Partemio

F. 203 I SO

Area di frammenti fittili adiacente alla masseria con materiale ceramico dall'età repubblicana a quella tardoromana. Nella vicina Contrada Grisumma, durante lavori agricoli, nel 1955 fu rinvenuta una tomba a sarcofago e, nelle vicinanze, un'epigrafe romana datata al I sec. a.C. L'epigrafe menzionava il decurione *Publius Falerius Nigrus*, che fece costruire un *macellum* ed un *canalem*. E' probabile che il decurione avesse svolto la sua attività a Brindisi.

Bibl. MARANGIO 1974a, 152-153; QUILICI 1975, 92, R1; APROSIO 2008, 256.

165. Masseria Moreno

F. 203 I SO

Nell'area dove sorge la masseria, posta a 4,75 Km circa a NO di Mesagne, sono stati rinvenuti un frammento di macina e tre epigrafi collocabili, cronologicamente, tra I/II-III sec. d.C. Presente anche un'area di frammenti fittili che attestano una frequentazione dal I al V sec. d.C.

Bibl. NTS I; SANTORO 1965; MARANGIO 1971; APROSIO 2008, 256.

166. Casino Profilo

F. 203 I SO

Area di frammenti fittili che attestano una frequentazione dal II al IV secolo d.C.

Bibl. QUILICI 1975, 93, R3; MARANGIO 1975, 117

167. Mesagne

F. 203 I SO

Il sito presenta una continuità di vita sino ai nostri giorni. In età ellenistica si sviluppava un abitato fortificato. I dati riferibili ad età romana sono alquanto esigui. Per l'età repubblicana è attestata una continuità di utilizzo delle necropoli sino alla fine del III gli inizi del II secolo a.C., in modo particolare si segnala la presenza, in questa fase, di ricche tombe a semicamera con affreschi e corredi.

da ultimo una tomba a semicamera dipinta di fine III-II a.C. rinvenuta in vico Quercia; sempre nella zona le fasi di frequentazione e di occupazione di età romana sono evidenziate da rinvenimenti ceramici e numismatici. In un recente intervento di scavo nei pressi del Castello è stata documentata la frequentazione del sito dall'età del Bronzo sino ad oggi. Presso il museo si conservano 5 esemplari di lucerne a vernice nera appartenenti al tipo Esquilino, di età tardorepubblicana.

Nel 1580 in prossimità di Porta Grande, vicino lo scavo, fu rinvenuta un'epigrafe sepolcrale e dalla Chiesa Madre proviene una lastra marmorea con dedica a Traiano. Si conoscono altre epigrafi funerarie di età imperiale oggi disperse. Per l'età romano imperiale è stata ipotizzata la presenza, in questa zona, di una strada costeggiata da necropoli che si congiungeva con la via Appia. Ad età tardoantica o altomedievale sono riferite alcune sepolture rinvenute nell'area di vico Quercia. Sempre ad età tardo antica sarebbe da riferire l'impianto della chiesa di San Lorenzo, posta nell'odierna periferia del paese.

Bibl. COCCHIARO 1989; LAMBOLEY 1996, 79-89; LEPORE 1999; ACMG 2000, 1022-3; COCCHIARO 2001b; BRUNO 2004.

168. Mater Domini
F. 203 I SE

Area di frammenti fittili che attestano una frequentazione dal III al IV secolo d.C.

Bibl. MARANGIO 1975, 117; APROSIO 2008, 257.

169. Cappuccini
F. 203 I SE

Area di frammenti fittili che attestano una frequentazione dal I al IV secolo d.C.

Bibl. MARANGIO 1975, 117; APROSIO 2008, 258.

170. Torricella
F. 203 I SE

Area di frammenti fittili che attestano una frequentazione dal II al IV secolo d.C. Un saggio di scavo effettuato nel 1976 ha consentito di appurare l'esistenza di strutture murarie di età imperiale, con il recupero di materiale ceramico e di una moneta di Aureliano.

Bibl. MARANGIO 1975, 117; APROSIO 2008, 258.

171. Masseria Lucci
F. 203 I SE

Area di frammenti fittili che attestano una frequentazione dal II al IV secolo d.C.

Bibl. QUILICI 1975, 102, S2; MARANGIO 1975, 117; APROSIO 2008, 219.

172. Masseria Cuoco
F. 203 I SE

Nei pressi della masseria si segnala il rinvenimento di tesoretto monetale di età repubblicana (fine II - inizi I sec. a.C.) indizio molto forte della presenza di un nucleo insediativo.

Bibl. NTS I, 56-60; QUILICI 1975, 102, S4; MARANGIO 1975, 117; APROSIO 2008, 274.

173. S. Leonardo
F. 203 I NO

Area di frammenti fittili e di rinvenimenti numismatici che attestano frequentazione dal I sec. a.C. al VI sec. d.C. Si segnala anche un'epigrafe funeraria relativa ad un monumento seopolcrale di fine II – inizi I sec. a.C. in cui si menziona un *Marcus Vettius* , un *civis romanus* iscritto ad una non meglio specificata tribù.

Bibl. MARANGIO 1975, 117; MARANGIO 1974b, 295-299; APROSIO 2008, 216.

174. Lavinia
F. 203 I SO

Area di frammenti fittili che attestano una frequentazione dal II al IV secolo d.C. Si segnalano resti di strutture con mosaici.

Bibl. QUILICI 1975, 93, R9; MARANGIO 1975, 116; APROSIO 2008, 220.

175. La Politica
F. 204 IV NO

Area di frammenti fittili che attestano una frequentazione dal II sec. a.C. al IV sec. d.C.

Bibl. MARANGIO 1975, 116; APROSIO 2008, 244.

176. Masseria Strizzi
F. 204 IV NO

Area di frammenti fittili che attestano una frequentazione dal II sec. a.C. al III sec. d.C.

Bibl. NTP I, 170-171; APROSIO 2008, 245.

177. Masseria Palmitella
F. 203 I SO

Area di vaste dimensioni con frammenti fittili che attestano una frequentazione dal I sec. a.C. al IV sec. d.C. Presenti anche resti di strutture con mosaici.

Bibl. MARANGIO 1974, 154-155; APROSIO 2008, 222.

178. La Casa
F. 203 I NO

Area di frammenti fittili che attestano una frequentazione di I-II secolo d.C.

Bibl. QUILICI 1975, 63, M13; MARANGIO 1975, 116.

179. S. Nicola

F. 203 I NO

Area di frammenti fittili che attestano una frequentazione di età imperiale. Si segnala anche il rinvenimento di un'epigrafe funeraria.

Bibl. PAGLIARA 1970; MARANGIO 1975, 116; APROSIO 2008, 272-273.

180. Paretone Vecchio

F. 203 I NO

Area di frammenti fittili che attestano una frequentazione dal II al IV secolo d.C.

Bibl. QUILICI 1975, 63, M12; MARANGIO 1975, 117.

181. Masseria Masciullo

F. 204 IV NO

Area di frammenti fittili che attestano una frequentazione dal II sec. a.C. al III secolo d.C. Rinvenute anche iscrizioni di I sec. d.C.

Bibl. NTP I, 169-170; APROSIO 2008, 244.

182. Padula Maria

F. 203 I SO

Area di 10.000 mtq con materiale vitreo e ceramico databile tra I e V secolo d.C.

Bibl. NTP I, 172-174; APROSIO 2008, 254.

183. Campistrutto

F. 203 I NO

Area di frammenti fittili che attestano una frequentazione di I-II secolo d.C. Segnata la presenza di strutture murarie e di un'iscrizione.

Bibl. QUILICI 1975, 63, M10; CIL IX, 6116; APROSIO 2008, 224.

184. Masseria Badessa

F. 191 II SO

Area di frammenti fittili che attestano una frequentazione dal III al I sec. a.C.

Bibl. QUILICI 1975, 49, H22; MARANGIO 1975, 113; APROSIO 2008, 225.

185. Punta Penna Grossa

F. 191 II SO

Area di frammenti fittili che attestano una frequentazione di I al II sec. d.C.

Bibl. QUILICI 1975, 48, H16; MARANGIO 1975, 114, AURIEMMA 2004, 82.

186. Foce Canale Reale

F. 191 II SO

Area di frammenti fittili che attestano una frequentazione dal III al I sec. a.C. A poca distanza dalla sponda destra del Canale Reale, nei pressi di contrada Epifani, rinvenuti resti di un *limes intercisiuus*, una compatta massicciata di pietrame informe che fungeva da confine nell'organizzazione dello spazio agricolo e di drenaggio del territorio. Saggi di scavo hanno consentito di verificare l'esistenza di tale struttura repubblicana per una lunghezza di 14 metri. Sempre in zona, presso Masseria Scianola, è stata accertata la presenza di un insediamento rurale.

Bibl. QUILICI 1975, 48, H18 ed H15; COCCHIARO 2001a, 97-98, AURIEMMA 2004, 89-90.

187. Masseria Argiano

F. 203 I NO

In seguito ai lavori per il metanodotto è stata rinvenuta una struttura idrica, una cisterna, in un'area il cui toponimo di origine prediale aveva già fatto presupporre l'esistenza di un insediamento agricolo. La struttura, realizzata con grandi blocchi di carparo, lunga 8,95 m., a sezione trapezoidale e profonda 2,10 m., è da riferirsi ad età tardorepubblicana. Tracce afferenti allo stesso insediamento sono state individuate a nord del Canale Reale.

Bibl. MARANGIO 1975, 120; COCCHIARO 2001a, 98-99.

188. Masseria Buffi

F. 203 I NO

Nel corso di ricognizioni superficiali è stato rintracciato il sito di un impianto rurale esteso su una superficie di circa 11.000 mq. Presente materiale ceramico frammenti di pavimentazione in tassellato di cotto, resti litici.

Bibl. COCCHIARO 2001, 99-100.

189. Apani

F. 191 II SE

La località Apani è situata a circa 13 Km a nord di Brindisi, in prossimità della linea di costa. Il sito era attraversato da un corso d'acqua oggi quasi prosciugato. L'area, nota sin dalla fine del XIX secolo, è stata oggetto di indagini archeologiche a partire dal 1964. Sono state identificate due fornaci, la prima attribuita ai *Vehilii*; una seconda fornace agli *Aninii*.

L'*atelier* più antico è quello degli *Aninii* che inizia la produzione alla fine del II sec. a.C.; al primo quarto del I sec. a.C. è riferibile l'attività dell'impianto di *Vehilius*.

La presenza di bolli che attestano altri personaggi induce a ritenere che sul posto operassero differenti *domini* impegnati nella produzione ceramica.

Bibl. PALAZZO 1994, 54-57; APROSIO 2008, 238-240.

190. Masseria Moscava Nuova

F. 203 I NO

Area di frammenti fittili che attestano una frequentazione dal II al I secolo a.C.

Bibl. NTS II, 125

191. Masseria Marmorelle

F. 203 I NE

Il sito, noto da rinvenimenti di superficie, è stato oggetto di scavi sistematici nel 1991 e 1993. E' stata così appurata la presenza di tre fornaci, due di forma rettangolare ed una circolare. L'impianto è riferibile a *Visellius*, lo stesso personaggio attestato a Giancola, anche se è probabile la presenza di altri *domini*, come i *Fabii*. L'impianto produttivo fu attivo nella prima metà del I secolo a.C.

Bibl. PALAZZO 1994, 169-170.; AURIEMMA 2004, 102.

192. Giancola

F. 203 I NE

Il sito si trova a nord-ovest di Brindisi, in un area compresa fra la linea di costa e l'antico tracciato della via Traiana interessata, in antico, dal passaggio di un corso d'acqua.

Le indagini archeologiche, ricognizioni sistematiche e scavo, hanno consentito di definire la natura dell'insediamento, un impianto produttivo in cui è stato possibile riconoscere tre diverse fasi di frequentazione;

esso è legato ad un insediamento rurale, posto ad 1 km a sud dell'impianto, che presenta tracce di frequentazione sino al V secolo.

Relativa a questo sistema insediativo è la necropoli in località Scolmafora, che presenta sepolture di età imperiale, di II sec. d.C.

La prima fase dell'impianto, di I secolo a.C., è caratterizzata dalla grande produzione anforacea legata al commercio transmarino. L'*atelier*, appartente a Visellio, personaggio riferibile alla *gens Visellia*, originaria di Arpino, era organizzata attorno a due fornaci gemelle affiancate, di forma rettangolare e di grandi dimensioni. La crisi dell'impianto, da porre alla metà del I secolo a.C, è probabilmente da mettere in relazione con la morte del proprietario o con problemi legati alla proprietà, poiché sono attestati nuovi *domini*.

Ad età augustea è da riferire la seconda fase di frequentazione dell'insediamento, caratterizzato da un impianto più piccolo rivolto ad un mercato più ristretto. La proprietà dell'impianto sarebbe da attribuire presumibilmente a due liberti.

In età imperiale è datata l'ultima fase di occupazione del sito: l'impianto artigianale è ormai ridotto ad un piccolo *atelier* per la realizzazione di manufatti per la sussistenza e non più di anfore commerciali.

Bibl. COCCHIARO 1990; MANACORDA 1990; PALAZZO 1994, 57-58; AURIEMMA 2004, 97-102; COCCHIARO A., PALAZZO P., ANNESE C., DISANTAROSA G., LEONE D. 2005; APROSIO 2008, 264-266.

193. Brindisi

F. 203 I NE

Numerose conoscenze archeologiche su Brindisi si basano su rinvenimenti occasionali effettuati a partire dalla fine del XIX secolo, in coincidenza con lo sviluppo industriale ed urbanistico della città.

A partire dagli anni '80 del secolo scorso i lavori compiuti dalla Soprintendenza, con la collaborazione anche dell'Università del Salento, hanno consentito di documentare stratigraficamente alcune aree della città.

Fig. 31. Brindisi, schema ricostruttivo della città in età romana: A. area del criptoportico; B. area delle terme di S. Chiara; C. *arx*; D area monumentale di via Casimiro; E. foro; F. colonne monumentali; G. accesso via Appia e resti di un presunto arco onorario e presunto tratto urbano della via Appia; H. probabile tracciato dell'acquedotto. I. il percorso del canale della Mena. (rielaborazione da LIPPOLIS, BALDINI LIPPOLIS 1997)

Età repubblicana

Il centro divenne colonia latina nel 246-244 a.C. e costituì uno dei porti principali per il collegamento con la sponda orientale, grazie soprattutto alla realizzazione della via Appia.

La colonia, iscritta alla tribù *Maecia*, dopo le guerre sociali, divenne municipio.

Dall'analisi dei dati archeologici è stata di recente ipotizzata una lettura unitaria della forma urbana della colonia in età repubblicana. Essa sembra estendersi sull'area della penisola interposta tra i due seni portuali.

Il canale della Mena, oggi interrato, distingueva due lievi alture, quella settentrionale oggi caratterizzata dalla presenza di piazza Duomo, e la collina detta del Belvedere a sud. L'insediamento messapico, noto da labili tracce, sembra occupare principalmente l'altura

settentrionale, anche se non non mancano nuclei di frequentazione anche sulla collina del Belvedere.

L'impianto della colonia latina non sembra avere continuità urbanistica e monumentale con l'abitato messapico e l'assetto della nuova città appare strettamente legato alla via Appia che con il suo asse urbano attraversava il centro concludendosi nell'area portuale.

Nel settore settentrionale, nell'area compresa tra piazza Duomo e piazza Colonne, è stata ipotizzata la presenza dell'*arx* della colonia. Grazie ad un sistema di terrazzamenti in opera quadrata e sostruzioni, che presentano rifacimenti dall'età repubblicana a quella imperiale, si apriva un complesso impianto santuariale: tracce riferibili ad un portico dorico aperto sul mare che cinceva una terrazza in cui sorgeva almeno un edificio templare, al quale appartengono i capitelli figurati; l'intera organizzazione richiama modelli dell'architettura italica soprattutto laziale.

Ai lati di questo nucleo sembrano disporsi gli spazi a destinazione pubblica: l'area del criptoportico a nord-ovest connesso forse ad un primo impanto termale di via S. Chiara.

A sud la situazione appare più articolata, nell'area indagata in via Casimiro gli interventi imperiali hanno obliterato le fasi più antiche documentate da alcuni rinvenimenti che hanno fatto supporre l'esistenza di un edificio ludico.

L'ubicazione del Foro presso l'attuale Mercato Coperto appare ancora valida, ed è sostenuta dai rinvenimenti effettuati in varie occasioni.

Tutta la fascia più orientale sembra praticamente priva di strutture abitative private ed era forse interessata da strutture portuali.

L'impianto urbanistico è noto solo da labili attestazioni, principalmente dai rinvenimenti nel rione di San Pietro degli Schiavoni, dove è stata messa in luce una strada basolata per una lunghezza di circa 100 m.

Aree necropolari si estendono all'esterno dell'area abitata: quella sud-orientale presso l'attuale Porta Lecce si articolava presumibilmente lungo la via Traiana – Calabra; quella nord-occidentale si disponeva ai lati di una strada basolata scoperta per circa 60 m. ed identificata come la via Traiana; la necropoli occidentale, attraversata dalla via Appia, è stata indagata da scavi sistematici da parte della Soprintendenza archeologica tra il 1982 ed il 1984.

Proprio grazie ai dati recuperati da questo scavo, soprattutto in base alla cultura materiale attestata nelle prime fasi della necropoli, si suppone la cooptazione di alcuni nuclei indigeni entro lo spazio urbano della colonia latina, evidentemente accanto all'immigrazione di famiglie centro-italiche. Il fenomeno è attestato dalle fonti storiche che ricordano il precoce inserimento di brindisini di origine messapica nel sistema militare romano, come testimonia un *Dasius* responsabile della guarnigione di *Clastidium* menzionato da Livio.

Età imperiale

Scarse le tracce archeologiche relative ad una ristrutturazione augustea che dovette interessare soprattutto l'*arx* ed il suo assetto monumentale. Ad età imperiale sono da ricondurre le due colonne con i capitelli figurati che rientravano nella monumentalizzazione della *ripa* portuense operata forse da Settimio Severo.

Gli interventi imperiali nella città sono documentati soprattutto da numerose iscrizioni di età giulio-claudia. Sempre in tale periodo è la realizzazione, o forse il restauro, del complesso termale di Santa Chiara. Ad interventi traianei sono da riferire il complesso di via Casimiro e la realizzazione di un presunto arco onorario d'accesso alla città presso l'odierna Porta Mesagne.

I saggi effettuati nell'area urbana documentano inoltre la presenza di residenze private, attestate soprattutto da pavimenti musivi.

Età tardoantica

Estremamente labili le attestazioni per la fase tardoantica. Tra III e IV secolo sono documentati in tutto il settore urbano livelli di riempimento e risistemazioni che portarono al livellamento di diverse aree, soprattutto quelle portuali. E' probabile che lo stesso porto subì dei disagi dovuti ad insabbiamento.

L'abitato sembra concentrarsi nel settore settentrionale. Aree funerarie di IV secolo sono attestate nella necropoli occidentale.

Alcune informazioni sulla vitalità della città si possono ricavare dalle fonti ecclesiastiche che riportano la presenza della diocesi brindisina a partire dall'inizio del IV secolo quando fu martirizzato Leucio, primo vescovo della città.

Bibl. COCCHIARO, ANDREASSI 1988; D'ANDRIA 1997b, 98-100; COCCHIARO s.d.; MARINAZZO s.d.; LIPPOLIS, BALDINI LIPPOLIS 1997; SILVESTRINI 2005, 131-148; APROSIO 2008.

194. Masseria Masina

F. 203 I NE

Il sito era noto per rinvenimenti ceramici di età tardorepubblicana. Lo scavo in questa località, esteso in un'area di circa 295 mtq, ha permesso di identificare un

Fig. 32. Brindisi, area insediativa della città in età tardoantica ed altomedievale: 1. chiesa di S. Benedetto; 2. chiesa di S. Paolo; 3. chiesa di S. Giovanni al Sepolcro; 4. complesso termale tardoantico; 5. duomo. (rielaborazione da LIPPOLIS, BALDINI LIPPOLIS 1997)

complesso gravitante intorno ad una vasca di grandi dimensioni (6x9 m. circa) rivestita da intonaco idraulico e con pavimento in mosaico con tessere di terracotta allettate con malta. L'impianto, databile al III sec. d.C., è stato interpretato come cisterna per la raccolta di acqua piovana. Intorno alla vasca sono presenti altri ambienti con diverse funzioni.

Nel corso di questa fase di vita, collocabile tra il III ed il IV sec. d.C., la cisterna viene successivamente utilizzata come deposito per cereali.

Nella seconda metà del IV d.C. è attestato il degrado della struttura, con una serie di crolli e restauri, sino al completo abbandono tra il V-VI sec. d.C.

Il complesso è stato messo in relazione con un villaggio posto lungo la via Appia, in cui poteva esserci una *statio* per i viaggiatori.

A questo insediamento sarebbe da ricollegare la necropoli in località Torre Mozza.

Bibl. VOLPE 1994; AURIEMMA 2004, 122; APROSIO 2008, 235-237.

195. Masseria S. Giorgio

F. 203 I SE

Area di frammenti fittili che attestano una frequentazione dal III al IV sec. d.C.

Bibl. MARANGIO 1975, 117; APROSIO 2008, 237.

196. S. Rosa

F. 203 I SE

Nel quartiere La Rosa, posto nella periferia sud di Brindisi, è stato individuato un impianto produttivo attivo nel I sec. a.C. I proprietari sarebbero diversi, da *Vehilius* proprietario di officine ad Apani, ad altri esponenti della *nobilitas* di area centro-italica. La continuità di frequentazione del sito è attesta sino ad età imperiale.

Bibl. PALAZZO 1994, 59-60.

197. Masseria Colemi

F. 203 I SE

Un'area di frammenti fittili ed il rinvenimento di un tesoretto monetario indicano una frequentazione stabile di età tardorepubblicana.

Bibl. QUILICI 1975, 103, S9.

198. Masseria Flaminio

F. 204 IV SO

Area di frammenti fittili che attestano una frequentazione dal I sec. a.C. al IV sec. d.C.

Bibl. QUILICI 1975, 105, T1; ; APROSIO 2008, 234.

199. Cerano

F. 204 IV SO

Area di circa 300 mtq con frammenti fittili che attestano una frequentazione dal III al I sec. a.C.

Bibl. NTS I, 50-51; QUILICI 1975, 105, T5; AURIEMMA 2004, 132; APROSIO 2008, 259.

200. Masseria Maime

F. 204 IV SO

Area di frammenti fittili che attestano una frequentazione dal I sec. a.C. al IV sec. d.C.

Bibl. QUILICI 1975, 105, T6; AURIEMMA 2004, 132; APROSIO 2008, 259.

201. Torre S. Gennaro

F. 204 IV SO

Area di frammenti fittili che attestano una frequentazione probabilmente di età repubblicana e, forse, imperiale.

Bibl. QUILICI 1975, 106, T8

202. Masseria Piutri

F. 204 IV SO

Area di frammenti fittili e di necropoli di età imperiale.

Bibl. QUILICI 1975, 106, T9 DELLI PONTI 1968, 6-11, n. 48.

203.Valesio

F. 204 IV SO

Il sito è stato oggetto di ricognizioni sistematiche tra il 1984 -1985 e di scavi realizzati tra il 1986-1990 da parte della Libera Università di Amsterdam.

I dati dimostrano che il centro, sito fortificato in età ellenistica, subì dei cambiamenti in un periodo leggermente anteriore al 200 a.C. circa. La zona abitativa di Valesio, che nella prima metà del III sec. a.C. aveva

un'estensione di circa 25 ha, si riduce sensibilmente nella seconda metà dello stesso secolo.

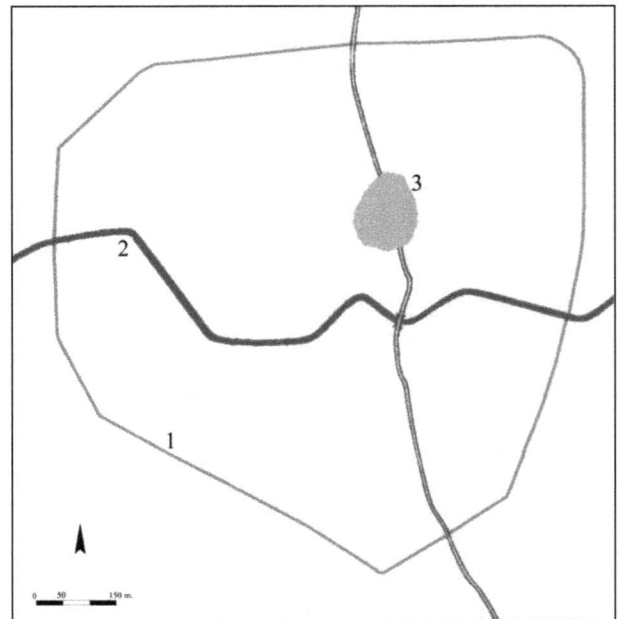

Fig. 33. Valesio: 1. percorso mura messapiche; 2. corso d'acqua; 3. estensione dell'abitato in età tardorepubblicana.

La Valesio di fine III-II secolo a.C. si presentava in decadenza, con abitazioni ancora in funzione, e spazi artigianali, come le fornaci, alternate alle rovine di case abbandonate. Avviene una "decomposizione" dell'abitato, il tessuto urbano è ormai in declino, dimostrato dal fatto che una fornace, con altri vani della fine del III secolo a.C., bloccano e distruggono una strada del IV sec. a.C.

In età tardo imperiale, probabilmente in relazione all'asse stradale che congiungeva Brindisi a Lecce, vennero realizzate delle terme e l'insediamento divenne una *mutatio*, luogo di sosta posto lungo la via Traiano-calabra. Il complesso termale sembra essere stato abbandonato nella prima metà del V secolo.

Bibl. YNTEMA 1994; BOERSMA 1995; D'ANDRIA 1997c; YNTEMA 2001

204. Tenuta I Bartoli

F. 204 IV SO

Area di frammenti fittili e di necropoli di età imperiale.

Bibl. QUILICI 1975, 109 , T13.

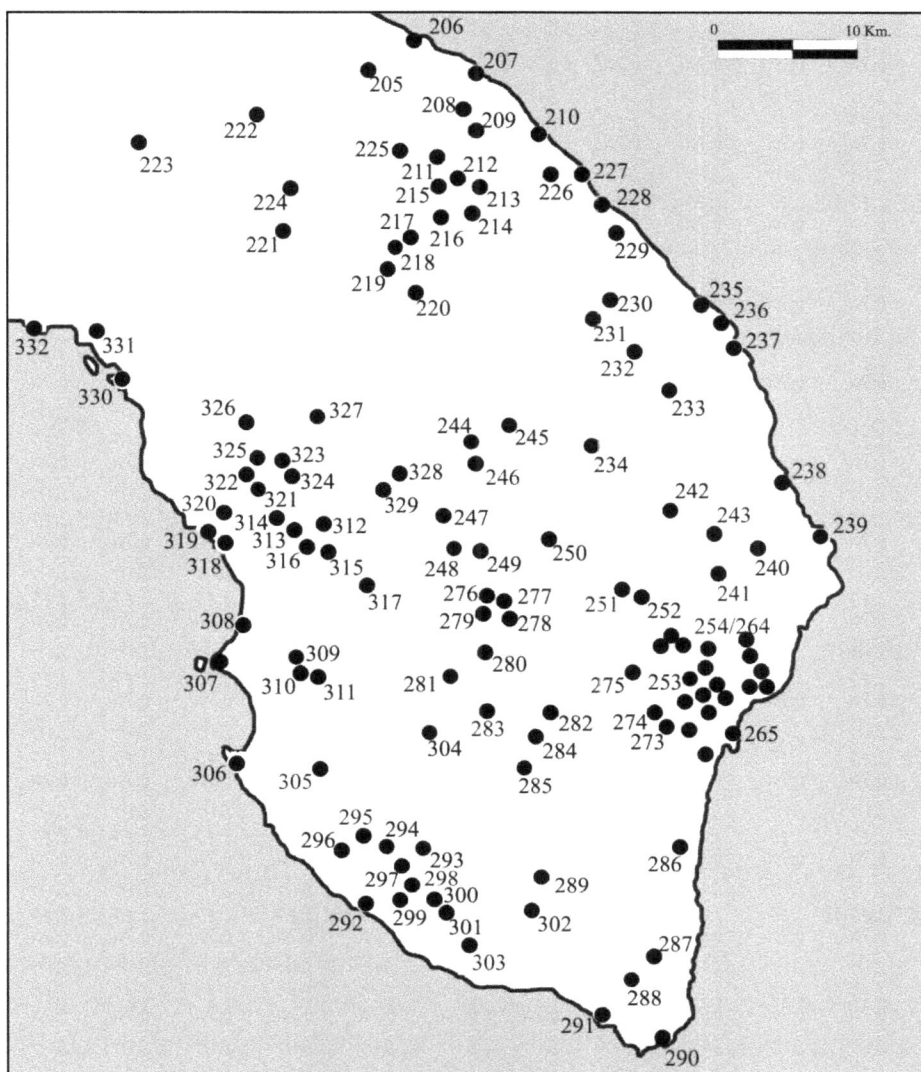

Fig. 34. Salento meridionale. Siti di età romana (III sec. a.C. – VI sec. d.C.)

SALENTO MERIDIONALE

Per quest'ultima area non è possibile distinguere in modo netto delle suddivisioni interne; le caratteristiche geografiche hanno infatti favorito la creazione di insediamenti stabili in tutta l'area del Tavoliere salentino. Emerge chiaramente un'ampia presenza di insediamenti posti lungo la costa, sia essa ionica o adriatica, ed a ridosso di questa. Un altro dato che si può osservare è la maggiore concentrazione di abitati nelle vicinanze degli insediamenti che, nel corso del periodo preso in esame, si presentano maggiormente strutturati.

205. Masseria Le Cerrate

F. 214 III NE

Tra il materiale utilizzato per la costruzione dell'edificio sono presenti elementi lapidei di reimpiego tra cui una epigrafe funeraria di II-III sec. d.C. Nell'area presenza di frammenti fittili di età imperiale e tardoantica.

Bibl. DELLI PONTI 1968, 12, 14; SUSINI 1962, 157, 166; PAGLIARA 1980, 214. Per le informazioni sui rinvenimenti ceramici tardoantichi *ex inf.* Arthur

206. Torre Rinalda

F. 204 II NO

Area di rinvenimenti fittili sulla costa e, soprattutto, sul fondale marino, di età tardorepubblicana ed imperiale.

Bibl. AURIEMMA 2001, 418

207. Torre Chianca

F. 204 II NO

Area di rinvenimenti fittili sulla costa e, soprattutto, sul fondale marino, di età tardorepubblicana ed imperiale.

Bibl. DELLI PONTI 1968, 13; AURIEMMA 2001, 418.

208. Masseria Nocita

F. 204 III NE

In un'area di circa 500 mtq si segnala la presenza di resti murari e, in località Badessa, di una necropoli. Sul posto erano visibili i livelli di crollo con materiali databili, genericamente, ad età imperiale.

Bibl. PAGLIARA 1980, 211-212.

209. Masseria Lubelli

F. 204 III NE

Nell'area è segnalata la presenza di resti di strutture murarie e materiale ceramico. Sempre dalla stessa zona provengono tre epigrafi funerarie di II-III sec. d.C.

Bibl. PAGLIARA 1980, 215.

210. Torre Veneri

F. 204 II NO

Area con frammenti fittili di età tardorepubblicana ed imperiale.

Bibl. DELLI PONTI 1968, 13; AURIEMMA 2001, 418.

211. Masseria Cicalella

F. 204 II SO

In una piccola area di circa 40x20 m. è stata segnalata la presenza di materiale fittile di età imperiale.

Bibl. VALCHERA, ZAMPOLI FAUSTINI 1997, 116, n. 2038.

212. Masseria Pirillo

F. 204 II SO

Area con resti di materiale lapideo da costruzione e frammenti ceramici di età imperiale.

Bibl. VALCHERA, ZAMPOLI FAUSTINI 1997, 117-118, n. 2044.

213. S. Ligorio

F. 204 II SO

Area di circa 500 mtq con frammenti fittili di età tardorepubblicana ed imperiale.

Bibl. VALCHERA, ZAMPOLI FAUSTINI 1997, 118, n. 2045.

214. Masseria S. Elia

F. 204 II SO

In piccola area di circa 50 m. di raggio in contrada Settelacquare, posta su un modesto rilievo, è segnalata la presenza di frammenti fittili e resti architettonici. L'esistenza di un pozzo e di una vasca ricoperta da cocciopesto fanno presupporre la presenza di un impianto produttivo. A 200 m., presso la Masseria S. Elia sono stati rinvenuti alcuni frammenti di epigrafi funerarie ed altri resti architettonici reimpiegati nella costruzione moderna.

Bibl. NTS I, 42-46; PAGLIARA 1974, 72-74; VALCHERA, ZAMPOLI FAUSTINI 1997, 126, n. 2064.

215. Cappella Mater Doloris

F. 204 III SE

Area con resti di materiale lapideo da costruzione, tessere di mosaico e frammenti ceramici di età imperiale.

E' stata rinvenuta anche un'epigrafe funeraria, molto erosa, databile al II sec. d.C.

Bibl. NTSI, 47-48; VALCHERA, ZAMPOLI FAUSTINI 1997, 117-118, n. 2043-2046.

216. Lecce

F. 204 III SE

Le conoscenze sulla realtà archeologica di Lecce provengono quasi esclusivamente da rinvenimenti occasionali ed interventi di emergenza non pianificati.

A partire dal 1996 però, grazie all'attivazione del Progetto "Lecce Sotterranea", sono stati avviati una serie di scavi stratigrafici in aree del centro storico in cui dovevano essere svolti lavori di manutenzione della rete dei sottoservizi o di ristrutturazioni edilizie.

E' stata inoltre posta l'attenzione sui due edifici per spettacoli rinvenuti agli inizi del XX secolo che, sino ad oggi, risultavano pressocchè inediti. In seguito alla grande mole di dati acquisiti occorre ora avviare uno studio complessivo che riunisca le informazioni provenienti dai singoli cantieri per tentare di effettuare una lettura unitaria dell'insediameno nelle differenti fasi di vita.

Inoltre, proprio per consentire la ricostruzione del paesaggio urbano nelle diverse epoche, sarebbe importante definire il tracciato dell'Idume, il "fiume sotterraneo" che attraversava la città lungo il lato orientale e la cui presenza è segnalata da alcuni punti in cui ancor

Fig. 35. Lecce. Ubicazione dei principali cantieri di scavo realizzati negli ultimi anni: 1) Porta Napoli; 2) Via Adua; 3) Piazzetta Epulione; 4) Piazzetta Castromediano; 5) Caserma Roasio; 6) Biblioteca Bernardini; 7) Viale Università; 8) Piazzetta Longobardi; 9) Vico Giravolte; 10) Via Vignes; 11) Banca d'Italia; 12) Vico dei Sotterranei; 13) Monastero S. Chiara; 14) P.zza Vittorio Emanuele II; 15) Palazzo Vernazza; 16) Via Cairoli; 17) Via Rubichi; 18) Chiesa Greca. X) Segnalazione punti in cui è visibile l'Idume.

oggi sono visibili degli affioramenti nelle cantine delle moderne abitazioni.

Età repubblicana

I dati relativi agli scavi effettuati nel settore occidentale dell'abitato (nn. 1, 2), insieme ai vecchi rinvenimenti, consentono di appurare che almeno in questo tratto la fortificazione ellenistica, realizzata alla fine del IV secolo a.C., rimase in uso per tutta l'età tardorepubblicana. Non si è in grado di delineare la forma urbana dell'insediamento in questa fase, è però possibile definire alcune aree funzionali. Innanzitutto è possibile constatare come tra la metà del III ed il I secolo a.C. continuino ad essere utilizzate le aree necropolari di età ellenistica, spesso le stesse sepolture presentano deposizioni multiple che ne attestano la continuità di utilizzo. Le necropoli si distribuiscono soprattutto lungo la fascia occidentale in prossimità delle fortificazioni, all'interno ed all'esterno, ma anche in differenti zone all'interno dell'insediamento. La continuità con il sistema preromano, almeno sino al II sec. a.C., è attestata anche dalle evidenze cultuali. I luoghi di culto ellenistici sembrerebbero essere utilizzati sino alla metà del II sec. a.C., come documentano i dati di vico delle Giravolte (9), dove è stato rinvenuto un recinto cultuale abbandonato proprio in questa fase.

La "continuità" evidenziata nel corso dell'età tardorepubblicana venne interrotta alla fine del II e nel corso del I sec. a.C., con l'avvio di alcune trasformazioni culminate in età augustea.

Gli scavi effettuati in piazzetta Castromediano (n. 4) hanno portato al rinvenimento di un percorso stradale e di un impianto per la produzione dell'olio, di cui sono stati individuate le tracce del *trapetum* ed il *lacus olearius*. L'impianto produttivo, che si imposta su un'area precedentemente destinata a necropoli, è riferibile cronologicamente ad età tardo repubblicana.

Non si è a conoscenza di quale fosse lo statuto giuridico amministrativo dell'insediamento in questa fase.

Età imperiale

I recenti scavi archeologici hanno ampliato le conoscenze sull'edilizia privata e sull'asseto urbano dell'insediamento in età imperiale. Una serie di trasformazioni vennero attuate in età augustea, aree di cave, poste in diverse zone dell'abitato, vennero riempite (15 e 18); le necropoli "urbane" furono obliterate, come dimostrano i dati di via Rubichi (17) e furono ubicate all'esterno dell'abitato. I settori produttivi sembrano concentrarsi nella parte settentrionale dell'insediamento, con l'impianto per la produzione dell'olio in piazzetta Castromediano (4) e, nella parte meridionale, con la fornace per manufatti ceramici di via Cairoli (16).

.

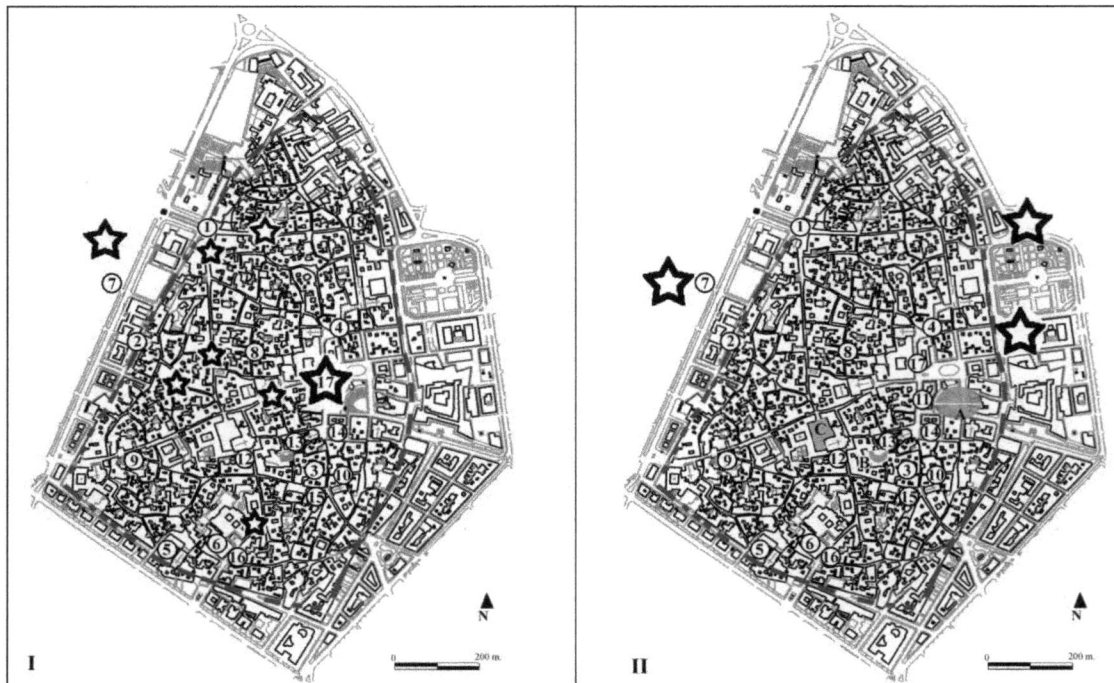

Fig. 36. Lecce. I. Principali rinvenimenti di età tardo repubblicana; II. Principali rinvenimenti di età imperiale

Il rinvenimento di pavimenti musivi, riferibile ad abitazioni private, si concentra nella fascia occidentale dell'abitato, mentre nell'area centrale sono presenti i principali edifici pubblici. Oltre i due edifici per spettacolo, teatro ed anfiteatro, e l'ipotetica ubicazione del foro, è stata accertata la presenza di un impianto termale (14) ubicato proprio tra i due edifici per spettacolo, e di un complesso cultuale dedicato alla dea Iside (15) che aveva una superficie di circa 700 mtq delimitati da un porticoIn piena età imperiale venne inoltre realizzata una strada basolata (17) che, probabilmente, collegava l'ingresso orientale della città al foro e costituiva il limite settentrionale dell'area pubblica. Il principale indizio che sembra emergere da una prima analisi dei dati, nonostante alcune trasformazioni urbanistiche, è la forte continuità, da un punto di vista topografico, con l'assetto precedente, di cui si conservano molti percorsi stradali. E' stato ipotizzato che solo la parte pubblica, interessata da una monumenalizzazione, sia stata dotata di un'urbanistica regolare, le cui tracce però si sono perse nell'attuale maglia urbana.

Un'iscrizione presente su una base onoraria in marmo, databile ad una fase non anteriore ad Antonino Pio, consente di riconoscervi uno statuto municipale; inoltre la menzione di alcune cariche municipali e la deduzione di una colonia è attestata in altre epigrafi databili sempre ad età imperiale, II sec. d.C. La colonia era icritta alla tribù *Camilia*.

Età tardoantica

Estremamente labili le attestazioni archelogiche per la fase tardoantica che constano in resti di strutture abitative che spesso riutilizzano edifici preesistenti.

Il rinvenimento di un pavimento musivo con i resti di due colonne in laterizi e rivestite di un intonaco rosso nel giardino dell'episcipio ha supposto l'esistenza di un edificio religioso tardo antico. L'effettiva presenza di una diocesi è però attestata dalle fonti solo nella metà del VI secolo con il vescovo Venanzio.

Bibl. D'ANDRIA, PAGLIARA, SICILIANO 1980; GIARDINO 1994; D'ANDRIA 1999a; D'ANDRIA 2004; SILVESTRINI

2005, 152-155; per i recenti rinvenimenti: DE MITRI 2007; QUERCIA 2007; TONDO, POLITO 2007.

217. Località Casale Aia

F. 204 III SE

Piccola area di circa 20x15 m., a ridosso delle mura settentrionali di *Rudiae*, con frammenti fittili di età imperiale.

Bibl. VALCHERA, ZAMPOLI FAUSTINI 1997, 120, n. 2049.

218. Rudiae

214 III SE – IV NE

Il sito, posto a breve distanza da Lecce, a circa 2 Km a sud-ovest, conserva resti della frequentazione di età messapica, con la doppia cinta muraria, e di età romana. L'insediamento, noto soprattutto per rinvenimenti funerari, non è stato oggetto di scavi sistematici. Limitati saggi sono stati realizzati in occasione di lavori edilizi o agricoli. La documentazione disponibile non consente di definire un quadro della forma urbana del centro nella fase romana.

Età tardorepubblicana

In questa fase si può osservare la presenza di edifici abitativi in aree precedentemente occupate da necropoli ellenistiche, come Fondo Panareo (1) e Fondo Acchiatura (2). In particolar modo i rinvenimenti di Fondo Acchiatura, che constano in un sistema di canalizzazione con doppia vasca e resti di edifici, potrebbero essere riferiti ad impianto produttivo. Nell'area ad est di fondo Acchiatura, presso il fondo Fumarola, sono stati identificati resti di strutture architettoniche e capitelli che potrebbero riferirsi ad un edificio di culto tardoellenistico/repubblicano. Una necropoli tardorepubblicana è presente presso Fondo Vescovado (3), area utilizzata per tali fini dal IV al II secolo a.C. L'insediamento, in base alle fonti letterarie, avrebbe dato i natali al poeta Ennio.

Età imperiale

Resti di età romano imperiale sono stati rinvenuti in diverse aree dell'abitato, ed il settore principale sembrerebbe concentrarsi in corrispondenza della zona di Fondo Acchiatura e di Fondo Vescovado (2-3), da cui provengono documenti epigrafici di carattere pubblico.

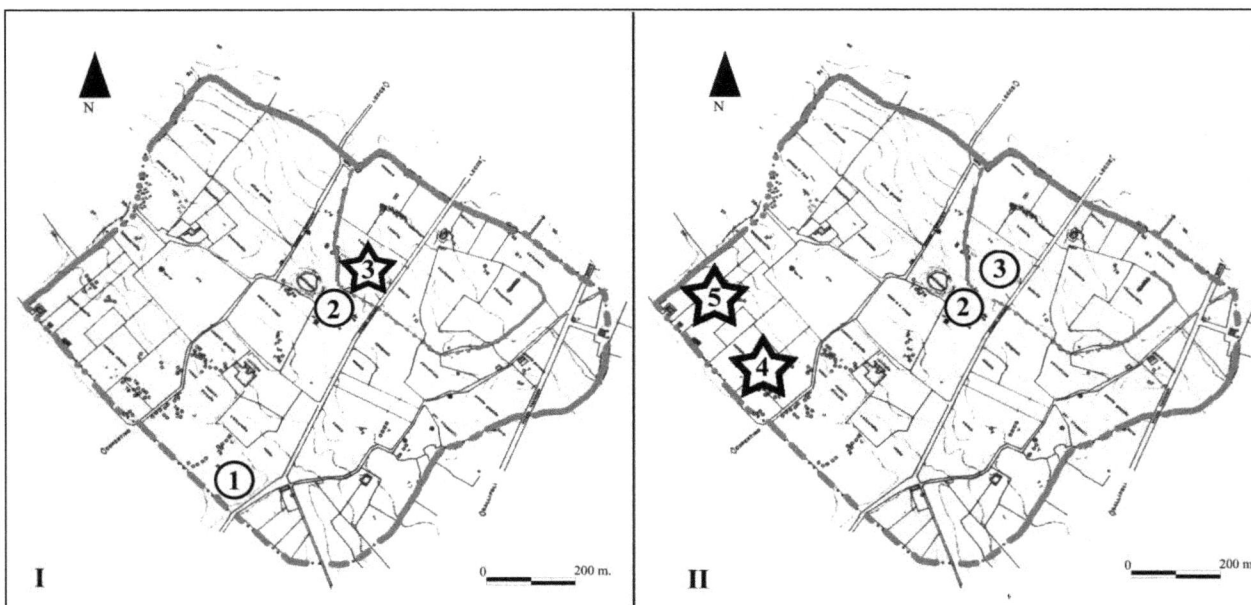

Fig. 37. *Rudiae*. I. Principali rinvenimenti di età tardo repubblicana; II. Principali rinvenimenti di età imperiale.

Si può osservare che le necropoli imperiali, con cinerari di I-II sec. d.C., si distribuiscono tutte all'esterno della cinta muraria più piccola, presso Fondo Campo chiuso e Fondo Campo Aperto (4-5). Lo statuto giuridico e l'ordinamento amministrativo municipale sarebbe attestato da un documento epigrafico di età medio-imperiale del 117-138 d.C., così come l'iscrizione alla tribù Fabia.

Età tardoantica

In questa fase sono attestati piccoli nuclei riferibili ad una frequentazione sparsa legata, probabilmente, allo sfruttamento agricolo dell'area. Non sembra sussistere un'organizzazione strutturata.

Bibl. SUSINI 1962, n. 38; CORCHIA 1981; JAIA 1997; DELLI PONTI 2001; SILVESTRINI 2005, 149-151.

219. Masseria De Raho

204 IV NE

In una piccola area di circa 30x20 m. posta su un modesto rilievo a sud di *Rudiae*, presenza di frammenti fittili di età imperiale.

Bibl. VALCHERA, ZAMPOLI FAUSTINI 1997, 122, n. 2052.

220. San Cesario

F. 214 IV NE

Nel territorio intorno al moderno paese sono state individuate aree con tracce di frequentazione di età ellenistico repubblicana, presso villa Carnevale, e tardo

antica, presso Masseria Perrone. Recenti ricerche nell'area compresa tra S. Cesario e Monteroni hanno rivelato la presenza di una fitta rete di insediamenti rurali posti intorno alla "cupa" la parte più fertile di tale comprensorio. Inoltre dal territorio di Cavallino, distante pochi chilometri da S. Cesareo, provengono alcuni vasi in pasta grigia, forse realtivi a tombe afferenti ad un sistema abitativo di tipo sparso con connotazioni strettamente rurali.

Bibl. MASTRONUZZI 2005 e MASTRONUZZI 2007. Per le informazioni su Masseria Perrone ringrazio il prof. Arthur. Per le indicazioni sul materiale tardo repubblicano da Cavallino si veda D'ANDRIA 2005, 43.

221. Carmiano

F. 204 III SO

Sito noto per la segnalazione di una necropoli imperiale e tardoantica in località Fondo Saraceno.

Bibl. DELLI PONTI 1968, 15; VALCHERA, ZAMPOLI FAUSTINI 1997, 115, nn. 2032-2033.

222. S. Maria dell'Alto

F. 204 III NO

Intorno alla chiesa, posta su una lieve altura, è stata identificata un' area di frammenti fittili di età imperiale e tardoantica. Tra il materiale di costruzione della chiesa sono presenti elementi lapidei di reimpiego. Si ha inoltre notizia del ritrovamento di un'epigrafe probabilmente funeraria, rinvenuta durante lavori di restauro dell'edificio ed oggi dispersa. La realizzazione dell'edificio religioso viene riferita al VI sec. Nelle vicinanze sono attestate aree di necropoli in località Terenzano, S. Elia e Contrada Bagnara. Dal territorio circostante provengono alcune epigrafi funerarie (Contrada Mariano, Trepuzzi, fondo Pizzuto) sempre da riferirsi allo stesso sistema di abitato.

Bibl. Susini 1962, 157, 166; Jurlaro 1970; Pagliara 1980, 215-216; Delli Ponti 1968, 11, 12, 14; Manacorda 1994; Aprosio 2008, 278.

223. Guagnano
F. 204 III SO

Dall'area del moderno paese provengono due epigrafi funerarie di età imperiale. Recenti ricognizioni hanno evidenziato in località La Frasca la presenza di una piccola area di frammenti fittili con materiale ceramico di età repubblicana e di prima età imperiale.

Bibl. Pagliara 1976, 450-451; Marangio 2001; per il materiale ceramico Ex inf. Arthur

224. Novoli
F. 204 III SO

In una zona periferica dell'abitato moderno, in località S. Nicola, è stata individuata una piccola area di frammenti fittili con materiale ceramico di età imperiale. Da Villaconvento, nei dintorni di Novoli, proviene una matrice in bronzo per bolli anforari di prima età imperiale, che riporta il nome del probabile proprietario della figlina, un certo *Caelius*, ma non si hanno dati sulla tipologia del rinvenimento.

Bibl. Inedito. Ex inf. Arthur; per la matrice Tisè 2009.

225. Santa Maria d'Aurio
F. 204 III SE

Nei pressi di Surbo, intorno all'edificio religioso si segnala la presenza di materiale fittile di età imperiale e tardoantica.

Bibl. Inedito. Ex inf. Arthur

226. Masseria Ramanno
F. 204 II SO

Nell'area, con un'estensione di circa 175x150 m., è stata accertata la presenza di attestazioni archeologiche. Ad età tardorepubblicana è da riferirsi uno o più impianti per la produzione di anfore commerciali. Il sito presenta una continuità insediativa in età imperiale, come attestato dal materiale ceramico. Sono presenti anche due silos non definibili cronologicamente. Da riferirsi allo stesso insediamento i rinvenimenti nella vicina Contrada Motore.

Bibl. Valchera, Zampoli Faustini 1997, 152-154, n. 2073

227. S. Cataldo
F. 204 II SO

Sul sito è presente un molo noto come molo adrianeo, riferibile ad età romana. Frammenti fittili ed epigrafi funerarie di II sec. d.C. confermano la frequentazione del sito in età imperiale, anche se nuovi dati inediti ne anticiperebbero la sua esistenza ad età tardorepubblicana.

Bibl. Susini 1962, 154, n. 109; Auriemma 1999, 118-119.

228. Località S. Giovanni
F. 204 II SO

Le indagini subacquee hanno portato al riconoscimento di alcune strutture antiche. La prima attestazione è costituita da un affioramento del banco roccioso, di 33x15 m, lavorato e regolarizzato per ottenere tre grandi ambienti rettangolari. Sempre in mare è stata individuata una struttura di notevoli dimensioni, realizzata con oltre 200 blocchi squadrati di calcarenite locale, messi in opera direttamente sul fondo. Tali blocchi delimitano uno spazio rettangolare, irregolare, di 24x30 m., ripartito all'interno.
A terra sono visibili altre strutture: fosse rettangolari scavate nella roccia e resti di ambienti realizzati con blocchi squadrati, oggi in parte insabbiati.
Tutte le attestazione sembrerebbero appartenere ad un impianto produttivo tardorepubblicano ed imperiale.

Bibl. Ceraudo, Esposito 1996; Auriemma 1999, 120-122.

229. Masseria Le Cesine
F. 204 II SE

Area di frammenti fittili con presenza di tombe ed ambienti ipogei. Tali ambienti sono stati interpretati come granai. La cronologia proposta è genericamente riferita all'età imperiale o tardoantica.

Bibl. DELLI PONTI 1968, 47; AURIEMMA 1999, 123.

230. Acquarica Pozzo Seccato

F. 204 II SE

Gli scavi, realizzati tra il 1996 ed il 1997, hanno confermato l'esistenza di un sito già noto da ricognizioni superficiali. E' stato così identificato un insediamento fortificato con estensione inferiore ad un ettaro e con cinta muraria a pianta quadrangolare. All'interno si articolano ambienti con varia destinazione: aree abitative, forse produttive e recinti per animali. L'impianto, che sembra legato allo sfruttamento agricolo del territorio, presenta tre fasi di vita, dal III secolo a.C., periodo di realizzazione del complesso, sino ad età augustea con l'abbandono delle strutture. Dai livelli di abbandono si segnala le presenza di un denario repubblicano d'argento di *Spurius Afranius*, metà del II a.C.

Bibl. D'ANDRIA 1999b, 110-112.

231. San Lorenzo

F. 214 I NO

Nelle vicinanze di Vernole, piccola area di frammenti fittili con materiale ceramico di età imperiale e tardoantica.

Bibl. Inedito. Ex inf. Arthur

232. Masseria Patulicchie

F. 214 I NE

Nei pressi di Melendugno piccola area di frammenti fittili che attestano una frequentazione in età tardoantica.

Bibl. Inedito. Ex inf. Arthur

233. Masseria Sbottà

F. 214 I SE

Nei pressi di Borgagne piccola area di frammenti fittili con materiale ceramico di età imperiale.

Bibl. Inedito. Ex inf. Arthur

234. Matierno

F. 214 I SO

I rinvenimenti e le segnalazioni provenienti dal territorio di Martano sembrano supportare l'ipotesi che in età tardo imperiale fosse presente un sistema insediativo di tipo sparso con piccoli nuclei rurali, formati a volte da un'unica struttura abitativa, distribuiti sul territorio e finalizzati ad un suo sfruttamento agricolo. In particolare piccole concentrazione di materiale fittile sono state rinvenute ad Apigliano e presso Masseria Lapistrà. In località Matierno, oltre al materiale ceramico di età medio e tardo imperiale, sono visibili almeno tre tombe tagliate nel banco roccioso.

Bibl. DE MITRI 2009(b)

235. S. Foca

F. 214 I NE

Nel 1974-75 è stato realizzato uno scavo stratigrafico sul piccolo promontorio roccioso che ha consentito di evidenziare la presenza di un insediamento. Esso presenta due fasi di vita, la prima con strutture murarie in tecnica povera a diretto contatto con il banco roccioso, riferibili alla tarda repubblica ed alla prima età imperiale. Su questo si impianta, riutilizzando le vecchie strutture, una nuova occupazione tra la seconda metà del II e gli inizi del III secolo d.C. Nell'insediamento, in entrambe le fasi, si esercitava sicuramente attività di pesca, conservazione ed allevamento delle ostriche.

I reperti numismatici, in accordo con i dati di scavo e dei reperti ceramici, attestano la frequentazione del sito dalla fine del III sec. a.C. sino alla fine del III sec. d.C.

Bibl. D'ANDRIA 1980; AURIEMMA, QUIRI 2001; AURIEMMA 2004, 179-186.

236. Roca

F. 214 I NE

Il sito è interessato da scavi sistematici da parte dell'Università degli Studi del Salento, diretti dal prof. Cosimo Pagliara. Nel corso delle campagne di scavo è stata accertata la presenza di un insediamento protostorico databile dalla media età del Bronzo a quella finale. Nell'età del Ferro ed in età arcaica la frequentazione appare meno incisiva, per diventare nuovamente visibile in età ellenistica, quando tra il IV-III sec. a.C. venne realizzata una cinta muraria in opera quadrata isodoma. All'interno della cinta è presente un complesso di cavità carsiche, tra cui la grotta detta Poesia Piccola, identificata come un luogo di culto con iscrizioni votive incise sulle pareti in greco e latino databili tra la seconda metà del IV ed i primi decenni del II sec. a.C. L'intero insediamento venne abbandonato nel corso del II sec. a.C., e sui livelli di abbandono si impostano le strutture del borgo medievale.

Una frequentazione tardoantica, di cui non è possibile definirne il carattere, è stata individuata nell'area della porta N. A questa fase sarebbe da riferire il materiale ceramico di fine IV-V sec. d.C. rinvenuto nel riempimento del secondo fossato del tratto settentrionale delle mura. Una conferma a tale ipotesi proviene dai dati numismatici, che consentono di riferire un discreto numero di esemplari monetali al IV-V sec. d.C.

Bibl. PAGLIARA 2001; AURIEMMA, DEGASPERI 2003.

237. Torre dell'Orso

F. 214 I NE

Presso l'omonima baia sono stati rinvenute tracce di una frequentazione continuata dall'età arcaica sino al medioevo. Le tracce di frequentazione si concentrano sulle pareti della roccia in cui sono ricavate escavazioni artificiali ed in prossimità di una sorgente d'acqua dolce.

Nel 1981 e 1983 sono stati effettuati degli scavi da parte dell'Università del Salento nella Grotta di S. Cristoforo dove sono presenti iscrizioni di età romana e medievale.

Il materiale ceramico rinvenuto consente di accertare una frequentazione stabile dall'età arcaica sino all'età imperiale.

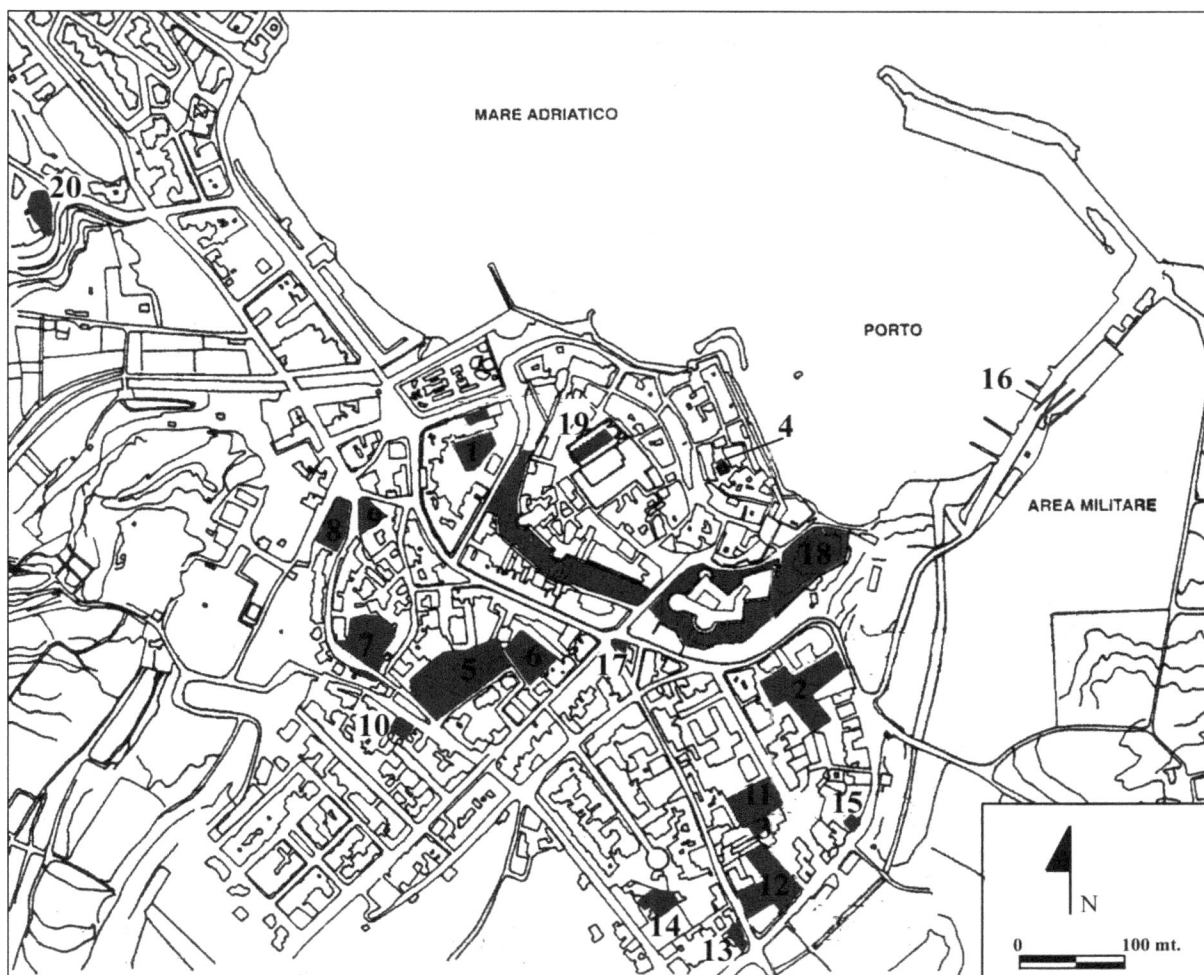

Fig. 38. Otranto. Ubicazione dei cantieri di scavo: 1. Cantiere 1; 2. Cantiere 2; 3. Cantiere 3; 4. Cantiere 4; 5. Cantiere 5; 6. Cantiere Borgomonte; 7. Cantiere via Faccolli; 8. Cantiere via Faccolli-Catona; 9. Cantiere De Benedetto; 10. Cantiere Borgo Corpo Santo; 11. Cantiere Ingrosso; 12. Cantiere Mitello; 13. Cantiere Previdero; 14. Cantiere via Pioppi; 15. Cantiere Carluccio; 16. Cantiere Marina militare; 17. Cantiere antemurale; 18. Scavi del fossato; 19. Cantiere Cattedrale; 20. Cantiere Maldonato.

Bibl. PAGLIARA 1983, 12-14; PAGLIARA 1994.

238. Torre S. Stefano

F. 215 IV SO

Area di frammenti fittili tardoantichi e resti di insediamento rupestre nei pressi di una sorgente di acqua dolce.

Bibl. PAGLIARA 1987, 276**239. Otranto**

F. 215 III NO

La ricerca archeologica ad Otranto è stata avviata nel maggio 1977 in seguito ai rinvenimenti fortuiti effettuati in un cantiere edile in via delle Torri. Grazie a tale intervento è stato possibile realizzare, nel corso di questi anni, una serie di indagini che hanno consentito di recuperare importanti dati sulla vita dell'abitato nelle differenti fasi di frequentazione.

L'attività promossa dall'Università degli Studi del Salento, sotto la direzione del professor Francesco D'Andria, congiunta agli interventi della Soprintendenza Archeologica, hanno consentito l'esplorazione di venti cantieri, in alcuni casi con scavi stratigrafici, in altri con la documentazione delle attestazioni visibili in sezione dopo la distruzione avvenuta con i mezzi meccanici.

E' stata identificata, in tutta l'area dell'abitato, una continuità di frequentazione dall'età del Bronzo Finale sino ai nostri giorni.

Età tardorepubblicana

L'insediamento, che in età preromana si presenta come un abitato fortificato con un'estensione di circa 17 ha, subisce delle trasformazioni nel corso dell'età tardorepubblicana. Sfuggono ancora gli elementi che possono fornire un quadro esaustivo per comprendere la situazione nel primo momento dell'occupazione romana.

I dati del Cantiere 2, relativi alla fortificazione ellenistica, indicano una continuità di utilizzo delle strutture difensive sino all'età augustea quando, in seguito ad una riorganizzazione dell'area, fu realizzato un nuovo asse stradale che non rispettava l'ampiezza del tracciato precedente, ma oblitera il vano d'ingresso coprendo i blocchi della fortificazione, che sembra perdere definitivamente la sua funzione. Sempre all'età augustea è da riferirsi la sistemazione della necropoli del Cantiere 1 che si imposta su un'area che aveva già in precedenza la stessa funzione e di cui riutilizza alcuni elementi lapidei. Tra questi in particolare si segnala il rinvenimento, nel muretto di delimitazione della strada che fiancheggiava la necropoli, di un blocco reimpiegato su cui era posta l'iscrizione: *Cn(aei) Cornelei P(ublii) f(ilii)*. La proposta di riconoscere nel defunto un esponente della *gens Cornelia*, già nota nel Salento, soprattutto a Brindisi, legata alle attività commerciali ed alla produzione dei contenitori di Apani, è abbastanza affascinante, però occorre confortare tali ipotesi con dati più certi che al momento non si dispongono.

Età imperiale

Alcuni indizi, come già annotato, collocherebbero una sistemazione dell'abitato in età augustea; l'area abitata si addenserebbe nella parte centrale dell'insediamento, nell'area dove sorge l'attuale centro storico. All'esterno è possibile riconoscere tre aree di necropoli: quella del cantiere 1, posta nel settore nord-occidentale; quella meridionale, la cui esistenza è accertata da rinvenimenti occasionali effettuati ai piedi della collina di Borgomonte; quella orientale, presso l'area paracostiera, ai piedi del colle della Minerva, sulla base del rinvenimento di un cippo funerario in calcare. L'assenza di dati di scavo relativi alla presenza di un'altra area funeraria all'interno dell'abitato, presso l'attuale Cattedrale, non consente di valutare la natura di tale attestazione.

Di difficile risoluzione è il problema legato all'assetto istituzionale dell'insediamento in età imperiale; la presenza di una decuria, menzionata nelle due basi onorarie conservate ad Otranto, attesterebbe la presenza di quest'organo di governo, però la reale pertinenza di questi monumenti al sito idruntino è controversa. Inoltre un'epigrafe di provenienza ignota, conservata presso la Chiesa di S. Maria della Porta a Napoli e databile al II-III sec. d.C., attesterebbe lo *status* di colonia per l'abitato di Lecce, e di municipio per quello di Otranto. Il carattere erratico del documento e l'assenza di un apparato critico idoneo autorizzano ad alcune riserve sull'attendibilità delle informazioni fornite dall'epigrafe stessa. Le indagini archeologiche portano a considerare Otranto come un insediamento legato alle attività del porto, posto sulle rotte commerciali che vedevano in Brindisi il principale posto di attracco del basso Adriatico. L'abitato di Otranto, che si potrebbe considerare un *uicus maritimus*, doveva indubbiamente svolgere un importante ruolo di redistribuzione delle merci verso il territorio dell'entroterra.

Età tardoantica

Le indagini archeologiche ed i dati ceramologici evidenziano come proprio in questa fase Otranto sia interessata da una intensa vitalità e da un crescita urbana. Nel settore nord-occidentale (cantiere 1), nell'area adibita a necropoli, dopo un periodo di abbandono che si protrae sino agli inizi del IV secolo, vennero impiantate alcune strutture, interpretate come botteghe, poste lungo l'asse stradale che garantiva l'accesso alla città nelle vicinanze della spiaggia e del fiume Idro. Nell'area orientale (cantiere 2), in prossimità con l'approdo di levante, venne realizzato un complesso abitativo collegato alle attività commerciali svolte nel vicino porto. La scarsità dei dati relativi alla parte centrale dell'insediamento, su cui insiste l'attuale centro storico, non consente di analizzare la città in questa fase; il rinvenimento però di un edificio paleocristiano sotto la Cattedrale è l'indizio della "cristianizzazione" dell'insediamento in cui il luogo di culto urbano costituisce il fulcro della *civitas*. Le attestazioni tardoantiche interessano anche il territorio circostante dove sono state rinvenute aree di necropoli nella parte orientale, oltre l'attuale porto, presso l'area della marina militare ed ai piedi del colle della Minerva. La presenza di numerose cavità rupestri in questa zona e nella valle dell'Idro, in cui sono state rivenute lucerne di età tardoantica, inducono a ritenere che tali grotte avessero una funzione funeraria, legata probabilmente a necropoli rupestri. Una presenza necropolare è stata evidenziata nell'area nord-occidentale (cantiere Maldonato), nei pressi della collina di San Giovanni, all'esterno della città, lungo un antico asse stradale in direzione di Lecce. Gli scavi di emergenza hanno rivelato la presenza di una necropoli paleocristiana che si sviluppa

intorno ad una chiesa cimiteriale al cui interno era conservato un sarcofago reliquiario in marmo che conteneva una capsella d'argento. Un'altra area funeraria, coeva alla precedente, è stata individuata sempre all'esterno dell'abitato (Cantiere via Borgo Corpo Santo) nel settore sud-occidentale, posto probabilmente lungo l'asse stradale che collegava Otranto ai centri dell'entroterra.

Le epistole di papa Gregorio Magno certificano l'attività del vescovo idruntino Pietro, al quale erano inoltre affidate le diocesi vacanti di Brindisi, Lecce e Gallipoli.

Tali attestazioni evidenziano dunque una fase di crescita e di grande vitalità per tutto il periodo tardoromano, dal IV sino alla metà del VI secolo d.C. quando, in seguito ai vari avvenimenti della guerra greco-gotica, anche Otranto ebbe un ruolo attivo nelle vicende belliche. Una nuova fase di riorganizzazione del sistema insediativo e produttivo non solo del centro idruntino, che divenne un punto di riferimento strategico della presenza bizantina in Italia, ma di tutto il Salento, venne realizzata intorno alla metà del VII secolo d.C. dopo lo iato che seguì alla guerra greco-gotica.

Bibl. Per i dati di scavo si rimanda ai contributi principali da cui ricavare ulteriori indicazioni: *Otranto I; Otranto II;* SEMERARO 1983; CIONGOLI 1987; CIONGOLI 1988; CIONGOLI 1989, CIONGOLI 1990; CIONGOLI 1991; D'ANDRIA 1995; D'ANDRIA 1996; D'ANDRIA, MELISSANO 1996, DE MITRI 2004; DE MITRI 2005.

240. Le Centoporte

F. 214 II NE

Il sito è stato oggetto di scavi e ricognizioni sistematiche da parte dell'Università degli studi del Salento sotto la direzione del prof. Paul Arthur. In età tardorepubblicana e nella prima età imperiale, tra il III/II sec. a.C. ed il I sec. d.C., come attestato dal materiale ceramico, è probabilmente presente una frequentazione "stabile", forse da riferire ad un abitato rurale a carattere sparso, legato ad attività agricole e pastorali.

Per tutta l'età romana la scarsa densità di materiale ceramico sembrerebbe identificare una frequentazione meno incisiva sul territorio.

Appare invece abbastanza evidente come nel corso della tarda età romana vi sia un notevole incremento e, presumibilmente, una presenza antropica più numerosa ed articolata sul territorio oggetto di indagine.

Tale dato trova un puntale riscontro con le informazioni fornite dallo scavo. Infatti è proprio nel V-VI sec. d.C. che l'area viene fortemente interessata da attività umane che vedono nella costruzione dell'edificio religioso la principale attestazione.

Bibl. ARTHUR, ALBARELLA, BRUNO, KING 1996; ARTHUR, BRUNO 2009; DE MITRI 2006a; DE MITRI 2009(c).

241. Quattro Macine

F. 214 II NE

Posto nell'entroterra idruntino il casale di Quattro Macine è stato oggetto di scavi sistematici da parte dell'Università del Salento sotto la guida del prof. Paul Arthur. Il rinvenimento di materiale residuo nei livelli medievali consente di appurare una frequentazione dell'insediamento in età tardoantica.

Bibl. ARTHUR, ALBARELLA, BRUNO, KING 1996; DE MITRI 2006a.

242. Cannole

F. 214 III NE

In contrada Cantalupi è segnalato il rinvenimento di due epigrafi funerarie di età imperiale e di un'area di frammenti fittili riferibile allo stesso orizzonte cronologico.

Bibl. PAGLIARA 1980.

243. Anfiano

F. 214 III NE

Nell'area dove sorge un villaggio altomedievale, durante alcuni sondaggi archeologici, sono stati rinvenuti frammenti di ceramica e monete che attestano una frequentazione del sito in età tardoantica.

Bibl. Inedito. Ex inf. Arthur

244. Masseria Colamaria

F. 214 I SO

A circa 2 Km a nord di Soleto, area di frammenti fittili che attestano frequentazione dal I al VI sec. d.C.

Bibl. COMPERNOLLE 1994, 344.

245. Località Zuccalà

F. 214 I SO

A circa 1 Km ad est di Sternatia è stata individuata un'area di frammenti fittili che attestano una frequentazione di età imperiale e tardoantica.

Bibl. COMPERNOLLE 1994, 344.

246. Soleto

F. 214 I SO – IV SE

Il sito è oggetto di indagini sistematiche da parte dell'Università di Montpellier in collaborazione con l'Università degli Studi del Salento e la Soprintendenza archeologica. E' stata appurata l'esistenza di un centro fortificato in età ellenistica. La documentazione archeologica consente di datare al II a.C. la demolizione delle mura e l'abbandono sia dell'abitato sia delle necropoli.

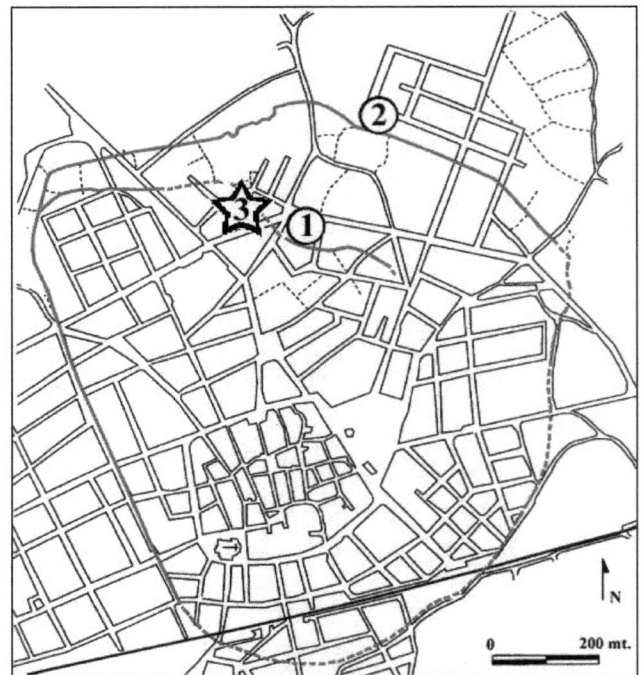

Fig. 39. Soleto. Principali rinvenimenti di età romana

Per la fase tardorepubblicana e di prima età imperiale le attestazioni si concentrano nel settore settentrionale dell'abitato. Sembrano infatti sussistere alcuni impianti rurali, come ad esempio quello individuato in Via Kennedy (1) e nel Fondo Fontanelle (2) In via Kennedy è stato identificato un piccolo insediamento rurale con forno rettangolare per la tostatura dell'orzo; le attestazioni sono ubicate presso una strada con andamento est-ovest parallela al muro di cinta delle fortificazioni ellenistiche.

Nel Fondo Fontanelle sono state individuate tracce di una frequentazione, con materiale ceramico e numismatico (un asse romano del 217-215 a.C.) di fine III sec. a.C. che si impostano sull'abitato messapico. In contrada Ràngali (3) è presente un'area di necropoli di età ellenistica il cui utilizzo sembra terminare nel corso della seconda metà del III sec. a.C., come attestato dal rinvenimento di una tomba che conteneva, tra gli oggetti di corredo, un quadrigato d'argento del 250-225 a.C.

Bibl. COMPERNOLLE 1994, 327-343; COMPERNOLLE 2007; MASTRONUZZI 2005b.

247. Contrada Pisanello

F. 214 II NE

A circa 2,5 Km a sud-est di Galatina, area di frammenti fittili che attestano una frequentazione di età romana, probabilmente di età tardorepubblicana ed imperiale. Nell'area è stata rinvenuta un'iscrizione funeraria tardorepubblicana o augustea relativa ad uno schiavo, *Zethus,* che si definisce *vilicus* di un *Basila.*

Bibl. MELISSANO 1990, 260; COMPERNOLLE 1994, 344; MANACORDA 1995, 147-148.

248. Contrada Badia

F. 214 III NE

Su un pianoro di circa 6 ha è stata individuata un'area di frammenti fittili che attestano una frequentazione di età ellenistica e, dopo un'interruzione in età repubblicana, dal I al VI secolo d.C. Sono presenti anche resti litici, macine, tessere di mosaico ed una moneta imperiale. Dall'analisi delle fotografie aeree e dai dati racconti sul terreno il sito appare occupato, in età romana, da un impianto abbastanza complesso e strutturato.

Bibl. MELISSANO 1990, 260; GRECO, LAPADULA 2004.

249. Contrada Scacciato

F. 214 II NO

Immediatamente all'esterno del moderno centro di Cutriofiano, in direzione N-E si segnala un'area di frammenti fittili che si estende per un raggio di 100 mtq circa. I frammenti di laterizi, riferibili alla copertura di un edificio, si addensano in un settore limitato, posto nelle vicinanze di un'area di necropoli. Oltre al materiale fittile rinvenuta anche una fibula in bronzo di prima età imperiale e due monete di età tardoantica. La frequentazione del sito è riferibile dall'età tardorepubblicana sino al VI secolo d.C. Nel settembre del 2005 è stata rinvenuta una fornace di età romana per la produzione di laterizi.

Bibl. MELISSANO 1990, 279-292; ARTHUR, DE MITRI, LAPADULA 2007.

250. Località Padulano

F. 214 II NO

A circa 2 Km a sud di Corigliano d'Otranto, area di frammenti fittili che attestano una frequentazione di età romana.

Bibl. MELISSANO 1990, 260.

251. Muro Leccese

F. 214 II NE

Sul sito sono state effettuate indagini stratigrafiche da parte dell'Ecole Française de Rome in collaborazione con la Soprintendenza archeologica della Puglia e con Università degli Studi del salento, quest'ultima tutt'ora impegnata in scavi in diverse aree dell'abitato. Insediamento fortificato in età ellenistica sembra subire una drastica interruzione nei primi decenni del III secolo a.C. Lo scavo di un quartiere ellenistico in località Cunella, in un'area centrale dell'antico abitato, evidenzia l'abbandono delle strutture abitative e l'utilizzo esclusivo di un asse stradale che presenta rifacimenti di età repubblicana, come attestato dalla presenza di ceramica a rilievo. Gli scavi nell'attuale centro urbano attestano una continuità di frequentazione in età imperiale riferibile, probabilmente, a nuclei demici sparsi.

Bibl. GIARDINO 2002; BRUNO 2007.

252. Brongo

F. 214 II NE

Piccola area di frammenti fittili nella periferia di Muro Leccese con presenza di materiali di età imperiale.

Bibl. Inedito. Ex inf. Arthur

253. Vaste

214 II SE

L'attività di ricerca avviata sul sito di Vaste da parte dell'Università di Salento, sotto la direzione del prof. Francesco D'Andria, ha consentito di leggere le trasformazioni dell'insediamento, documentandone le differenti fasi di vita. Gli scavi, effettuati in diverse zone dell'attuale paese, hanno evidenziato come l'insediamento, che in età ellenistica si presentava come un centro fortificato e ben strutturato, subì un cambiamento collocabile tra la fine del III ed il II secolo a.C., con il riempimento di cisterne, buche di scarico e la demolizione del circuito murario. Un'importante attestazione della situazione dell'insediamento in età tardorepubblicata è fornita dagli scavi in estenzione realizzati nel Fondo Sant'Antonio (n. 3); qui sono state scavate due cisterne ed una buca contente materiale ceramico, reperti faunistici ed altri oggetti apparteneti alla vita quotidiana dell'insediamento nel II sec. a.C., come le *tesserae lusoriae*. Sempre nell'area di Fondo S. Antonio sono presenti livelli di frequentazione

di età imperiale e tardoantica. Nelle vicinanze, gli scavi effettuati dalla Soprintendenza archeologica, hanno individuato la presenza di un'area produttiva con fornaci in cui venivano realizzati materiali ceramici di età tardoellenistica tra cui, parrebbe, ceramica a Pasta grigia.

Le principali informazioni sull'abitato in età romana sono state acquisite grazie alla realizzazione di scavi urbani, soprattutto per la messa in opera della rete fognaria; in tale occasione sono state effettuate diverse trincee esplorative sotto l'attuale rete stradale del paese. E' stato così possibile rilevale la presenza di una piccola struttura termale in via SS. Martiri, e di livelli di frequentazione romana in diverse aree che sembrano concentrarsi nel settore meridionale del precedente abitato. Il quadro delle conoscenze attuali non consente però una ricostruzione dell'organizzazione dell'insediamento in età romana. Presso il museo di Lecce è presente il corredo di una sepoltura rinvenuta presso Fondo Aia La Corte (n. 7) data alla fine del I sec. a.C. costituita da un'urna cineraria in ceramica da cucina contentete, oltre ai resti del defunto, materiale ceramico in argilla refrattaria (un tegame ed unguentari), un anello ed un ago crinale in argento, uno

spillone in osso con perla di fiume ed una moneta in bronzo coniata sotto GN Calpurnio Pisone.

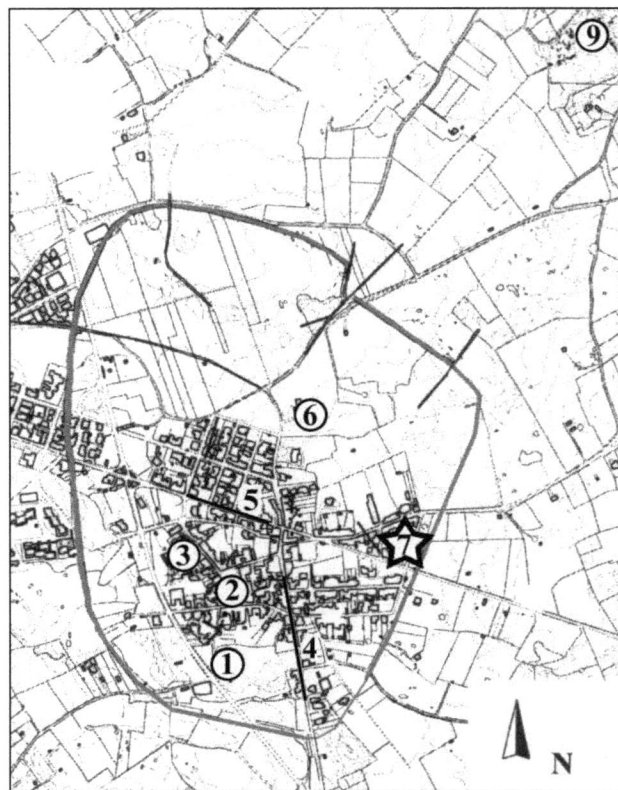

Fig. 40. Vaste. Principali rinvenimenti di età romana: 1) Fondo Vigna; 2) P.zza Dante; 3)Fondo S. Antonio 4) Via Toti; 5) via SS. Martiri; 6) Fondo Casili; 7) Fondo Aia La Corte; 9) Fondo Giuliano.

In base a tali dati la sepoltura può essere datata ad età Tardorepubblicana/augustea.

Bibl. D'ANDRIA 1981b; CAMPAGNA 1995; DE MITRI 2006a.

254. SS. Stefani – Fondo Giuliano
F. 214 II SE

Gli scavi e le ricerche effettuate dall'Università del Salento in località SS. Stefani, sulle Serre di Vaste, hanno consentito di individuare le tracce di frequentazione dell'area dall'età arcaica sino al Medioevo.

Per ciò che concerne la fase romana è stata riferita ad ad età imperiale la frequentazione di due cavità artificiali, due grotte realizzate in una fase antecedente, utilizzate per fini abitativi con materiale ceramico (ceramica d'uso comune, anfore africane della *Maurtania Cesariensis*, Sigillata africana A) e numismatico (una moneta di Gallieno). La presenza di un'epigrafe funeraria in zona, riferibile al II sec. d.C., farebbe propendere per la presenza di un piccolo nucleo insediativo stabile funzionale alle attività rurali.

In età tardoantica, agli inizi del V secolo d.C., venne realizzato un edificio di culto, una chiesa con pianta a croce latina ed abside semicircolare. L'edificio era circondato da un muro di recinzione che si appoggiava sul lato orientale alla parete rocciosa, in cui era scavata la necropoli rupestre. Le sepolture presentano corredi con vasellame vitreo ed oggetti in metallo, sono presenti in alcuni casi anche bocchette dipinte e lucerne in sigillata africana.

Il complesso è stato interpretato come un *Martyrium*, il luogo in cui si veneravano le reliquie di un santo. Abbandonato attorno alla metà del VI secolo, come attestato dall'interruzzione di utilizzo della necropoli. Nella seconda metà del VI secolo riprende la frequentazione del sito, con la costruzione di una nuova chiesa di maggiori dimensioni; a questa fase non sono riferibili sepolture.

Bibl. PAGLIARA 1981; MELISSANO 1999; D'ANDRIA, MASTRONUZZI, MELISSANO 2006.

255. Masseria Galati

F. 214 II SE

A nord di Poggiardo, verso le serre, è stata individuata un'area di frammenti fittili che attestano una frequentazione dall'età ellenistica sino al tardoantico.

Bibl. BELOTTI 1996; BELOTTI 1997

256. Masseria La Pezza

F. 214 II SE

Sulle Serre di Poggiardo è stata individuata un' area di frammenti fittili che attestano una frequentazione dall'età ellenistica sino al tardoantico.

Bibl. BELOTTI 1996; BELOTTI 1997

257. Masseria La Grande

F. 214 II SE

Sempre sulle Serre di Poggiardo, vicino a Masseria La Pezza, area di frammenti fittili che attestano una frequentazione di età imperiale e tardoantica.

Bibl. BELOTTI 1996; BELOTTI 1997

258. S. Andrea

F. 214 II SE

Sulle Serre di Poggiardo area di frammenti fittili che attestano una frequentazione di età imperiale e tardoantica.

Bibl. BELOTTI 1996; BELOTTI 1997

259. Cocumola

F. 214 II SE

Ad 800 metri a sud di Cocumola area di frammenti fittili che attestano frequentazione dall'età ellenistica ad età tardoantica.

Bibl. BELOTTI 1996; BELOTTI 1997

260. Masseria della Padula

F. 214 II SE

A nord di Cerfignano piccola area di frammenti fittili prevalentemente di età tardoantica.

Bibl. BELOTTI 1996; BELOTTI 1997

261. Cerfignano

F. 214 II SE

Presso il moderno abitato presenza di materiale fittile che attesta la frequentazione dell'area in età imperiale.

Bibl. BELOTTI 1996; BELOTTI 1997

262. Cappella dei Litri

F. 214 II SE

Nei pressi della cappella, posta tra Cerfignano e Santa Cesarea, un'area di frammenti fittili che attestano una frequentazione di età imperiale e tardoantica.

Bibl. BELOTTI 1996; BELOTTI 1997

263. Cursane

F. 214 II SE

Piccola area di frammenti fittili che attestano una frequentazione del sito dall'età ellenistica sino all'età tardoantica. Il sito è posto nell'entroterra di Santa Cesarea.

Bibl. BELOTTI 1996; BELOTTI 1997

264. San Giovanni Calavite.

F. 214 II SE

Piccola area, nell'entroterra di S. Cesarea, con concentrazione di materiale tardoantico.

Bibl. Inedito. Ex inf. Arthur

265. Castro

F. 214 II SE

Il sito, con continuità di frequentazione dall'età del Bronzo finale sino ai nostri giorni, è stato di recente oggetto di nuove indagini presso l'attuale fortificazione aragonese (1). La cinta muraria di IV sec. a.C., che cingeva la parte sommitale della collina e sulla quale si imposta la fortificazione aragonese, nel corso del III secolo a.C. venne rinforzata con la costruzioni di nuovi paramenti murari.

All'esterno del muro più recente, che nel corso del II-I sec. a.C. iniziò ad essere gradualmente rimosso, sono stati rinvenuti gli scarichi dell'abitato con materiale ceramico relativo all'età tardorepubblicana ed augustea (pasta grigia, sigillata italica, anfore greco-italiche). Per l'età imperiale le uniche attestazioni provengono dal materiale residuo recuperato tra gli scarichi medievali.

Un piccolo saggio (n. 2), realizzato nel moderno paese nel settore settentrionale dell'abitato ai piedi del pianoro, ha restituito materiale di età repubblicana. Infine le ultime indagini (n. 3) hanno portato all'identificazione di una porta d'accesso all'abitato ed alle tracce di un edificio cultuale.

Fig. 41. Castro. Ubicazione dei recenti cantieri di scavo.

La scarsa presenza di dati archeologici per l'età romana potrebbe indicare una marginalizzazione delle aree oggetto di indagine, con un tipo di frequentazione meno incisiva sul territorio. Probabilmente l'insediamento di età romana, la cui organizzazione ci sfugge, si concentrava in un'area più ristretta, in alcuni settori dell'odierno abitato, posti nella parte centrale e settentrionale del pianoro.

Bibl. LIPPOLIS, MAZZARIO 1981; D'ANDRIA, DE MITRI 2007, DE MITRI 2008; DE MITRI 2009(a)

266. Marittima

F. 223 I NE

In località Cellino, presso Marittima, è stata individuata un'area di frammenti fittili tardo antichi.

Bibl. Inedito. Ex inf. Arthur

267. Vitigliano

F. 214 II SE

Nel moderno paese è tuttoggi visibile una struttura monumentale, una grande cisterna riferibile ad età tardoantica. Lo studio delle attestazioni rinvenute nell'area del cisternale e nel moderno paese consentono di identificare un impianto rurale di ampie dimensioni. Materiale ceramico di età repubblicana e medioimperiale indicano una frequentazione più antica di cui non è possibile però definirne l'intensità.

Bibl. BELOTTI 1994.

268. Casa Morelli

F. 214 II SE

Nei pressi di Vitigliano piccola area con concetrazione di materiale ceramico di età imperiale e tardoantica.

Bibl. BELOTTI 1996; BELOTTI 1997.

269. I Moroni

F. 214 II SE

A metà strada tra Ortelle e Vitigliano, in località I Moroni, è stata individuata una piccola area con concetrazione di materiale ceramico di età imperiale e tardoantica.

Bibl. BELOTTI 1996; BELOTTI 1997.

270. Ortelle

F. 214 II SE

Ricognizioni sistematiche effettuate sull'area dove sorge il moderno paese hanno evidenziato la presenza di un sito con continuità di frequentazione dall'VIII sec. a.C. al V secolo d.C.

Bibl. BELOTTI 1996; BELOTTI 1997.

271. Foggie

F. 214 II SE

Tra i moderni abitati di Ortelle e Vignacastrisi è stata individuata un'area di frammenti fittili riferibile ad un abitato rurale.

Bibl. BELOTTI 1996; BELOTTI 1997.

272. Diso

F. 214 II SE

Presso il moderno abitato è stato individuato un sito con continuità di frequentazione dall'VIII sec. a.C. al V secolo d.C. Ad età ellenistica o tardorepubblicana è riferita un'epigrafe rinvenuta nella periferia del paese lungo la strada per Castro.

Bibl. BELOTTI 1996; BELOTTI 1997; DE SIMONE, MARCHESINI 2002.

273. Conca d'oro

F. 214 II SE

Nella periferia occidentale di Diso è stato identificata un'area di frammenti fittili ed una piccola necropoli. I materiali ceramici consentono di datare l'insediamento tra la metà del II e la fine del VI secolo d.C.

Bibl. BELOTTI 1996; BELOTTI 1997

274. Spongano

F. 214 II SE

Nell'area dove insiste l'attuale paese è stata individuata la presenza di un insediamento rurale di età imperiale.

Bibl. BELOTTI 1996; BELOTTI 1997

275. Madonna degli Angeli

F. 214 II SE

Tra i moderni paesi di Surano e San Cassiano è stata individuata una piccola area di frammenti fittili di età imperiale e tardoantica.

Bibl. BELOTTI 1996; BELOTTI 1997

276. Contrada Piscopio

F. 214 II SO

A circa 2 Km a S-E di Cutrofiano, lungo un asse stradale per Supersano, è stata segnalata un'area di frammenti fittili di media e tarda età imperiale e la presenza di un'area di necropoli dal III-inizi IV fino all'XI sec. d.C.

Bibl. MELISSANO 1990, 276 e BRUNO, TINELLI 2008, 23-27; BRUNO 2008.

277. Contrada Fontanelle

F. 214 II SO

Area di frammenti fittili di età imperiale e tardoantica.

Bibl. MELISSANO 1990, 276.

278. Contrada Castelli

F. 214 II SO

Su un'area di circa 4 ha è presente materiale ceramico, laterizi, tra cui *tubuli* a sezione rettangolare e *tegulae mammatae*. La frequentazione del sito sembra porsi tra il III ed il VI secolo d.C.

Bibl. MELISSANO 1990, 275-279; ARTHUR, DE MITRI, LAPADULA 2007.

279. Contrada Manti

F. 214 II SO

Area di frammenti fittili riferibile, genericamente, ad età romana.

Bibl. MELISSANO 1990, 276.

280. Contrada Sombrino

F. 214 II SO

Area di frammenti fittili riferibile, genericamente, ad età romana.

Bibl. MELISSANO 1990, 260.

281. Masseria Stanzie

F. 214 II SO

Area di frammenti fittili di età tardoromana.

Bibl. MELISSANO 2004, 51.

282. Canale del Ponte

F. 214 II SO

Area di frammenti fittili di età imperiale.

Bibl. BELOTTI 1996; BELOTTI 1997

283. Località Falconiera. Supersano

F. 214 II SO

Ai piedi delle Serre è stata identificata un'area estesa circa 500 mtq con frammenti fittili, vetri, scorie ferrose e macine che indicano una frequentazione del sito in età tardo imperiale, III - IV secolo.

Bibl. GIANNOTTA 1990.

284. Specchia Torricella

F. 214 II SO

A sud est dell'abitato moderno di Supersano è stata individuata un'area di frammenti fittili che attestano una frequentazione dall'età ellenistica sino ad età tardoantica.

Bibl. MELISSANO 2004, 46-51.

285. Ruffano

F. 223 I NO

Nell'area del moderno insediamento sono state individuate tracce di una frequentazione antica. In particolar modo un luogo di culto in grotta è attestato dall'età arcaica sino al III sec. a.C. Una frequentazione di età imperiale è documentata dai frammenti fittili e dal rinvenimento di una necropoli imperiale con epigrafi funerarie nell'area dove sorge l'edificio religioso dedicato a Sant'Elia.

Bibl. PAGLIARA 1980, 223-225.

286. Tricase

F. 223 I NE

Area di frammenti fittili riferiti, genericamente, ad età imperiale.

Bibl. Inedito. Ex inf. Arthur.

287a. S. Dana

F. 223 I SE

Un recente progetto rivolto allo studio delle emergenze culturali presenti nel territorio di San Dana, frazione di Gagliano del Capo, ha permesso di individuare un'area con un'alta concentrazione di materiale ceramico di età tardoantica. Nel 2001 è stato realizzato un piccolo saggio di scavo che ha consentito di documentare l'esistenza di una struttura absidata. Tale elemento, cui si aggiunge l'alta presenza di tegole per ipocausto, autorizza ad interpretare la struttura come edificio termale riferibile, presumibilmente, ad un piccolo insediamento posto lungo un asse viario che collegava i centri del Salento meridionale. Nel gennaio del 2003, in occasione di alcuni lavori agricoli, è stato effettuato un intervento di urgenza che ha fornito ulteriori dati sulla struttura indagata in precedenza. L'analisi preliminare dei materiali rinvenuti permette di datare le evidenze archeologiche tra la tarda età imperiale (III – IV secolo d.C.) e l'età tardoantica, tra il V - VI secolo d.C.

Bibl. CIARDO 2004, 17; DE MITRI 2006b; NOTARIO 2007.

287b. S. Francesco

F. 223 I SE

A breve distanza più a sud di S. Dana, presso la chiesetta di San Francesco, è stata identificata una piccola area di frammenti fittili che attestano una frequentazione di età imperiale e tardo antica, con materiale ceramico e numismatico, tra cui una moneta di Costantino I.

Bibl. CIARDO 2004, 7.

288. Vereto

F. 223 I SO/SE – II NO/NE

L'insediamento, fortificato in età ellenistica, è noto da segnalazioni, rinvenimenti fortuiti, limitati saggi di scavo e ricognizioni sistematiche. Per quanto riguarda l'età romana la frequentazione è documentata abbondantemente da materiale ceramico, dalla presenza di lacerti di strutture murarie in opera incerta, frammenti di *crustae* marmore e mosaici policromi. I dati più cospicui relativi all'articolazione degli spazi urbani ed extraurbani provengono da testimonianze funerarie; le necropoli romane sorgono prevalentemente nella stessa area di quelle messapiche; una tomba di II secolo a.C. è stata individuata presso il Fondo Mariane, nell'area urbana. Nel Fondo S. Andrea, località La Cupa, lungo la fascia extramuranea sud-occidentale, nel secolo scorso è stato localizzato un nucleo di tombe messapiche ed una necropoli ad incinerazione di II d.C. che si sviluppava su una via di collegamento con l'approdo costiero di Torre S. Gregorio. In Località Camporè, alle pendici nord-orientali della collina, sono state individuate tombe a fossa scavate nel banco roccioso riferite ad età romana. Infine presso Patù, nel fondo Cavalli, è stata individuata una necropoli imperiale. Da questa necropoli proviene un'epigrafe in cui si menziona un *servus rei publicae B(eretinorum)* e che attesta la presenza di un organismo ammnistrativo nell'insediamento. La presenza di una decuria, un organo di consiglio cittadino, è attestata da un'altra epigrafe imperiale conservata nella Chiesa di S. Giovanni a Patù. Resti epigrafici e monumentali riferibili a *naiskoi* tardorepubblicani sono stati riutilizzati, sempre a Patù, nell'edificio religioso noto come le Centopietre, nella Chiesa di S. Giovanni ed anche nella vicina chiesa di S. Pietro a Giuliano; tra questi si segnala un iscrizione frammentaria in cui si è voluto riconoscere l'indicazione di un magistrato quinquennale.

Recenti ricognizioni sistematiche intra-site hanno evidenziato una continuità insediativa dell'abitato sino ad età tardoantica, documentata soprattutto da materiale ceramico.

Bibl. *Leuca,* 47; PAGLIARA 1973; PAGLIARA 1976; D'AQUINO 1991; AURIEMMA 2003, 131, nota 30; SAMMARCO 2003; DE MITRI 2006a.

289. Celsorizzo
F. 223 I SO

Ai piedi delle serre, nella piana dove sorge il moderno abitato di Acquarica del Capo, è stata individuata una piccola area di frammenti fittili tardoantica.

Bibl. Inedito. Ex inf. Arthur.

290. S. Maria di Leuca
F. 223 II NE

La frequentazione del sito sembra essere connessa all'esistenza di un luogo di culto, la Grotta Porcinara, dove è stata riconosciuta una frequentazione continua dall'età del Bronzo sino all'età imperiale.

Bibl. *Leuca,* 48-169.

291. Torre S. Gregorio
F. 223 II NO

Presso l'insenatura sono presenti le tracce di un insediamento costiero risparmiate dalla speculazione edilizia. Sul fondale marino sono visibili alcune attestazioni: una grande opera frangiflutti realizzata con una costruzione a pietre sparse di età tardorepubblicana; numeroso materiale ceramico che compre un arco cronologico molto ampio, dall'età ellenistica sino ad età tardoantica. Le evidenze a terra constano in due tratti di strutture murarie a blocchi squadrati, che erano funzionali all'approdo e da una cisterna/deposito, posta alle spalle dell'insenatura in località La Fangara.

Bibl. AURIEMMA 2003.

292. Torre S. Giovanni
F. 223 IV SE

Il sito era sede di un antico insediamento costiero fortificato collegato al centro di Ugento. Un intervento di scavo realizzato negli anni '70 ha evidenziato la presenza di due fasi di frequentazione, una ellenistica (IV-III sec. a.C.) ed una tardorepubblicana riferibile al II-I sec. a.C. A

fasi di frequentazione più recenti, di età imperiale e tardoantica, sono da riferirsi sporadici materiali ceramici.

Bibl. D'ANDRIA F. 1978; DESY, DE PAEPE 1990, 217-230.

293. Ugento
F. 223 IV NE

L'insediamento costituisce uno dei siti principali del sistema poleografico della Messapia. Una cinta muraria, lunga circa 4900 metri, racchiudeva una superficie di quasi 145 ettari, definendo così l'estensione della città in età ellenistica. La documentazione archeologica consente di appurare una continuità di frequentazione dell'abitato e delle aree funerarie tra il IV ed il II secolo a.C.

Le aree di necropoli si collocano lungo assi stradali che conducevano all'esterno delle mura, a NO in via Mandorle (n. 1); ad O in via Peri (n. 2); a S, in via Mare (n. 3). Un recinto funerario con tre incinerazioni, di II a.C. è stato scoperto sulle pendici meridionali della serra, in via Giannuzzi (n. 4). Una vasta necropoli ad incinerazione è stata indagata nel settore SO, all'esterno delle mura, in via Acquarelli (n. 5). Tale necropoli occupa una precedente necropoli ad inumazione di IV-III a.C.

Altre strutture tardo repubblicane (nn. 7 e 8) sono state individuate soprattutto nella parte centrale dell'insediamento, in corrispondenza della serra; sempre in zona è stata rinvenuta anche una fornace (6).

Nelle zone pianeggianti poste ad est ed a sud dell'altura sono stati indagati un impianto rurale (9) ed una struttura legata ad attività produttive (10), dove è stato rinvenuto anche un tesoretto di denari romani repubblicani in cui l'esemplare più recente è di L. Calpurnio Piso Frugi del 90 a.C.

Scarsi sono i dati per ricostruire un quadro più ampio per l'età imperiale. Prevalentemente si assiste ad una continuità di utilizzo delle strutture precedenti (nn. 7, 8, 10). A queste fasi sembra riferirsi la necropoli di prima età imperiale in via Edison (n. 11). Nella zona pianeggiante a nord della serra si distribuiscono nuclei insediativi che, pur presentando una prima fase di frequentazione in età ellenistica, continuano ad essere utilizzate sino al'età tardoantica. (nn. 12, 13, 14).

Bibl. SCARDOZZI 2002; SCARDOZZI 2003c.

294. Terenzano

F. 223 IV SE

A pochi chilometri ad ovest di Ugento è stata riconosciuta un'area abbastanza vasta con un discreto numero di materiale ceramico e resti lapidei. Il sito, ubicato in area interna sebbene prossimo alla costa, sembrerebbe un insediamento rurale di rilievo con una frequentazione che inizia in età tardorepubblicana e che continua, assumendo una maggiore strutturazione, sino ad età tardoantica.

Bibl. ARTHUR, DE MITRI, LAPADULA 2007

295. Felline

F. 223 IV NE

In seguito ad uno scasso effettuato nel 1967 in zona Malora, alla periferia del paese moderno, sono stati identificati resti archeologici. L'analisi del materiale rinvenuto in quell'occasione e la realizzazione di un piccolo saggio di scavo ha permesso di identificare un'area di frequentazione di età tardorepubblicana. Oltre a materiale ceramico, costituito in prevalenza da frammenti anforacei, sono stati individuati resti di strutture antiche, alcune probabilmente riferibili a fornaci.

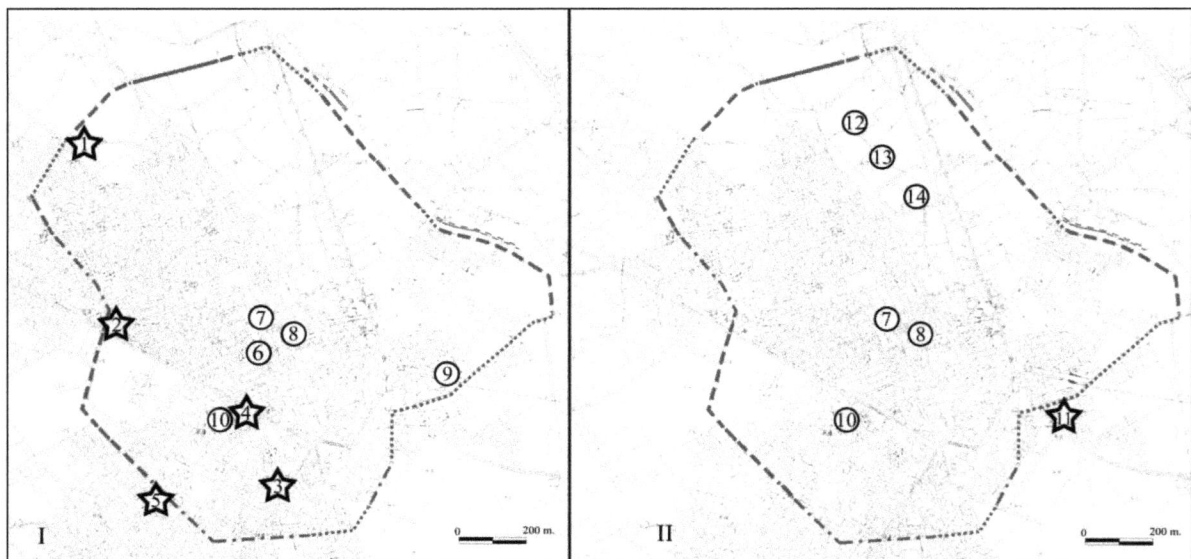

Fig. 42. Ugento. I: Principali rinvenimenti di età tardo repubblicana; II: Principali rinvenimenti di età imperiale e tardoantica. (rielaborazione da SCARDOZZI 2002)

Tali dati supportano l'interpretazione del sito come un impianto produttivo di anfore del tipo apulo/brindisino e Dressel 2-4 appartenuto ad un *Pullus*. La recente segnalazione del rinvenimento di alcune vasche con un rivestimento in cocciopisto in un'area poco distante potrebbe presupporre l'esistenza di impianto più articolato in cui si procedeva alla realizzazione e conservazione dell'olio.

La scoperta, effettuata durante i lavori del metanodotto, non è stata purtroppo documentata in alcun modo.

Bibl. PAGLIARA 1968.

296. Madonna dell'Alto

F. 223 IV NE

Noto solo da segnalazione, il sito corrisponderebbe ad un insediamento agricolo di età tardoantica. Nel 1969, in seguito a lavori di sterro nei pressi di una specchia, è stato rinvenuto materiale ceramico dell'età Bronzo, ellenistico e tardoromano.

Bibl. NTS I, 38.

297. Masseria Villa

F. 223 IV SE.

Vasta area di frammenti fittili che attestano una frequentazione dall'età ellenistica sino ad età tardo antica e presenza di indicatori produttivi, quali frammenti di una pressa per le olive.

Bibl. ROLLER 1994, 373 -374, nn. 16, 17, 25.

298. Masseria Artanisi

F. 223 IV SE

Area di frammenti fittili che attestano una frequentazione di età ellenistica e tardorepubblicana.

Bibl. ROLLER 1995, 433, n. 60.

299. Madonna del Casale

F. 223 IV SE

Presenza di piccole aree sparse 20x30 m. circa, con concentrazioni di frammenti fittili che attestano una frequentazione dall'età arcaica sino ad età tardoantica.

Bibl. ROLLER 1994, 373, nn. 18-24, 37.

300. Masseria Artò

F. 223 IV SE

Area di frammenti fittili che attestano una frequentazione dalla tardo età ellenistica sino ad età tardoantica.

Bibl. ROLLER 1994, 375, nn. 34-35.

301. Semaforo Moresano

F. 223 IV SE

In quest'area presenti piccole concentrazioni di materiale ceramico che attestano una frequentazione dall'età ellenistica a quella tardoantica.

Bibl. ROLLER 1994, 375, nn. 29-33.

302. Convento degli Angeli

F. 223 I S0

Nell'area delle Serre di Pozzo San Mauro sono presenti piccole concentrazioni di materiale ceramico che attestano una frequentazione sparsa dell'area in età imperiale e tardoantica.

Bibl. ROLLER 1994, 371, n. 1-10.

303. Sorgente Pozziche

F. 223 I S0

Area di frammenti fittili che attesta una frequentazione d'età tardorepubblicana, nonché un presunto luogo di produzione di anfore apule.

Bibl. *Leuca*, 47; ROLLER 1995, 430, n. 44.

304. S. Maria di Casaranello

F. 214 III SE

L'impianto originario dell'edificio religioso di Casaranello è da riferire ad una chiesa paleocristiana a pianta latina con abside poligonale. Nelle vicinanze sono presenti i resti un insediamento di età imperiale e

tardoantica. Tra il materiale riutilizzato sono state rinvenute due epigrafi imperiali.

Bibl. PAGLIARA 1974, 69-79.

305. Masseria Monittola

F. 223 IV NO

Ad ovest di Taviano è stata individuata una piccola area di frammenti fittili di età tardoantica.

Bibl. GUILAINE, CREMONESI 2003, 28, fig. 1; Ex inf. Arthur.

306. Torre Pizzo

F. 223 IV NO

Area di frammenti fittili di età tardorepubblicana ed imperiale. Viene inoltre indicata la presenza di battuti pavimentali, alcuni con decorazioni musive.

Bibl. GUILAINE, CREMONESI 2003, 28, fig. 1.

307. Gallipoli

F. 214 III SO

Il sito noto dalle fonti letterarie, non è mai stato oggetto di indagini sistematiche. Ad età romana sono riferibili due epigrafi funerarie di I-II sec. d.C., oggi irreperibili, di cui non si conosce il luogo di rinvenimento. In una viene menzionata l'esistenza di una decurione, un membro della decuria, ovvero dell'organo di consiglio dell'abitato. Nella seconda epigrafe è menzionato un veterano della *Legio XII fulminata* che aveva rivestito il ruolo di *speculator*. La presenza di questo personaggio potrebbe essere correlata alle nuove deduzioni coloniarie effettuate da Nerone nel territorio tarantino. Non si esclude neppure che la stessa epigrafe possa esser stata portata da Taranto a Gallipoli per un riutilizzo o per collezionismo.

Si segnala la presenza di un'area di frammenti fittili di età tardorepubblicana nella periferia orientale dell'odierna città, nei pressi di Masseria Arene. L'intervento di alcuni mezzi meccanici nell'estate del 2004 in prossimità del porto hanno portato alla scoperta di una struttura muraria a grandi blocchi rettangolari disposti a secco di cui si erano visibili ben sette filari; non si dispone di dati per riferirla ad una costruzione (molo?) antica anche se è plausibile. Ricognizioni sistematiche sono state effettuate sull'Isola di S. Andrea, distante circa un miglio da Gallipoli, che si estende er una superficie di 5 Km quadrati. Sull'isola che, in presenza del mare mosso viene spazzata dalle onde, è attestata una frequentazione costante dall'età del Bronzo sino ai tempi recenti. Un picco delle presenze si registra per l'età tardo imperiale e tardoantica.

Le fonti storiche attestano che alla metà del VI secolo il centro era sede di una diocesi con a capo il vescovo *Dominicus*.

Bibl. SUSINI 1962; 19-20; PAGLIARA 1970, 94-96; CAGIANO DE AZEVEDO 1978; GUILAINE, CREMONESI 2003, 28, fig. 1; DE SANTIS, CONGEDO 2007.

308. Torre Sabea

F. 214 III SO

Area di frammenti fittili di età tardorepubblicana ed imperiale.

Bibl. GUILAINE, CREMONESI 2003, 28, fig. 1.

309. Alezio

F. 214 III SO

L'insediamento, con una continuità di vita dall'età del Ferro sino all'età medievale, in età ellenistica era munito di una doppia cinta muraria che racchiudeva un'area di circa 64 ha. Per l'età repubblicana i dati sono costituiti prevalentemente da rinvenimenti funerari: tra la fine del III ed il II secolo a.C. gli spazi riservati alle necropoli, sia interni sia esterni all'abitato, continuano ad essere utilizzati e permane l'impiego della lingua messapica. Per l'età romana sono stati identificati nuclei insediativi sull'area occupata in precedenza dalla città messapica. In contrada Raggi, gli scavi realizzati dalla Soprintendenza hanno rivelato la presenza di diverse strutture databili dall'età tardorepubblicana sino all'età medievale. Gli scavi, di cui si conosce solo la relazione preliminare, hanno documentato la presenza di strutture abitative e di un impianto artigianale di II-I a.C. A questa fase è da riferire anche una tomba a semicamera che ospitava diverse sepolture, l'ultima di una fanciulla deposta agli inizi del I sec. a.C., con un ricco corredo aureo. In età imperiale l'area venne risistemata con l'impianto di

due strade tra loro ortogonali, e l'impianto di nuove officine, come documentano gli scarti di fornace rinvenuti. La frequentazione proseguì ininterrottamente sino al V-VI secolo d.C.

La presenza di livelli di frequentazione riferibili ad età imperiale e tardoantica (III-V secolo) sono stati individuati nei pressi della collina della Lizza.

Bibl. GIANNOTTA 1981; D'ELIA 2001; DE MITRI 2006a.

310. Contrada Gelsi

214 III SO

Ricognizioni effettuate in questa contrada, ubicata a circa 1 Km a sud di Alezio, hanno rilevato la presenza di materiale ceramico di età imperiale per un'area di circa 8.000 mtq.

Bibl. NTS I, 38.

311. Contrada Mitriano

214 III SO

Ricognizioni effettuate in questa contrada, ubicata a circa 2 Km a sud di Alezio, hanno rilevato la presenza di materiale ceramico di età imperiale per un'area di circa 10.000 mtq. Nelle vicinanze è segnalata la presenza di una necropoli.

Bibl. NTS I, 38.

312. Fulcignano

F. 214 III NO

Piccola area di frammenti ceramici tardorepubblicani ed augustei.

Bibl. Inedito. Ex inf. Arthur.

313. Le Rose

F. 214 IV SO

A sud-est di Nardò piccola area di frammenti fittili di età imperiale e tardoantica.

Bibl. Inedito. Ex inf. Arthur.

314. I Tatti

F. 214 IV SO

A sud-est di Nardò piccola area di frammenti fittili con frequentazione dall'età tardorepubblicana ad età tardoantica.

Bibl. Inedito. Ex inf. Arthur.

315. Zona Barotta

F. 214 III NE

Area di frammenti fittilili con frequentazione dall'età tardorepubblicana ad età tardoantica.

Bibl. Inedito. Ex inf. Arthur.

316. San Nicola del Pergolato

F. 214 III NE

Piccola area di frammenti fittili di età imperiale.

Bibl. Inedito. Ex inf. Arthur.

317. San Nicola di Macigno, Neviano

214 III NE

Piccola area di frammenti fittili di età imperiale.

Bibl. Inedito. Ex inf. Arthur.

318. S. Maria al Bagno

F. 214 III NO

Presso l'attuale località di Santa Maria al Bagno è stato individuato un insediamento di eà tardoantica, identificato con l'*emporium Naunae*. I rinvenimenti, effettuati agli inizi del '900, constavano in resti di strutture murarie e pavimenti musivi, e tracce di una necropoli con sepolture allineate lungo un asse viario.

Bibl. MASTRONUZZI 1995, 221-223.

319. S. Caterina

F. 214 III NO

Sulla costa ionica, a pochi chilometri da Nardò, è stata appurata l'esistenza di questo piccolo centro portuale fortificato di età ellenistica. In base al materiale ceramico rinvenuto in occasione di sopralluoghi, la frequentazione del sito è da porsi tra il IV ed il II/I secolo a.C. Ad età tardorepubblicana è da riferire anche il relitto di una nave oneraria individuato nelle acque antistanti.

Bibl. MASTRONUZZI 1995, 213-220.

320. Torre Mozza

F. 214 III NO

Nei pressi della torre è stata identificata una piccola necropoli paleocristiana posta lungo un asse viario di cui erano visibili tracce di carraie. Poco distante è stata riconosciuta un'area di frammenti fittili, con materiale ceramico e laterizi, riferibile ad un insediamento. E' stato possibile recuperare il lastrone di copertura di una tomba di VI secolo che presenta ai lati la decorazione

di due croci equilatere iscritte in un cerchio, al centro una grande croce latina posta tra due colombe affrontate.

Bibl. D'ANGELA 1978.

321. Nardò

F. 214 IV SO

Il sito, con una frequentazione ininterrotta dal VIII-VII secolo a.C. è noto, per l'età romana, dalle fonti storiche e da segnalazioni di rinvenimenti casuali. Nel 1884, a 300 m. a sud del centro urbano, è stata rinvenuta una struttura identificata come edificio termale di età romana. In collezioni private si conserva materiale ceramico di età tardo repubblicana; presso la Biblioteca comunale è conservato il frammento di statua in marmo datata al I sec. a.C.; sono inoltre riferite a questo insediamento due iscrizioni funerarie, datate ad età giulio-claudia. Non siamo a conoscenza dello statuto giuridico e dell'ordinamento amministrativo dell'insediamento in ertà romana, però in una iscrizione rinvenuta a Compsa viene menzionato un *P. Oppius Gal Marcellinus*, patrono di *Neretum*. L'iscrizione ha una cronologia di II-III d.C.

Negli ultimi anni gli scavi di emergenza condotti nel centro storico hanno consentito di accrescere le informazioni sull'insediamento in età antica, in particolare, per l'età romana è stato segnalato, in un cantiere edile in via Giovanni XXIII, il rinvenimento di due fornaci che producevano ceramica a pasta grigia.

Bibl. MASTRONUZZI 1995; ESPLUGA 1996; MARANGIO 2002; ALESSIO 2007.

322. Lucugnano

F. 214 IV SO

Nell'Arneo, a nord di Nardò, piccola area di frammenti fittili di età tardorepubblicana ed augustea.

Bibl. Inedito. Ex inf. Arthur

323. Masseria Castelli Arene

F. 214 IV SO

A nord est di Nardò area di frammenti fittili di età imperiale e tardo antica.

Bibl. Inedito. Ex inf. Arthur

324. Masseria Poggiano

F. 214 IV SO

Area di frammenti fittili di età imperiale.

Bibl. Inedito. Ex inf. Arthur

325. Pozzo d'Arneo

F. 214 IV SO

Piccola area di frammenti fittili di età imperiale.

Bibl. Inedito. Ex inf. Arthur

326. Masseria Còrnula

F. 214 IV SO

Il sito, noto solo da segnalazione, corrisponderebbe ad un insediamento rurale con impianto produttivo di età tardorepubblicana con continuità di frequentazione sino all'età imperiale.

Bibl. NTS II, 76-78.

327. S. Barbara

F. 214 IV SO

Area di frammenti fittili di età imperiale tardo antica.

Bibl. Inedito. Ex inf. Arthur

328. Santa Lucia di Tabelle

F. 214 IV SE

Piccola area di frammenti fittili di età imperiale.

Bibl. Inedito. Ex inf. Arthur

329. Specchiamosco

F. 214 IV SE

Piccola area di frammenti fittili di età imperiale.

Bibl. Inedito. Ex inf. Arthur

330. Porto Cesareo

213 I NE

Il sito è noto da rinvenimenti fortuiti: su tutta la fascia costiera, tra i siti moderni di Porto Cesareo e Torre Chianca, è accertata la presenza di resti riferibili ad età romana, cronologicamente inquadrabili tra la fase tardorepubblicana e quella imperiale. Resti di strutture murarie sono stati scoperti sull'isola Grande, denominata anche Isola dei Conigli. In località Scalo di Furno sono stati individuati resti di un molo e tracce di attività artigianali con fornaci per anfore, inoltre è stata rinvenuta una matrice in bronzo utilizzata per bollare anfore da trasporto. In località Torre Chianca sono state identificati resti di strutture per la lavorazione della porpora e materiale ceramico di età tardorepubblicana ed imperiale. In località Belvedere e in un'area non meglio specificata posta "lungo la marina", il rinvenimento di iscrizioni funerarie di età imperiale, II e III secolo, avvalora la presenza di due nuclei necropolari. Infine nelle acque prospicienti Torre Chianca è stato individuato un relitto con colonne in marmo di età imperiale.

Bibl. LO PORTO 1968; NTS II, 74-76; MARANGIO 1978; SEMERARO 1996; MARANGIO 2002, 900, nota 29.

331. Macchia d'Arneo

213 I NO

Sito noto da rinvenimenti sporadici tra cui materiale ceramico di età tardorepubblicana ed imperiale e resti di strutture murarie. A poca distanza, in località Case arse, è stata rinvenuta una necropoli che, in base ai dati epigrafici, è databile al II-III sec. d.C.

Bibl. SUSINI 1962; NT S II, 77.

332. Punta Prosciutto

213 I NO

Sito noto da rinvenimenti ceramici di età imperiale, tra cui ceramica africana da cucina, e da un'epigrafe funeraria sempre di età imperiale. Si ha menzione inoltre della segnalazione di un mosaico rinvenuto nel 1924 e di un impianto per la lavorazione della porpora.

Bibl. *NTP* I, 134-136.

Bibliografia

ACMG Atti del Convegno Internazionale di Studi sulla Magna Grecia, Napoli – Taranto 1962-.

ALBARELLA U., CEGLIA V., ROBERTS P. 1993, *San Giacomo degli Schiavoni (Molise): an early fifth century A.D. deposit of pottery and animal bones from central Adriatic Italy*, in *PBSR* LXI, pp. 157-230.

ALCOCK S.E. 1993, Graecia Capta. *The Landscapes of Roman Greece*, Cambridge.

ALCOCK S. E. 2001, *Vulgar Romanization and the dominance of elites*, in KEAY, TERRENATO 2001, pp. 227 –230.

ALESSANDRÌ S. 1999, *La documentazione epigrafica*, in D'ANDRIA 1999a, pp. 131-139.

ALESSANDRÌ S., GRELLE F. (eds.) 2001, *Dai Gracchi alla fine della repubblica*. Atti del V Convegno di Studi sulla Puglia Romana, Mesagne, 9-10 aprile 1999, Galatina.

ALESSIO A. 1988, *Avetrana (Taranto), S. Francesco*, in *Taras* VIII, 1988, pp. 109-110.

ALESSIO A. 1990, *Faggiano (Taranto), Masseria Ruina*, in *Taras* X, pp. 417-419.

ALESSIO A. 1993, *Masseria delle Monache*, in *Taras* XIII, p. 127.

ALESSIO A. 1996, *Il territorio ad oriente di Taranto: tra la* chora *greca e la Messapia settentrionale*, in D'ANDRIA F., MANNINO K. (eds.), *Ricerche sulla casa in Magna Grecia e Sicilia. Atti del Colloquio, Lecce, 23-24 Giugno 1992*, Galatina, pp. 379-402.

ALESSIO A. 1999, *Manduria (Taranto) Acquasantara*, in *Taras* XIX. 1, p. 81.

ALESSIO A. 2001a, *L'area a S.E. di Taranto*, ACMG XXXIX, pp. 87-116.

ALESSIO A. 2001b, *Manduria (Taranto) Acquasantara*, in *Taras* XXI. 1, p. 111.

ALESSIO A. 2001c, *Grottaglie (Taranto), Oliovitolo*, in *Taras* XXI. 1, 102-103.

ALESSIO A. 2007a, *Grottaglie (Taranto), Masseria Vicentino, Condotta SNAM*, in *Taras* XXIII. 1-2, pp. 152-155.

ALESSIO A. 2007b, *Manduria (Taranto), Masseria Piacentini*, in *Taras* XXIII. 1-2, pp. 163-164.

ALESSIO A. 2007c, *Nardò (Lecce), Piazza Giovanni XXIII.* in *Taras* XXIII. 1-2, pp. 168-171.

ALESSIO A. s.d., *San Giorgio Archeologica. La necropoli del Feudo*, San Giorgio.

ALESSIO A., GUZZO P.G. 1989-1990, *Santuari e fattorie ad est di Taranto. Elementi archeologici per un modello di interpretazione*, in *Scienze dell'antichità, storia archeologia antropologia* 3-4, pp. 363-396.

ALESSIO A., ZACCARIA A. 1997, *Nuove ricerche sul relitto di San Pietro in Bevagna (Manduria – Taranto)*, in *Atti del Convegno Nazionale di Archeologia subacquea. Anzio, 30-31 maggio ed 1 giugno 1996*, Bari, pp. 211-224.

ANDREASSI G. 1989, s.v. Egnazia, BTCGI VII, pp. 104-125.

ANDREASSI G. 2002, *Il Museo a Taranto, oltre il centenario*, in ACMG XLI, pp. 9-20.

ANDREASSI G. 2004, *L'attività archeologica in Puglia nel 2003*, in ACMG XLIII, pp. 1037-1063.

ANDREASSI G. 2006, *L'attività archeologica in Puglia nel 2005*, in ACMG XLV, pp. 605-625.

ANDREASSI G. 2007, *L'attività archeologica in Puglia nel 2006*, in ACMG XLVI, pp. 501-528.

APROSIO M. 2005, *Paesaggi tardoantichi di Brindisi*, in VOLPE, TURCHIANO 2005, pp. 443-454.

APROSIO M. 2008, *Archeologia dei paesaggi a Brindisi dalla romanizzazione al Medioevo*, Bari.

ARTHUR P. 1991, *Romans in Northern Campania: Settlement and Land-use around the Massico and the Garigliano Basin*, London

ARTHUR P. 2000, *La città in Italia meridionale in età tardoantica: riflessioni intorno alle evidenze materiali*, in ACMG XXXVIII, pp. 167-200.

ARTHUR P., ALBARELLA U., BRUNO B., KING S. 1996, *"Masseria Quattro Macine" – a deserted medieval village and its territory in southern Apulia: an interim report on field survey, excavation and document analysis,* in *PBSR* LXIV, pp. 181-238.

ARTHUR P., BRUNO B. 2009 (eds.) 2009, *Le Centoporte. Il complesso tardo-antico ed alto-medievale dei SS. Cosma e Damiano, detto "Le Centoporte", Giurdignano (LE). Scavi 1993 – 1996,* Galatina.

ARTHUR P., DE MITRI C., LAPADULA E. 2007, *Nuovi appunti sulla circolazione della ceramica nella Puglia meridionale tra tardo antichità ed altomedioevo,* in GELICHI S., NEGRELLI C. (eds.), *La Circolazione delle ceramiche nell'Adriatico tra tarda antichità e altomedioevo.* III Incontro di Studio Cer.am.Is, Mantova, pp. 331-342.

ARTHUR P., MELISSANO V. (eds.) 2004, *Supersano. Un paesaggio antico del basso Salento,* Galatina.

AURIEMMA R. 1997, *Per la carta subacquea del Salento,* in *Atti del Convegno Nazionale di Archeologia Subacquea,* Anzio 30-31 maggio e 1 giugno, Bari, pp. 225-239.

AURIEMMA R. 1999, *Lecce e il mare,* in D'ANDRIA 1999a, pp. 117-129.

AURIEMMA R. 2001, *Gli approdi minori del Salento adriatico: il contributo della ricerca archeologica subacquea,* AAAd XLVI, pp. 415-430.

AURIEMMA R. 2003, *Archeologia della costa salentina: l'approdo di Torre S. Gregorio,* StAnt 11 (1998), pp. 127-148.

AURIEMMA R. 2004, Salentum a salo. *Porti, approdi, merci e scambi lungo la costa adriatica del Salento,* Galatina.

AURIEMMA R., DEGASPERI A. 2003, *Roca (LE), campagne di scavo 1987-1995: rinvenimenti monetali,* in *StAnt* 11 (1998), pp. 73-124.

AURIEMMA R., MASTRONUZZI G., SANSÒ P. 2003, *I siti archeologici costieri dell'Adriatico e le variazioni del livello del mare,* in *Archeologo Subacqueo,* IX, n. 2 (26), Maggio-Agosto 2003, pp. 8-10.

AURIEMMA R., QUIRI E. 2004, *Importazioni di anfore orientali nell'Adriatico tra primo e medio impero,* in EIRING J., LUND J. (eds.), *Transport Amphorae and Trade in the Eastern Mediterranean.* Acts of the International Colloquium at the Danish Institute at Athens, September 26-29, 2002, Monographs of the Danish Institute at Athens Vol. 5, pp. 43-56.

AURIEMMA R., QUIRI E. 2006, *Importazioni di anfore orientali nel Salento tra primo e medio impero,* in ČAČE S., KURILIĆ A., TASSAUX F. (éds.), *Les routes de l'Adriatique antique. Géographie et éconimie. Actes de la Table ronde du 18 au 22 septembre 2001 (Zadar), Ausonius,* Bordeaux-Zadar, pp. 225-251.

BARBANERA M. 1998, *L'archeologia degli italiani. Storia, metodi e orientamenti dell'archeologia classica in Italia,* Roma.

BARBIERI G., GAMBI L. (eds.) 1970, *La casa rurale in Italia,* Firenze.

BARRETT J.C. 1997, *Romanization: a critical comment,* in MATTINGLY 1997, pp. 51-64.

BELOTTI B. 1994, *La citerne de Vitigliano,* StAnt. 7, pp. 251-266.

BELOTTI B. 1996, *Les paysages antiques du Salento, Vaste et son territoire, Université de Pau et des Pays de l'Adour,* Thèse d'histoire pour le doctorat de nouveau régime.

BELOTTI B. 1997, *Un exemple de prospection systématique au sol : histoire de la ville de Vaste et de son territoire (prov. De Lecce),* in D'ANDRIA 1997a, pp. 135-166.

BENABOU M. 1976, *La résistance africaine à la romanisation,* Paris.

BERLIN A.M. 2002, *Romanization and anti-Romanization in pre-revolt Galilee,* in BERLIN A.M., OVERMAN J.A. (eds.) *The First Jewish Revolt : Archaeology, History and Ideology,* London & New York, pp. 57-73.

BERNARDINI M. 1955, *Panorama archeologico dell'estremo Salento,* Bari.

BERNARDINI M. 1957, *Regione II (Apulia). XXIII-Salento. Ritrovamenti di iscrizioni romane. Otranto,* in *NSc* 1957, p. 191.

BERNARDINI M. s.d., *Lupiae,* Lecce

BERTELLI BUQUICCHIO G. 1998, *s.v.* Otranto, in *EAM* IX, pp. 7-10.

BERTELLI G. 1999, *La Calabria,* in *Alle origini della parrocchia rurale (IV-VIII sec.),* Atti della giornata tematica dei seminari di Archeologia Cristiana (Roma 1998), Città del Vaticano, pp. 225-249.

BERTELLI G. (ed.) 2004, *Puglia Preromanica. Dal V secolo agli inizi dell'XI,* Milano.

BIFFINO A. 2007, *Taranto. Cattedrale di San Cataldo,* in *Taras* XXIII. 1-2, pp. 134-135.

BLAZQUEZ J.M., ALVAR, J. (eds.) 1996, *La Romanizacion en Occidente,* Madrid.

BOERSMA J. 1995, Mutatio Valentia. *The late Roman baths at Valesio, Salento,* Amsterdam.

BONACASA CARRA R.M., VITALE E. (eds.) 2007, *La cristianizzazione in Italia tra tardoantico ed alto medioevo.* Atti del IX Congresso Nazionale di Archeologia Cristiana. Agrigento 20-25 novembre 2004, Palermo.

BRANDT R., SLOFSTRA J. (eds.) 1983, *Roman and Native in the Low Countries. Spheres of interaction,* Amsterdam.

BROWN P. 1974, *Il mondo tardoantico. Da Marco Aurelio a Maometto,* Torino.

BRUN J.-P. 1993, *L'oléiculture et la viticulture antiques en Gaule: instruments et installations de production,* in M.-C. AMURETTI, J.-P. BRUN (eds.), *La production du vin et de l'huile en Méditerranée,* in *BCH* suppl. XXVI, pp. 307-341.

BRUNO B. 2004, *Il triconco di S. Lorenzo a Mesagne,* in BERTELLI 2004, pp. 248-250.

BRUNO B. 2007, *Archeologia Urbana a Borgo Terra. Muro Leccese,* Mesagne.

BRUNO B. (ed.) 2008, *L'area cimiteriale e il casale in località S. Giovanni Piscopìo, Cutrofiano (Lecce),* Amediev XXV, 2008, pp. 199-239.

BRUNO B., TINELLI M. 2008, *Piscopìo, Loc. S. Giovanni (Cutrofiano): tra distruzione e ricostruzione di un sito archeologico. Prime riflessioni,* in *Quaderni del Museo della Ceramica di Cutrofiano* 11, pp. 9-47.

BTCGI, *Bibliografia topografica della colonizzazione greca in Italia e nelle isole tirreniche,* Pisa –Roma 1977- .

BURGERS G.-J. 1994, *The Salento Isthums Project. Second Interim Report,* Babesch 69, pp. 145-154.

BURGERS G.-J.L.M. 1998, *Constructing Messapian Landscapes. Settlement Dynamics, Social Organization and Culture Contact in the margins of Graeco-Roman Italy,* Amsterdam.

BURGERS G.-J.L.M. 2001, *L'archeologia e l'Italia meridionale post-annibalica : una prospettiva regionale e diacronica,* in LO CASCIO, STORCHI MARTINO 2001, pp. 249-266.

BURGERS G.-J, ATTEMA P., LEUSEN VAN M. 2003, *Walking the Murge : interim report of the Ostuni field survey (Apulia, southern Italy),* in *StAnt* 11 (1998), pp. 257-282.

BURGERS G.-J, RECCHIA G., (eds) 2009, *Ricognizioni arheologiche sull'altopiano delle Murge. La Carta Archeologica del territorio di Cisternino (Brindisi),* Foggia.

BURGERS G.-J, YNTEMA D. 2000, *Town and Countryside in Pre-Roman Southern Italy: A Regional Perspective,* in Akten des Symposions *Die Ägäis und das Westliche Mittelmeer, Beziehungen und Wechselwirkungen 8. bis 5. Jh. v. Chr.,* Wien, pp. 95-104.

BURNHAM B.C. 1986, *The origins of Roman-British Small Towns,* in *Oxford J.Arch.* 5, pp. 185-203.

CAGIANO DE AZEVEDO M. 1976, *Puglia ed Adriatico in età tardoantica,* in *VeteraChr* 13, pp. 174-180.

CAGIANO DE AZEVEDO M. 1978, *Quesiti su Gallipoli tardoantica e paleocristiana,* in *VeteraChr* 15. 2, pp. 361-368.

CAGNAT R. 1913, *L'armée romaine d'Afrique et l'occupation militaire de l'Afrique sous les empereur*, Paris.

CALBI A., DONATI A., POMA G. (eds.) 1993, *L'epigrafia del villaggio*, Faenza.

CALDERINI A. 1949, *I Severi e la crisi dell'Impero nel III secolo*, Bologna.

CALIANDRO G., COCCHIARO A. 2007, *Ostuni (Brindisi), Piazza Libertà*, in *Taras* XXIII. 1-2, pp. 136-137.

CAMBI F. 1993, *Paesaggi di Etruria e di Puglia*, in A. CARANDINI, L. CRACCO RUGGINI, A. GIARDINA (eds.), *Storia di Roma, 3.2, L'età tardoantica. I luoghi e le culture*, Torino, pp. 229-254.

CAMBI F. 2000, *Pottery and territory: a tormented relationship*, in FRANCOVICH, PATTERSON, BARKER 2000, pp. 174-184.

CAMBI F. 2001, *Calabria romana. Paesaggi tardorepubblicani nel territorio brindisino*, in LO CASCIO, STORCHI MARINO 2001, pp. 363-390.

CAMODECA G. 1979, *Rapporti socio-economici fra città e territorio nel mondo tardoantico, in Il territorio di Aquileia nell'Antichità*, in *AAad* XV, pp. 575-602.

CAMPAGNA L. 1996, *Cisterne e buca di scarico di età repubblicana a Vaste (le), scavi di Fondo S. Antonio*, in *StAnt* 8.2, pp. 215-282.

CANTINO WATAGHIN G., GURT ESPARRAGUERA J.M., GUYON J. 1996, *Topografia della civitas christiana tra IV e VI secolo*, in G.P. BROGIOLO (ed.) *Early Medieval Towns in the Western Mediterranean*, Ravello 22-24 september 1994, Mantova, pp. 17-42.

CANTINO WATAGHIN G., FIOCCHI NICOLAI V., VOLPE G. 2007, *Aspetti della cristianizzazione degli agglomerati secondari,* in BONACASA CARRA R.M., VITALE E. 2007, pp. 85-134.

CAPOGROSSI COLOGNESI L. 2002a, *Pagi, vici e fundi nell'Italia romana*, in *Athenaeum* 90, Fasc. 1, pp. 5-48.

CAPOGROSSI COLOGNESI L. 2002b, *Persistenza e innovazione nelle strutture territoriali dell'Italia romana. L'ambiguità di una interpretazione storiografica e dei suoi modelli*, Napoli.

CARANDINI A. 1995, *Il Latifondo in epoca romana fra Italia e Provincie*, in Actes de la Table Ronde *Du Latifundium au Latifondo. Un héritage de Rome, une creation médiévale ou moderné?* (Bourdeaux 1992), Paris.

CARRE M.-B., PESAVENTO MATTIOLI S. 2003, *Anfore e commerci nell'Adriatico*, in Lenzi F. (ed.), *L'Archeologia dell'Adriatico dalla Preistoria al Medioevo.* Atti del convegno internazionale, Ravenna 7-8-9 Giugno 2001, Bologna, pp. 268-285.

CASAVOLA F. 1992, *Il concetto di "Urbs Roma". Giuristi e Imperatori romani*, in *Labeo* 38 (1992), 1, pp. 20-29.

CASSANO R. (ed.) 1992, *Principi Imperatori Vescovi. Duemila anni di storia a Canosa*, Venezia

CASSANO R. *et alii* 2004, *Ricerche archeologiche nell'area del "foro" di Egnazia. Scavi 2001-2003: relazione preliminare*, in *Epigrafia e territorio Politica e società. Temi di antichità romane* VII, Bari, pp. 7-98.

CASSANO R. *et alii* 2007a, *Fasano (Brindisi), Egnazia*, in *Taras* XXIII. 1-2, pp. 110-134.

CASSANO R. *et alii* 2007b, *Ricerche archeologiche nella città di Egnazia. Scavi 2004-2006: relazione preliminare*, in *Epigrafia e territorio Politica e società. Temi di antichità romane* VIII, Bari, pp. 4-65.

CASSANO R. *et alii* 2008, *Forme della circolazione e della produzione delle merci ad Egnazia in età tardoantica: nuove indagini e prospettive di ricerca*, in *Rei Cretariae Romanae Fautorum Acta* 40, pp. 417-441.

CERAUDO G., ESPOSITO F. 1996, *Strutture sommerse a S. Cataldo (LE),* in *Atti del Convegno Nazionale di Archeologia subacquea.* Anzio, 30-31 maggio ed 1 giugno 1996, Bari, pp. 241-244.

CHASTAGNOL A. 1997, *Les cités de la Gaule narbonnaise. Les status*, in M. CHRISTOL, O.

MASSON (eds.), *Actes du Xe Congrès International d'épigraphie grecque et latin, Nimes, 4-9 octobre 1992*, Paris, pp. 51-74.

CHIOCCI P.F., POMPILIO F. 1997, *Osservazioni sulla centuriazione del Salento*, in GUAITOLI 1997, pp. 159-175

CHRZANOVSKY L., DAVID M. 2002, *Temi di urbanistica vicanale*, in *Milano tra l'età repubblicana e l'età augustea. Atti del convegno di Studi 26-27 marzo 1999 Milano*, Milano, pp. 275-282.

CIANCIO 1990, *L'area peuceta*, in M. SALVATORE (ed.), *Basilicata. L'espansionismo romano nel sud-est d'Italia. Il quadro archeologico*. Atti del Convegno. Venosa, 23-25 aprile 1987, Venosa, pp. 237-246.

CIANCIO A. (ed.) 2002, *La Peucezia in età romana. Il quadro archeologico e topografico*, Bari.

CIARDO M. 2004, *La storia di Gagliano del Capo. Dall'età Romana al Medioevo*, Tricase.

CIPPONE N. 1993 (ed.), *La via Appia e la terra jonica*, Martina Franca.

CLEMENTE G. 1988, *Introduzione allo studio della Puglia romana*, in MARANGIO 1988, pp. 11-20.

COCCHIARO A. 1981, *Contributo per la carta archeologica del territorio a sud-est di Taranto*, in *Taras* I, 1, pp. 53-75.

COCCHIARO A. (ed.)1989, *Nuovi documenti dalla necropoli meridionale di Mesagne*, Fasano.

COCCHIARO A. 1990, *Brindisi, Scolmafora*, in *Taras* X, 2, p. 376.

COCCHIARO A. 1991, *Fasano, Vuotano Piccolo*, in *Taras* XI, 2, p. 275.

COCCHIARO A. 1998, *Carovigno (Brindisi), via Brandi*, in *Taras* XVIII, 1, pp. 59-60.

COCCHIARO A. 2000, *Ostuni (Brindisi), Villanova*, in *Taras* XX,1- 2, 69-70.

COCCHIARO A. 2001a, *Mesagne (Brindisi)-Brindisi*, ager brundisinus, in *Taras* XXI, 1, pp. 96- 100.

COCCHIARO A. 2001b, *Mesagne (Brindisi)*, in *Taras* XXI, 1, pp. 92-96.

COCCHIARO A. 2007, *Ostuni (Brindisi), via Vitale*, in *Taras* XXIII. 1-2, pp. 134-135.

COCCHIARO A. (ed.) s.d., *Brindisi romana. L'area archeologica di San Pietro degli Schiavoni*, Brindisi.

COCCHIARO A., ANDREASSI G. (eds.) 1988, *La necropoli di via Cappuccini a Brindisi*, Brindisi.

COCCHIARO A., MARINAZZO A, TRAVAGLINI A. 1990, *Monete dagli scavi di Brindisi (1984-1988)*, in *AnnIstItNum* XXXVII, pp. 81-133.

COCCHIARO A., PALAZZO P., ANNESE C., DISANTAROSA G., LEONE D. 2005, *La ricerca archeologica nell'ager Brundisinus: lo scavo della villa di Giancola*, in VOLPE, TURCHIANO 2005, pp. 405-442.

COMPATANGELO R. 1989, *Un calastre de pietre. Le Salento romain. Paysage et structures agraires*, Paris.

COMPATANGELO SOUSSIGNAN R. 1999, *Sur les routes d'Hannibal. Paysages de Campanie et d'Apulie*, Paris.

COMPATANGELO SOUSSIGNAN R. 2001, *Modificazioni ambientali e sistemazioni territoriali nella Puglia romana, ,* in LO CASCIO, STORCHI MARTINO 2001, pp. 285-304.

COMPERNOLLE VAN TH. 1985, *Fratuentium, portus Tarentinus* (Pline III, 101), *Latomus*, XLIV, 4, pp. 1985.

COMPERNOLLE VAN TH. 1994, *Primo contributo alla carta archeologica di Soleto (Lecce)*, in *StAnt* 7, pp. 327-354.

COMPERNOLLE VAN TH. 2003, *Dall'insediamento iapigio alla città messapica: dieci anni di scavi e ricerche archeologiche a Soleto (Lecce)*, in *StAnt* 11 (1998), pp. 149-168.

COMPERNOLLE VAN TH. 2005, *La Mappa di Soleto*, in ORLANDO M. A. (ed.), *Le scienze geo-archeologiche e bibliotecarie al servizio della scuola. Pubblicazioni scientifiche del Museo Civico di Paleontologia e Paletnologia "Decio de Lorentiis"*, Maglie, pp. 19-32.

COMPERNOLLE VAN TH. 2007, *Soleto (Lecce)*, in *Taras* XXIII. 1-2, pp. 209-210.

CONGEDO R. 1964, *Salento scrigno d'acqua*, Manduria.

COPPOLA D. 1977, *La ricerca paletnologica nel brindisino: storia degli studi e nuove prospettive di indagini*, in *Brundisii Res* IX, 2, pp. 261-306.

COPPOLA D. 1983a, *La grotta di S. Maria di Agnano ad Ostuni*, in Atti VIII Convegno dei comuni messapici, peuceti e dauni (Alezio, 14-15 novembre 1981), Bari, pp. 175-188.

COPPOLA D. 1983b, *Le origini di Ostuni. Testimonianze archeologiche degli avvicendamenti culturali*, Martina Franca.

CORBIER M. 2002, *Proposte conclusive*, in SARTORI, VALVO 2002, pp. 293-296.

CORCHIA R. 1981, Rudiae. *Problemi archeologici: una messa a punto*, in *Taras* I, pp. 115-128.

COSTABILE, F., *Istituzioni e forme costituzionali nelle città del Bruzio in età romana*. Civitates foederatae, coloniae *e* municipia *in Italia meridionale attraverso i documenti epigrafici*, Napoli 1984.

CRACCO RUGGINI L., *La città imperiale*, in *Storia di Roma, vol. IV. Caratteri e morfologie*, Torino 1989.

CURTI E., DENCH E., PATTERSON J. 1996, *The Archaeology of Central and Southern Roman Italy: recent trends and approaches*, JRS, 86, pp. 170-189.

D'ANDRADE R., STRAUSS C. (eds.) 1992, *Human Motives and Cultural Models*, Cambridge and New York.

D'ANDRIA F. 1978, *Ugento, Torre S. Giovanni*, in *SE* XLVI, pp. 564-565.

D'ANDRIA F. 1979a, *La Puglia romana*, in C.D. FONSECA (ed.), *La Puglia dal Paleolitico al tardoromano*, Milano.

D'ANDRIA F. 1979b, *Salento arcaico: la nuova documentazione archeologica*, in *Salento arcaico.* Atti del colloquio internazionale, Lecce 1979, pp. 15-25.

D'ANDRIA F. 1980, *S. Foca (Lecce). Scavo di un impianto costiero di età romano-imperiale*, in *StAnt* 1, pp. 79-88.

D'ANDRIA 1984, *La Puglia antica e il mare*, in C.D. FONSECA (ed.), *La Puglia e il mare*, Milano, pp. 131-162.

D'ANDRIA F. 1991, *Insediamenti e territorio. L'età storica*, in ACMG XXX, pp. 393-478.

D'ANDRIA F. 1995, *Otranto. La scoperta delle fortificazioni, della porta urbica e dei cippi con iscrizioni messapiche (IV-III sec. a.C,)*, in *StAnt* 8. 2, 1995, pp. 189-206.

D'ANDRIA F. 1996, *s.v.* Otranto, EAA sec. suppl. 1971-1994, vol. IV, pp. 148-150.

D'ANDRIA F. 1997a (ed.), *Metodologie di catalogazione dei Beni Archeologici*, BACT 1.1, Lecce – Bari.

D'ANDRIA F. 1997b, *La via Appia in Puglia*, in Via Appia. Sulle ruine della magnificenza antica, Roma, pp. 95-102.

D'ANDRIA F. 1997c, *s.v.* Valesio, EAA secondo suppl. 1971-1994, vol. V, Roma, 925-927.

D'ANDRIA F. (ed.) 1999a, *Lecce romana ed il suo teatro*, Galatina.

D'ANDRIA F. 1999b, *Ricerche recenti sugli insediamenti indigeni di Puglia e Basilicata*, in *Le Forme della città e del territorio. Esperienze metodologiche e risultati a confronto.* Atti dell'Incontro di studio – S. Maria Capua Vetere 27-28 novembre 1998, Atlante Tematico di Topografia Antica , V Supplemento, pp. 103-118.

D'ANDRIA F. 2002, *Greek Colonization and Romanization From a Native Perspective*, in P. ATTEMA, G.-J. BURGERS, E. VAN JOOLEN, M. VAN LEUSEN, B. MATER (eds.), *New Developments in Italian Landscape Archeology. Theory and methodology of field survey Land evaluation and landscape perception Pottery production and distribution*. Proceedings of a three-day conference held at the University of Groningen, April 13-15, 2000, BAR Int. S. 1091, Oxford, pp. 52-59.

D'ANDRIA F. 2004, *Il sottosuolo come risorsa di conoscenza e sviluppo*, in M. DE STEFANO, *Lecce. Riqualificazione e valorizzazione ambientale, architettonica ed archeologica del centro storico*, Roma, pp. 46-67.

D'ANDRIA F. 2005 (ed.), *Cavallino. Pietre, case e città della Messapia arcaica*, Cavallino, Convento dei domenicani, 30 gennaio-13 marzo 2005, Ceglie Messapica.

D'ANDRIA F., DE MITRI C. 2007, *Castro (Lecce). Zona Muraglie*, in *Taras* XXII, 1-2, pp. 216-220.

D'ANDRIA F., MASTRONUZZI G. 1999, *L'isola di San Pietro in età tardo-romana. Dati preliminari*, in MASTRONUZZI G., MARZO P. (eds.), *Le Isole Cheradi fra natura, leggenda e storia*, Taranto, pp. 87-112.

D'ANDRIA F., MASTRONUZZI G., MELISSANO V. 2006, *La Chiesa e la necropoli paleocristiane di Vaste nel Salento*, in *Rivista di Archeologia Cristiana* LXXXII, pp. 231-321.

D'ANDRIA F., MELISSANO V. 1996, *Otranto (Lecce), via del Porto*, in *Taras* XVI, 1, pp. 115-121.

D'ANDRIA F., MORESCHINI D. 1994, *s.v. Otranto*, in *BTCGI* XIII, pp. 127-142.

D'ANDRIA F., SEMERARO G. 1993, *Un sistema integrato per la gestione della cartografia e dei dati di scavo*, in *Archeologia e Calcolatori* 4, pp. 159- 180.

D'ANDRIA F., PAGLIARA C., SICILIANO A 1980, *La pianta di Lecce antica*, StAnt 1, pp. 103-115.

D'ANDRIA F., WHITEHOUSE D. 1982, *Otranto. Archeologia di una città*. Catalogo della mostra, Otranto.

D'ANDRIA R. 1997, *Brindisi. Le ceramiche romane dalla zona del porto*, in *Via Appia. Sulle ruine della magnificenza antica*, Roma, pp. 117-119.

D'ANGELA C. 1972, *Nota su alcune lucerne tardo-antiche e cristiane di Taranto*, Cenacolo II, Fasc. 2, pp. 113-122.

D'ANGELA C. 1978, *Un rilievo paleocristiano nel museo civico di Gallipoli*, VeteraChr 15.1, pp. 95-104.

D'ANGELA C. 1984, *Le oreficerie bizantine del Museo Nazionale di Taranto*, in *VeteraChr* 21. 1, pp. 181-196.

D'ANGELA C. 2007, *Taranto paleocristiana: nuove acquisizioni*, in BONACASA CARRA R.M., VITALE E. 2007. pp. 1014-1023.

D'ANGELA C., VOLPE G. 1994, *Aspetti storici e archeologici dell'Alto Medioevo in Puglia*, in FRANCOVICH R., NOYÉ G. (eds.), *La Storia dell'Alto Medioevo italiano (VI-X secolo) alla luce dell'archeologia*, Convegno Internazionale (Siena, 2-6 dicembre 1992), Firenze, pp. 299-332.

DAQUINO C. 1991, *I Messapi e Vereto*, Manduria.

D'ARCO 1984, *Taranto: per il recupero di S. Maria della Camera*, in *Antiqua*, serie IX, n° 3/4, pp. 105-106.

DAREMBERG CH., SAGLIO E. 1962-1963 (ed.), *Dictionnaire des Antiquités grecques et romaines d'après les textes et les monuments*, voll. I-V, Graz.

D'ARMS J.H. 1979, *Rapporti socio-economici fra città e territorio nella prima età imperiale*, in *Il territorio di Aquileia nell'Antichità*, in *AAAd* XV, pp. 549-574.

D'AURIA C., IACOVAZZO P. 2006, *La villa di Porto Saturo*, in *Siris* 7, 2006, *Studi e ricerche della Scuola di Specializzazione in archeologia di Matera*, pp. 127-162.

DAVID J.-M. 1994, La *Romanisation de l'Italie*, Paris.

DE GIORGI C. 1907, *Lecce sotterranea. Relazione sugli scavi archeologici eseguiti in Lecce dal MCM al MCMVI*, Lecce.

D'ELIA G. 2001, *Alezio. Archeologia e storia di un comune del Salento*, Alezio.

DELL'AGLIO A. 1988, *S.A.R.A.M.*, in *Taras* VIII, 1-2, 1988, p. 78

DELL'AGLIO A. 1988b, *I bolli anforari : le importazioni greche*, in *Museo di Taranto. Cento anni di archeologia*, Taranto, pp. 59-70.

DELL'AGLIO A. 1989, *S.A.R.A.M.*, in *Taras* IX, 1-2, 1989, pp. 214-215.

DELL'AGLIO A 1993, *Leporano, Saturo, Villa romana*, in AAVV. *Proposta di itinerari archeologici in Taranto e provincia*, Taranto.

DELL'AGLIO A. 1996, *Taranto, Masseria Ferrara*, in *Taras* XVI, 1, 1996, pp. 112-115.

DELL'AGLIO A., LIPPOLIS E. 1989a, *La documentazione anforaria a Taranto*, in *Amphores romaines et histoire economique: dix ans de recherchers*. Actes du colloque de Sienne (22-23 mai 1986), Roma, pp. 542-543.

DELL'AGLIO A., LIPPOLIS E. 1989b, *Il commercio del vino rodio a Taranto*, in *Amphores romaines et histoire economique: dix ans de recherchers*. Actes du colloque de Sienne (22- 23 mai 1986), Roma, pp. 544-547.

DELLI PONTI G. 1968, *Foglio 204 (Lecce)*, Firenze.

DELLI PONTI G. 1994, *Un singolare ritrovamento tombale a Patù*, in MARANGIO, NITTI 1994, pp. 47-52.

DELLI PONTI G. 2001, s.v. Rudiae, BTCGI XVII, pp. 135-145.

DE LUCA F. 1996, *Il tratto della via Appia antica tra Taranto e Brindisi*, Studi in onore di Domenico Novembre, in *Annali Dip. Scienze Storiche, Filosofiche e geografiche*, IX-XII (1992-93/1995-96), pp. 9-35.

DE MARTINO F. 1972, *Storia della Costituzione romana*, vol. I-V, Napoli.

DE MITRI C. 1999, *L'età romana*, in D'ANDRIA F., LOMBARDO M. (eds) *I Greci in Terra d'Otranto*, Galatina.

DE MITRI C. 2002, *Ceramiche fini di produzione orientale dai porti di Brindisi ed Otranto in età romana (I-VI sec. d.C.)*, comunicazione in *Italian imports, exports and influences*, XXIIIrd Congress of the Rei Cretariae Romanae Fautores, Roma 29 Settembre – 6 Ottobre 2002.

DE MITRI C. 2004, *Materiale ceramico d'importazione africana ad Otranto in età romana (III-VI sec.*

d.C.), in KHANOUSSI, RUGGERI, VISMARA 2004, pp. 1123-1138.

DE MITRI C. 2005, *Otranto. Anfore da trasporto di età tardoromana*, in GURT I ESPARRAGUERA J.M, BUXEDA I GARRIGOS J., CAU ONTIVEROS M.A. (eds.), *LRCW I, Late Roman Coarse Wares, Cooking Wares and Amphorae in the Mediterranean: Archaeology and Archaeometry*, BAR Int. S. 1340, Oxford, pp. 413-424.

DE MITRI C. 2006a, *Presenza e distribuzione di ceramica d'importazione orientale nel Basso Salento in età Tardo Antica (V – VI sec. d.C.)*, in *Latomus* 2006, pp. 434-457

DE MITRI C. 2006b, *Ceramica d'importazione orientale (V – VI sec. d.C.) nel Basso Salento. Problemi di distribuzione*, in ČACE S., KURILIC A., TASSAUX F. (éds.), *Les routes de l'Adriatique antique. Géographie et éconimie. Actes de la Table ronde du 18 au 22 septembre 2001 (Zadar)*, Ausonius, Bordeaux-Zadar 2006, pp. 195-207.

DE MITRI C. 2007, *Lecce. Via delle Giravolte*, in *Taras* XXII, 1-2, pp. 182-185.

DE MITRI C. 2008, *L'attività archeologica a Castro*, in A. PRANZO (ed.), *Salento. Architetture antiche e siti archeologici*, Lecce, pp. 178-180.

DE MITRI C. 2009 (a), *Lo scavo in località "Muraglie": nuovi dati sul circuito murario di età messapica*, in F. D'ANDRIA (ed.) *Castrum Minervae*, Lecce, pp. 121-198.

DE MITRI C. 2009 (b), *Osservazioni sulle attività ed i rinvenimenti di età preromana e romana*, in ARTHUR P., BRUNO B. (ed.) *Apigliano, un villaggio bizantino e medievale in terra d'Otranto. L'ambiente, il villaggio, la popolazione*, pp. 19-21.

DE MITRI C. 2009 (c), *Il materiale ceramico del Periodo 1*, in ARTHUR, BRUNO 2009

DE MITRI C., POLITO C. 2007, *Lecce. Viale dell'Università* in *Taras* XXII, 1-2, pp. 185-187.

DENTI M. 1991, *I Romani a nord del Po. Archeologia e cultura in età repubblicana e augustea*, Milano.

DE ROBERTIS F.M. 1951, *Sulle condizioni economiche in Puglia dal IV al VII sec. d.C.*, in *ArchStorPugl* IV. 3, pp. 42-57.

DE SANTIS V., CONGEDO F. 2007, *Gallipoli (Lecce), Isola di S. Andrea*, in *Taras* XXIII. 1-2, pp. 173-178.

DE SIMONE C. 1964, *Die messapischen Inschriften,* in H. KRAHE, *Die Sprache der Illyrier*, Wiesbaden, pp. 1-151.

DE SIMONE C. 1983, Onomasticon Aletinum*: considerazioni generali,* in *Atti del VIII Convegno dei comuni messapici, peuceta e dauni, Alezio 1981*, Bari, pp. 216-273.

DE SIMONE C., MARCHESINI S. 2002, *Monumenta Linguae Messapicae,* Wiesbaden.

DESY PH. 1989, *Les timbres amphoriques de l'Apulie républicaine. Documents pour une histoire économique et sociale*, Bruxelles.

DESY PH. 1993, *Recherches sur l'économie apulienne au IIe et au Ier siècle avant notre ère*, Bruxelles.

DESY PH., DE PAEPE P. 1990, *Torre San Giovanni (Ugento) : les amphores commerciales hellénistiques et républicaines,* in *StAnt* 6, pp. 187-234.

DE VITIS S. 2003, *Insediamenti e problematiche dell'archeologia tardoantica e medievale nel territorio di Taranto (secc. IV –XV)*, Taranto.

DE VITIS S. 2005, *Insediamenti tardo antichi nel territorio di Taranto: le problematiche attuali e lo stato della ricerca,* in VOLPE, TURCHIANO 2005, pp. 455-462.

DI GIUSEPPE H. 1996, *Insediamenti rurali della Basilicata interna tra la romanizzazione e l'età tardoantica: materiali per una tipologia,* in *Epigrafia e territorio Politica e società. Temi di antichità romane* IV, Bari, pp. 189-252.

DOMMELEN VAN P. 1997, *Colonial constructs: colonialism and archaeology in the Mediterranean,* in *WArch* 28, 3, pp. 305-323.

DYSON S.L. 1992, *Community and Society in Roman Italy*, Baltimore and London.

ECK W. (ed.) 1999, *Lokale Autonomie und römische Ordnungsmacht in den kaiserzeitlichen Provinzen vom 1. bis 3. Jahrhundert. Schriften des Historischen Kollegs Kolloquien 42*, Munich.

ECK W. 2007, *La romanisation de la Germanie*, Paris.

ESPLUGA X. 1996, *Varia epigrafica (I): Neretum*, StAnt 8.2, pp. 107-118.

FAEDO L. 2000, *Aspetti della cultura figurativa nel territorio delle regioni II e III tra III e V secolo*, in ACMG XXXVIII, pp. 473-527.

FENTRESS E. e PERKINS PH. 1988, *Counting African Red Slip Ware*, in *Africa Romana*, Atti del V Convegno di Studi, pp. 205-214.

FENTRESS E. (ed.) 2000, *Romanization and the City. Creation, transformations and failures*, Portsmouth.

FELLE A.E., NUZZO 1993, *Testimonianze paleocristiane in Puglia: recenti studi e ritrovamenti*, in *VeteraChr* 30, pp. 307-353.

FLAMBARD J.-M. 1981, Collegia Compitalicia*: phénomène associatif, cadre territoriaux et cadre civiques dans le monde romain à l'époque républicaine*, in *Ktema* 1981, pp. 143-166.

FOLCANDO E. 1994, *Il patronato di comunità in Apulia et Calabria,* in *Epigrafia e territorio, politica e società. Temi di antichità romane III,* Bari, pp. 51-97.

FORCEY C., HAWTHORNE J., WITCHER R. (eds) 1998, *Proceedings of the Theoretical Roman Archaeology Conference 1997*, Oxford.

FORNARO A. 1973, *Il problema di Mesochorum*, in *ArchStPugliese*, 26 (1973), pp. 173-214.

FORNARO A. 1978, *Taranto, Contr. Le Lamie*, in *Ricerche e Studi* XI, pp. 159-162.

FRANCOVICH R., PATTERSON H., BARKER G. (eds.) 2000, *Extracting meaning from ploughsoil assemblages*, Oxford

FRANCOVICH R., VALENTI M. 2000, *Il rapporto fra superficie e sottosuolo – dal survey allo scavo: insediamento e circolazione della ceramica fra V e XI secolo nella Toscana centro-meridionale,*

FRANCOVICH, PATTERSON, BARKER 2000, pp. 213-226.

FREEMAN P.W.M. 1993, *"Romanization" and Roman material culture*, in *JRA*, 6, pp. 438-45

FREZOULS E. 1983, *Sur l'historiographie de l'impérialisme romain*, in *Ktema* 8, pp. 141-162.

GABBA E. 1991, *L'impero di Augusto, in Storia di Roma. L'impero mediterraneo* II. *I principi e il modo*, Torino.

GABBA E. 1998, *Alcune considerazioni su una identità nazionale nell'Italia romana*, in *Geographia Antiqua* VII/1998, pp. 15-21.

GARSNEY P., SALLER R. 1987, *The Roman Empire: Economy, Society and Culture*, London.

GASCOU J. 1997, *Magistratures et sacerdoces municipaux dans les cités de la Gaule narbonnaise*, in M. CHRISTOL, O. MASSON (eds.), *Actes du Xe Congrès International d'épigraphie grecque et latin, Nimes, 4-9 octobre 1992*, Paris, pp. 75-140.

GASPERINI L. 1971, *Il Municipio tarentino. Ricerche epigrafiche*, in *Terza Miscellanea greca e romana*, Roma.

GELSOMINO R. 1966, *L'itinerarium Burdigalense e la Puglia*, in *VeteraChr* 3, pp. 161-208.

GIANFREDA G. 1996, *Cattedrale di Otranto. Diario di un restauro*, Lecce.

GIANNOTTA M.T. 1981, *Alezio (Lecce): rinvenimento di età imperiale*, StAnt 2, pp. 221-238.

GIANNOTTA M.T. 1990, *Supersano (Loc. Falconiera). Evidenze di occupazione tardoantica*, in *StAnt* 6, pp. 299-309.

GIARDINA A. 1993, *La formazione dell'Italia provinciale*, in *Storia di Roma III. L'età Tardoantica. I Crisi e trasformazioni*, pp. 51-68.

GIARDINA A. 1997, *L'Italia romana. Storie di un'identità incompiuta*, Roma – Bari.

GIARDINA A. 2000, *Considerazioni finali*, in ACMG XXXVIII, pp. 609-624.

GIARDINO L. 1994, *Per una definizione delle trasformazioni urbanistiche di un centro antico attraverso lo studio delle necropoli: il caso di Lupiae*, in *StAnt* 7, pp. 137-203.

GIARDINO L. (ed.) 2002, *Muro Leccese. La città Messapica senza nome. Dal libro di Pasquale Maggiulli del 1922 al parco archeologico del 2000*, Muro Leccese.

GIARDINO L., ARTHUR P., CIONGOLI G.-P. 2000 (eds.), *Lecce. Frammenti di Storia Urbana. Tesori archeologici sotto la Banca d'Italia.* Catalogo della Motra (Lecce, Museo Provinciale, Dicembre 2000 – Marzo 2001), Bari.

GIUFFRÈ V. 1997, *La "res publica" dei "municipia"*, in *Labeo* 43.3, pp. 480-486.

GRASSI M.T. 1996, *La romanizzazione degli Insubri. Celti e Romani in Transpadania attraverso la documentazione storica ed archeologica*, Milano.

GRECO A., LAPADULA E. 2004, *L'insediamento di età tardoromana in località Badia, Cutrofiano (Lecce). Dati preliminari sulla ceramica dipinta*, in *Quaderni del Museo della Ceramica di Cutrofiano* 8-9, pp. 11-38.

GRELLE F. 1972, *L'autonomia cittadina fra Traiano e Adriano. Teoria e prassi dell'organizzazione municipale*, Napoli.

GRELLE F. 1974, *La giurisdizione municipale in età repubblicana*, in *Labeo* 20 (1974) 1, pp. 125-132.

GRELLE F 1993, *Canosa romana*, Roma 1993.

GRELLE F. 1999, *Le prefetture, il catalogo degli Apuli e i Silvani*, in *Epigrafia e territorio Politica e Società. Temi di antichità romane V*, Bari, pp. 93-96.

GRELLE F. 2000, *Ordinamento provinciale e organizzazione locale nell'Italia meridionale*, in ACMG XXXVIII, pp. 115-139.

GRELLE F. 2001, *L'ordinamento della Puglia fra la guerra annibalica e la guerra sociale*, in ALESSANDRÌ, GRELLE 2001, pp. 19-30.

GRELLE F. 2007, *Le colonie latine e la romanizzazione della Puglia*, in *Epigrafia e territorio Politica e società. Temi di antichità romane VIII*, Bari, pp. 165-199.

GRELLE F., VOLPE G 1994, *La geografia amministrativa ed economica della Puglia tardoantica*, in C. CARLETTI, G. OTRANTO (eds.), *Culto e insediamenti micaelici nell'Italia meridionale fra tarda antichità e medioevo*. Atti del Convegno Internazionale, Monte Sant'Angelo 18-21 novembre 1992, Bari, pp. 15-84.

GRENIER A. 1963, *s.v.* Vicus, Vicani, in DAREMBERG, SAGLIÒ, vol. V, 1963, pp. 854-863

GROS P. (ed.) 1998, *Villes et campagnes en Gaule romaine*, Paris.

GUAITOLI M. 1997, *Metodologie di catalogazione dei Beni Archeologici*, BACT 1.2, Lecce – Bari.

GUAITOLI M. 2002, *Il territorio e le sue dinamiche: osservazioni e spunti di ricerca*, in ACMG XLI, pp. 219-252.

GUAITOLI M. (ed.) 2003, *Lo sguardo di Icaro. Le collezioni dell'Aerofototeca Nazionale per la conoscenza del territorio*, Roma

GUASTELLA P. 1997-2000, *Carta Archeologica del territorio a sud-est di Taranto. F° 202 II SO (Talsano), F° 202 II SE (Pulsano), F° 202 II NE (San Giorgio Jonico)*, Tesi di dottorato

GUASTELLA P. 2003a, , *Saturo,* in GUAITOLI 2003, pp. 227-229.

GUASTELLA P. 2003b, *Torre Castelluccia,* in GUAITOLI 2003, pp. 229-233.

GUIDI A. 1995, *I metodi della ricerca archeologica*, Bari.

GUILAINE J., CREMONESI G., (eds.) 2003, *Torre Sabea, un établissement du Néolitique ancien en Salento*, Rome.

GUZZO P.G. 1991, *Documentazioni ed ipotesi archeologiche per la più antica romanizzazione di Bari, Brindisi, Taranto*, in J. MERTENS, R. LAMBRECHTS (eds.), *Comunità indigene e problemi della romanizzazione nell'Italia centro-meridionale (IV° - III° sec. av.C.)*. Actes du Colloque International, Bruxelles-Rome, pp. 77-88.

HANSON W.S. 1997, *Forces of change and methods of control*, in MATTINGLY 1997, pp. 67-80.

HARRISON G.W.M., FRANCIS J. 2003, *Regional survey and "Romanisation" in Crete,* in JRA 16, pp. 685-688.

HAUSSLER R. 1997-1998, *Ideology, power and the meaning of Roman culture. The changing motivational force of Roman culture*, in *Accordia Research Papers* 7.

HAUSSLER R. 1998, *The motivation and ideologies of Romanization*, in FORCEY C., HAWTHORNE J., WITCHER R. (eds) 1998, pp. 32 ss.

HINGLEY R. 2008, *Not so Romanized? Tradition, reinvention or discovery in the study of Roma Britain,* in WArch 40,3, pp. 427- 443.

HOFF M.C., ROTROFF S.I. 1997, *The Romanization of Athens: Proceedings of the International Conference held at Lincoln, Nebraska (April 1996)*, Oxford.

HOPKINS K. 1996, *La Romanizacion: asimilacion, cambio y resistencia.*, in BLAZQUEZ J.M., ALVAR, J. (eds.) 1996, *La Romanizacion en Occidente*, Madrid.

HUMBERT M. 1978, Municipium et civitas sine suffragio. *L'organisation de la conquête jusqu'à la guerre sociale*, Rome.

IKEGUCHI, M., 2000, *A comparative study of settlement patterns and agricultural structures in ancient Italy: a methodology for interpreting field survey evidence,* in *Kodai*, 10, pp. 1-59.

JACQUES F. 1984, *Le privilège de liberté. Politique impériale et autonomie municipale dans les cités de l'Occident romain (161-244)*, Rome.

JAIA A.M. 1997, Rudiae. *Carta archeologica*, in GUAITOLI 1997, pp. 47-50.

JONES A.H.M. 1974, *Il Tardo Impero romano (284-602 d.C.)*, Milano (trad. it.).

JURLARO R. 1970, *Note sull'architettura paleocristiana del Salento: la Madonna dell'Alto presso Campi Salentina*, in *VeteraChr*, 7, pp. 375-377.

KEAY S., TERRENATO N. 2001, *Italy and the West. Comparative issues in Romanization*, Oxford.

KHANOUSSI M., RUGGERI P., VISMARA C. 2002 (eds.), *L'Africa Romana. Lo spazio marittimo del Mediterraneo occidentale: geografia storica ed economica*, Atti del XIV convegno studio, Sassari 7-10 dicembre 2000, Roma.

KHANOUSSI M., RUGGERI P., VISMARA C. 2004 (eds.), *L'Africa Romana. Ai confini dell'impero: contatti, scambi, conflitti*, Atti del XV convegno studio, Tozeur 11-15 dicembre 2002, Roma.

LAFFI U. 1985, *La definizione di* Municipium *in Paolo Festo (155 L.),* in *Atheneum* LXIII, fasc. I-II (1985), pp. 131-135.

LAFON X. 1993, *L'huile en Italie centrale à l'époque républicaine: une production sous-estimée ?,* in M.-C. AMURETTI, J.-P. BRUN (eds.), *La production du vin et de l'huile en Méditerranée*, BCH suppl. XXVI, pp. 263-281.

LAKO K. 1984, *Keshjella e Onhezmit*, in *Iliria* 4, pp. 176-205.

LAMBOLEY J.-L. 1996, *Recherches sur les Messapiens IVe-IIe siècle avant J.-C.,* Roma.

LA TORRE G.F. 1997, *La romanizzazione del Bruzio: gli aspetti urbanistici*, in Atlante Tematico di Topografia antica, 6-1997, pp. 25-34.

LATTANZI E. 1973, *La villa romana di Porto Saturo presso Taranto*, in *Cenacolo* III, 1-3, 1973, pp. 41-48

Lattara 4 M. PY (ed.), *Lattara 4. Système d'enregistrement, de gestionet d'exploitation de la documentation issue des fouilles de Lattes,* Lattes 1991.

LAURENCE R. 2001, *Roman Italy's urban revolution,* in LO CASCIO E., STORCHI MARTINO A., 2001, pp. 593-612.

LEONE D., TURCHIANO M. 2002, *Aspetti della circolazione delle merci nell'*Apulia *tardoantica, tra importazioni e produzioni locali*, in KHANUSSI, RUGGERI, VISMARA 2002, pp. 857-890.

LEPORE L. 1999, *S. Miserino presso San Donaci (BR),* in *Alle origini della parrocchia rurale (IV-VIII sec.)*, Atti della giornata tematica dei seminari di Archeologia Cristiana (Roma 1998), Città del Vaticano, pp. 250-259.

LEPORE L. 2000 (ed.), *Il sito antico de Li Castelli presso Manduria (Taranto). Gli scavi, i risultati, le prospettive. Atti del Seminario di Studi, Firenze 15-16 maggio 1997*, Manduria.

LEPORE G. 2003, *Il territorio di Oria (Br) dal tardoantico all'XI secolo,* in FIORILLO R., PEDUTO P. (eds), III Congresso Nazionale di Archeologia Medievale, Castello di Salerno, Complesso di Santa Sofia Salerno, 2-5 ottobre 3003, Firenze.

LE ROUX P. 1992, *La question des colonies latines sous l'Empire*, in *Ktema*, 17, pp. 183-200.

LE ROUX P. 2004, *La romanisation en question*, in *Annales HSS*, 59, pp. 287-311.

Leuca, AA.VV. Leuca, Galatina 1978.

LEVEAU PH.1993a, Territorium Urbis. *Le territoire de la cité romaine et ses divisions: du vocabulaire aux réalités admistratives*, in *REA* 95, 1993 n. 3-4, pp. 459-471.

LEVEAU. PH. 1993b, *Agglomérations secondaires et territoires en Gaule narbonnaise*, RAN 26, 1993, pp. 277-299.

LEVEAU P., GROS P., TREMENT F. 1999, *La recherche sur les élites gallo-romaines et le problème de la villa*, in *Association d'étude du monde rural gallo-romain*, *Ager* V, Bulletin de Liaison 9, pp. 2-10.

LEVI A., LEVI M. 1967, Itineraria Picta. *Contributo allo studio della* Tabula Peutingeriana, Roma.

LIPPOLIS E. 1993, *Nota bibliografica. La Puglia Romana*, in *Taras* XIII, 1-2, pp. 247-256.

LIPPOLIS E. 1994, *s.v.* Gnathia, *EAA* secondo suppl. 1971-1994, Roma, pp. 818-821.

LIPPOLIS E. 1996, (a cura di), *I Greci in Occidente. Arte e artigianato in Magna Grecia*, Napoli.

LIPPOLIS E., 1997a, *Fra Taranto e Roma. Società e cultura urbana in Puglia tra Annibale e l'età imperiale,* Taranto.

LIPPOLIS E. 1997b, *s.v.* Taranto, *EAA* secondo suppl. 1971-1994, Roma, pp. 531-539.

LIPPOLIS E. 2002, *Taranto: forma e sviluppo della topografia urbana*, in ACMG XLI, pp. 119-170.

LIPPOLIS E. 2005, *Taranto romana: dalla conquista all'età augustea*, in ACMG XLIV, pp. 235-312.

LIPPOLIS E., BALDINI LIPPOLIS I. 1997, *La formazione e lo sviluppo del centro urbano di* Brundisium*: aspetti e problemi della ricerca*, in *Taras* XVII, 2, pp. 305-353.

LINTOTT A., 1994, *Imperium Romanum. Politics and administration*, London and New York.

LO CASCIO E., STORCHI MARTINO A., 2001 (eds) *Modalità insediative e strutture agrarie nell'Italia Meridionale in età romana*, Bari.

LOMAS K. 1993, *Rome and the Western Greeks 350 BC – AD 200. Conquest and Acculturation in Southern Italy*, London and New York.

LOMBARDO M. 1992, *I Messapi e la Messapia nelle fonti letterarie greche e latine*, Galatina.

LOMBARDO M. 2001, *Dopo Annibale: introduzione ai lavori*, in ALESSANDRÌ, GRELLE 2001, pp. 7-18.

LOMBARDO M., MARANGIO C. (eds.) 1998, *Il territorio Brindisino dall'età messapica all'età Romana*. Atti del IV Convegno di Studi sulla Puglia Romana, Mesagne, 19-20 gennaio 1996, Galatina.

LOMBARDO M., PAGLIARA C. 1995, *Contributo all'interpretazione dei cippi iscritti da Otranto*, in *StAnt* 8, 2, pp. 207-214.

LO PORTO F.G. 1964, *Satyrion (Taranto). Scavi e ricerche nel luogo del più antico insediamento laconico in Puglia*, NSc 1964, pp. 177-279.

MANACORA D. 1990, *Le fornaci di Visellio a Brindisi. Primi risultati dello scavo*, in *VeteraChr*, 27, 1990, pp. 375-415.

MANACORDA D. 1994a, *Un servo imperiale in un'epigrafe da Squinzano*, in C. MARANGIO, A. NITTI (eds.), *Scritti di Antichità in memoria di Benita Sciarra Bardaro*, Fasano, pp. 241-246.

MANACORDA D. 1994b, *Produzione agricola, produzione ceramica e proprietà della terra nella Calabria tra repubblica e impero*, in Atti della VIIIe Rencontre franco-italienne sur l'épigraphie du monde romain, (Rome 1992), Roma, pp. 3-59.

MANACORDA D. 1994c, *Gli* aselli dossuarii *di Varrone*, in CARLSEN J. (ed.), *Landuse in the Roman Empire*, Roma, pp. 79-90.

MANACORDA D. 1995, *Sulla proprietà della terra nella Calabria romana tra repubblica e impero*, in *Du Latifundium au Latifondo. Un héritage de Rome, une création médiévale ou moderne?*, Paris, pp. 143-175.

MANACORDA D. 1998, *Il vino del Salento e le sue anfore*, in *El vi a l'antiguitat (II colloqui internacional d'arqueologia romana)*, Badalona, pp. 319-331.

MANACORDA D. 2001, *Sulla Calabria romana nel passaggio tra la Repubblica e l'Impero*, in LO CASCIO, STORCHI MARINO 2001, pp. 391-410.

MANACORDA D. 2003, *Schiavi e padroni nell'antica Puglia romana: produzione e commerci*, in LENZI F. (ed.), *L'Archeologia dell'Adriatico dalla Preistoria al Medioevo*, Atti del convegno internazionale Ravenna, 7-8-9 giugno 2001, Bologna, pp. 297-316.

MANCINI G. 1997, *Cives Romani municipes I*, Milano.

MANGIN M., TASSEAUX F. (eds) 1992, *Villes et agglomérations urbaines antiques du sud-ouest de la Gaule*, Proceedings of Colloquium held at Bordeaux, *Aquitania*, suppl. 6.

MARANGIO C. 1971, *Ritrovamenti a Masseria Moreno (Mesagne, Brindisi)*, in *Epigraphica* XXXIII, p. 165.

MARANGIO C. 1974a, *Rinvenimenti archeologici lungo alcune antiche strade del brindisino*, in *AnnLecce* 6, pp. 149-174.

MARANGIO C. 1974b, *Epigrafi funerarie romane da Mesagne (II)*, in *Brundisii Res VI*, pp. 295-303.

MARANGIO C. 1975, *La romanizzazione dell'Ager Brundisinus*, in *RicStBrindisi* VIII, pp. 105-134.

MARANGIO C. 1978, *Francavilla Fontana, Masseria Centorizzi. Iscrizione funeraria latina*, in *Ricerche e studi*, XI, pp. 191-192.

MARANGIO C. 1988 (ed.), *La Puglia in età repubblicana*, Atti del I Convegno di studi sulla Puglia romana (Mesagne 1986), in *Testi e Monumenti* III, Galatina.

MARANGIO C. 1989, *Problemi storici di "Uria Calabra" in età romana*, Atti del IX Convegno dei Comuni Messapici, Peuceti e Dauni, (Oria 24-25 novembre 1984), Bari, pp. 309-330.

MARANGIO C. 1990, *Epigrafia latina della regio II Apulia et Calabria. Rassegna degli studi e indici (1936-1985)*, Galatina.

MARANGIO C. 1996, *Gli studi di epigrafia latina nella* Regio Secunda *nell'ultimo decennio (1986-1995)*, in *StAnt* 8.2, pp. 119-187.

MARANGIO C. 2001, *Nuova attestazione sulla presenza di poderi imperiali nel Salento romano*, JAT XI (2001), pp. 223-228.

MARANGIO C. 2002, *CIL IX, 10 e il porto di* Neretum, in KHANUSSI, RUGGERI, VISMARA 2002, pp. 891-904.

MARANGIO C., NITTI A (eds.) 1994, *Scritti di Antichità in memoria di Benita Sciarra Bardaro*, Fasano .

MARINAZZO A., 1979, *Scavo di una villa romana a Francavilla Fontana (Brindisi). Relazione preliminare della campagna di scavo del 1978*, in *RicStBrindisi* XII, pp. 131-139.

MARINAZZO A. (ed.) 1996, *Il tralcio e la vite. La cultura della vite e del vino nell'arte, nella società, nei luoghi di lavoro*, Lecce.

MARINAZZO A. (ed.) s.d., *Il Museo nella Città. Museo Archeologico Provinciale "Francesco Ribrezzo"*, Brindisi.

MARINI CALVANI M. 2002 (eds.), Aemilia. *La cultura romana in Emilia Romagna dal III secolo a.C. all'età costantiniana*, Bologna.

MARTIN J.M. 1993, *La Pouille du VI e au XIIe siécle*, Rome.

MARUGGI G.A. 1992, *Pezza Petrosa. Archeologia a Villa Castelli tra curiosità e ricerca*, Martina Franca.

MARUGGI G.A. (ed.) 1993, *Oria pagine di scavo*, Oria.

MARUGGI G.A. (ed.) 2001, *Oria e l'archeologia, percorsi di una ricerca*, Oria.

MARUGGI G.A. 2001, *Oria (Brindisi), via Epitaffio*, in *Taras* XXI, 1, 107-108.

MARUGGI G.A., BURGERS G.-J. (eds), 2001 *San Pancrazio Salentino, Li Castelli. Archeologia di una comunità messapia nel Salento centrale*, San Pancrazio Salentino.

MARUGGI G.A., LAVERMICOCCA G. (eds), 1999, *Torre Santa Susanna: chiesa di S. Pietro, storia archeologia restauro*, Taranto.

MASELLA L., SALVEMINI B. 1989 (eds.), *Storia d'Italia. Le regioni dall'Unità ad oggi. La Puglia*, Torino

MASIELLO L. 1988, *Le lucerne fittili*, in *Museo di Taranto. Cento anni di archeologia*, Taranto, pp. 81-111.

MASTROCINQUE G. 2007, *Il paesaggio urbano a Taranto nella prima età imperiale tra continuità e innovazione*, in *Epigrafia e territorio Politica e società. Temi di antichità romane* VIII, Bari, pp. 200-224.

MASTRONUZZI G. 1995, *Ricerche archeologiche a Nardò (LE)*, in *StAnt* 8.1, pp. 183-227.

MASTRONUZZI G. 2005a, *Rinvenimenti nel territorio*, in D'ANDRIA 2005, pp. 44-45.

MASTRONUZZI G. 2005b, *Soleto (Le): i materiali di età antica da un saggio di scavo nel centro storico*, in *Quaderni del Museo della Ceramica di Cutrofiano* 10.1, pp. 103-135.

MATTINGLY D.J. (ed.) 1997, *Dialogues in Roman Imperialism. Power, discourse, and discrepant experience in the Roman Empire*, JRA Suppl. Sr, n° 23, Rhode Islande.

MAZZA M. 1998, *Prolegomena ad una indagine sulla romanizzazione del territorio brindisino*, in LOMBARDO, MARANGIO 1998, PP. 7-26.

MELISSANO V. 1990, *Ricerche archeologiche nel territorio di Cutrofiano*, in *StAnt* 6, pp. 257-297.

MELISSANO V. 1999, *Poggiardo (Lecce), Vaste, Fondo Giuliano*, in *Taras* XIX, pp. 117-118.

MELISSANO V. 2004, *Il territorio di Supersano tra l'età del Ferro e l'età romana,* in ARTHUR , MELISSANO 2004, pp. 37-52.

MENCHELLI S. 1992, *s.v.* Monte Salete, BTCGI X, pp. 473-425.

MILLETT M. 1990, *Romanization: historical issues and archaeological interpretation,* in BLAGG T., MILLETT M., (eds.) *The early Roman Empire,* Oxford.

MOLINARI A.2000, *s.v.* ceramica, in FRANCOVICH R., MANACORDA D. (eds.), *Dizionario di Archeologia,* Roma – Bari, pp. 51-61.

MOMMSEN 1887-1888, *Römisches Staatsrech,* vol. 2, Leipzig.

MORENO CASSANO C. 1976, *Mosaici paleocristiani in Puglia,* in *MEFRA* 88, pp. 277-373.

MOSCARDINO M. 1964, *Grotte, idrologia e idrografia in Terra d'Otranto,* in *La Zagaglia* 24, pp. 413-423.

Mura 1997, *Oltre le Mura. Aspetti della società messapica dagli scavi Degrassi a Manduria 1955-1960,* Manduria.

NOTARIO C. 2007, *Gagliano del Capo (Lecce), San Dana,* in *Taras* XXIII. 1-2, pp. 280-282.

NTP I, UGGERI G. (ed.), *Notiziario topografico Pugliese I,* in *Ricerche e Studi* XI, Brindisi 1978.

NTS I, UGGERI G. (ed.), *Notiziario topografico Salentino I,* in *ArchStPugl.* XII, Bari.

NTS II, UGGERI G. (ed.), *Notiziario topografico Salentino II,* in *Ricerche Studi* VII, Brindisi 1974.

NUZZO D. 1991, *Egnazia tardoantica e altomedievale: note storico-topografiche,* in *Rivista Archeologia Cristiana* LXVII. 2, pp. 353-382.

ORTOLANI M. 1984, *Geografia delle sedi,* Padova.

ORTON C., TYERS P., VINCE A. 1993, *Pottery in archeology,* Cambridge.

OSANNA M. 1992, Chorai *coloniali da Taranto a Locri. Documentazione archeologica e ricostruzione storica,* Roma.

OTRANTO G. 1991, *Italia meridionale e Puglia paleocristiane. Saggi storici,* Bari.

OTRANTO G. 2000, *Cristianizzazione del territorio e rapporti col mondo bizantino,* in ACMG XXXVIII, pp. 69-113.

Otranto I, MICHAELIDIS D., WILKINSON D. (eds.), *Excavations at Otranto, I. The excavation,* Galatina.

Otranto II, D'ANDRIA F., WHITEHOUSE D. (eds.), *Excavation at Otranto, II. The finds,* Galatina.

Paesaggi 2002, CARANDINI A., CAMBI F., CELUZZA M., FENTRESS E., (eds.), *Paesaggi d'Etruria. Valle dell'Albegna, Valle d'Oro, Valle del Chiarore, Valle del Tafone. Progetto di ricerca italo-britannico seguito allo scavo di Settefinestre,* Roma

PAGLIARA C. 1968, *Bolli anforari inediti da Felline (Prov. di Lecce),* in *SCO* XVII (1968), pp. 227-231.

PAGLIARA C. 1970, *Note di epigrafia salentina* (2), in *Atheneum* XLVIII (1970) 1-2, pp. 99 ss.

PAGLIARA C. 1973, *Fonti per la storia di* Veretum: *Iscrizioni, Monete, Timbri anforari,* in *AnnLecce,* vol. V (1969-1971), pp. 121 ss.

PAGLIARA C. 1974, *Note di epigrafia salentina,* III, in *AnnLecce,* vol. VI (1971-1973), pp. 63-79.

PAGLIARA C. 1976, *Fonti epigrafiche per la storia di* Veretum *e delle Centopietre di Patù,* in *AnnScPisa,* III-IV, 2, pp. 441-451.

PAGLIARA C. 1980, *Note di epigrafia salentina, IV,* in *StAnt* 1, pp. 205-235.

PAGLIARA C. 1981, *Fonti epigrafiche per la storia di Vaste,* Studi in onore di Mario Marti, *AnnLecce,* VIII-X (1977-1980), pp. 269-271.

PAGLIARA C. 1983, Humilis Italia. *Archeologia della costa salentina (Torre dell'Orso 1983),* Galatina.

PAGLIARA C. 1987, *La Grotta Poesia di Roca (Melendugno-Lecce). Note preliminari,* in *AnnScPisa,* s.3, XVII.2, pp. 267-328.

PAGLIARA C. 1991, *Santuari costieri,* in ACMG XXX, pp. 503-526.

PAGLIARA C. 1994, *Eyploia Soi,* in S. ALESSANDRÌ (ed.), Ιστορίη. *Studi offerti dagli allievi a Giuseppe Nenci in occasione del suo settantesimo compleanno,* Galatina, pp. 345-357.

PAGLIARA C. 2001, *Roca,* BTCGI, XVI, pp. 197-229.

PALAZZO P. 1988, *I bolli anforari : le produzioni italiche,* in *Museo di Taranto. Cento anni di archeologia,* Taranto, pp. 71-80.

PALAZZO P. 1994, *Insediamenti artigianali e produzione agricola. I siti di Apani, Giancola, Marmorelle, La Rosa,* in C. MARANGIO – A. NITTI (eds.), *Scritti di Antichità in memoria di Benita Sciarra Bardaro,* Fasano, pp. 53-60.

PALAZZO P., SILVESTRINI M. 1993, *I* Marci Fabii *su anfore Brindisine,* in *Quaderni di storia* 38, pp. 167-171.

PANELLA C. 1993, *Merci e scambi nel Mediterraneo tardoantico,* in *Storia di Roma* III. *L'età tardoantica* II. *I luoghi e le culture,* pp. 613-697.

PANI M., CASSANO R., SICILIANO A. 1989, *Dalla lega peucezia al municipio romano,* in CASSANO R., MUSCA G., PANI M. (eds.) 1989, *Storia di Bari. Dalla Preistoria al Mille,* Bari, pp. 103-175.

PARLANGELI O. 1960, *Studi messapici,* Milano.

PATTERSON J.R. 2006, *Landscapes and Cities. Rural Settlement and Civic Transformation in Early Imperial Italy,* New York, pp. 83-84.

PETIT J.-P., MANGIN M. (eds.) 1994, *Les agglomérations secondaires de la Gaule Belgique, les Germains et l'Occident Romain,* Paris.

PICHIERRI G. 1978, *Taranto, santuari del IV sec. a.C.,* NPT I, pp. 155-158.

PIETRI CH. 1993, *La cristianizzazione dell'Impero,* in Storia di Roma III. L'età Tardoantica I. Crisi e trasformazioni, pp. 845-876.

PIETROPAOLO L. 1997, *L'approdo di Torre S. Sabina (Brindisi). Le ceramiche comuni di età romana. Aspetti tipologici, tecnologici e distributivi,* in *Atti del Convegno Nazionale di Archeologia subacquea.* Anzio, 30-31 maggio ed 1 giugno 1996, Bari, pp. 249-270.

PIPPIDI D.M., (ed.) 1976 *Assimilation et résistance à la culture gréco-romaine dans le monde ancien,* Paris.

POTTER T.W. 1986, *Un programme de prospection en Etrurie méridionale: réflexions sur le methods et les techniques,* in A. FERDIERE, E. ZADORA-RIO (éds.), *La prospection archéologique. Paysage et peuplement,* Actes de la Table Ronde (Paris 1982), Paris, pp. 139-144.

POTTER T.W. 1987, *Roman Italy,* London.

POULTER A. 1989, *Gli insediamenti presso I campi militari: "canabae" e "vici",* in J. WACHER (ed.) *Il mondo di Roma imperiale. Vita urbana e rurale,* Roma-Bari, pp. 69-95.

PRAZZOLI S. 1996, *Taranto: la documentazione dal pozzo di via C. Nitti,* in LIPPOLIS 1996, pp. 333-335.

QUERCIA A. 2007, *Lecce. P.tta Lucio Epulione,* in *Taras* XXII, 1-2, pp. 187-190.

QUILICI L., QUILICI GIGLI 1975, *Repertorio dei beni culturali archeologici della Provincia di Brindisi,* Fasano.

RENFREW C., BAHN P. 1995, *Archeologia. Teorie, Metodi, Pratica,* Bologna.(trad. it.).

REYNAUD A. 1991, *Disuguaglianze regionali e giustizia socio-spaziale,* Milano.

REYNOLDS P. 1995, *Trade in the Western Mediterranean, AD 400-700: the ceramic evidence,* Oxford.

RIVET A.L.F. 1975, *Summing up: the Classification of Minor Town and releted settlements,* in RODWELL, ROWLEY 1975, pp. 111-114.

ROBINSON H.S. 1959, *Athenian Agorà V. The Roman Pottery,* Princeton.

RODWELL R., ROWLEY T. (eds.) 1975, *The small towns of Roman Britain,* London.

ROLLER D.W. 1994, *Southern Messapia Survey 1991. Preliminary report,* in *StAnt* 6, pp. 355-380.

ROLLER D.W. 1996, *Southern Messapia Survey 1992-1994: preliminary report,* in *StAnt* 8.2, pp. 417-434.

ROSSI D. 1969, *Note illustrative della Carta Geologica d'Italia alla scala 1:100.000. Foglio 215 Otranto,* Ercolano.

ROSSITER J.J. 1981, *Wine and Oil Processing at Roman Farms in Italy,* in *Phoenix* 35.4, pp. 345-361.

SAMMARCO M. 2003, *Vereto,* in GUAITOLI 2003, pp. 346-349.

SANASI A. 1966, *Lecce romana, La Zagaglia* VIII, pp. 123-131.

SANASI A. 1966, *Lecce romana (2), La Zagaglia* IX.

SANTORO C. 1965, *Iscrizioni inedite di Oria, Epigraphica* XXVII, p. 69.

SANTORO C. 1967, *Su una recente iscrizione latina inedita di Oria, La Zagaglia* IX, p. 36.

SANTORO C. 1970, *Iscrizione romana da Latiano*, in *Epigraphica* XXXII, pp. 1-4.

SANTORO C. 1971, *Una nuova stele di Caracalla ed altre epigrafi latine inedite della Regio II Apulia et Calabria*, in *La Zagaglia* XIII, pp. 17-19.

SARTORI A., VALVO A. (eds.) 2002, *Ceti medi in Cisalpina. Atti del Colloquio Internazionale 14-16 settembre Milano*, Milano.

SCALZO M. 1982, *Torre Sassoli*, in AAVV. *Le torri costiere per la difesa anticorsara in prov. di Taranto*, Firenze – Taranto.

SCARDOZZI 2002, *L'impianto urbano e le mura*, in D'ANDRIA F., DELL'AGLIO A. (eds.), Klaohi Zis. *Il culto di Zeus a Ugento*, Lecce, pp. 18-25.

SCARDOZZI G. 2003a, *Ostuni*, in GUAITOLI 2003, pp. 322-326.

SCARDOZZI G. 2003b, *Ceglie Messapica*, in GUAITOLI 2003, pp. 326-328.

SCARDOZZI G. 2003c, *Ugento*, in GUAITOLI 2003, pp. 343-346.

SCIONTI R., TARENTINI P. 1990, *Manduria. Emergenze archeologiche tra preistoria e Medioevo*, in *Emergenze e problemi archeologici. Manduria – Taranto - Heraclea*, Manduria, pp. 127-296.

SCHÖRNER G. 2005, *Romanisieung – Romanisation. Theoretische Modelle und praktische Fallbeispiele*, BAR

SCOTT E. (ed.) 1992, *Theoretical Roman Archaeology: First Conference Proceedings*, Aldershot.

SEMERARO G. 1996, *s.v.* Porto Cesareo, BTCGI XIV, pp. 257-263.

SERENI E. 1961, *Storia del paesaggio agrario italiano*, Roma-Bari.

SFAMENI C. 2006, *Ville residenziali nell'Italia tardoantica*, Bari.

SHERWIN-WHITE A.N. 1939, *The Roman Citizenship*, Oxford.

SIEBERT G. 1977, *Bols à reliefs d'ateliers grecs dans le dépot marin de Santa Sabina en Apulie*, in *RicStBrindisi* X, pp. 111-150.

SILVESTRINI M. 2005, *Le città della Puglia romana. Un profilo sociale*, Bari.

SIRAGO V. A. 1993, *Puglia romana*, Bari.

SISANI S. 2007, *Fenomenologia della conquista. La romanizzazione dell'Umbria tra il IV sec. a.C. e le guerre sociali*, Roma.

SMALL A.M. 1999, *L'occupazione del territorio in età romana*, in D. ADAMESTEANU (ed.) *Storia della Basilicata. 1. L'Antichità*, Roma-Bari, pp. 559-600.

STAZIO A.1966, *La documentazione archeologica in Puglia*, ACMG V, p. 239.

STAZIO A., SICILIANO A., TRAVAGLINI A. 1991, *La moneta nell'area messapica*, in ACMG XXX, pp. 221-286.

SUSINI G. 1962, *Fonti per la storia greca e romana del Salento*, Bologna.

TALAMANCA M. (ed.) 1989, *Lineamenti di storia del diritto romano*, Milano.

TARPIN M. 1999, Oppida ui capta, uici incensi…*Les mots latins de la ville*, in *Latomus* 58, fasc. 2, 1999, pp. 279-297.

TARPIN M. 2002, Vici *et* pagi *dans l'occident romain*, Paris.

TARPIN M. 2009, *Organisation politique et administrative des citès d'Europe occidentale sous l'empire*, in *Pallas* 80/2009 Revue d'études antiques . *Rome et l'Occident IIe siècle avant J.-C. – IIe siècle après J.-C.*, pp. 127-145.

TCHERNIA A. 1986, *Le vin de l'Italie Romaine. Essai d'histoire économique d'après les amphores*, Rome-Paris.

TERRENATO N. 1998, *The Romanization of Italy: global acculturation or cultural bricolage?* in FORCEY , HAWTHORNE, WITCHER 1998.

TERRENATO N. 2000, *s.v.* teorica, archeologia, in FRANCOVICH R., MANACORDA D. (eds.), *Dizionario di Archeologia*, Roma – Bari, pp. 336-339.

TERRENATO N. 2001, *Introduction*, in KEAY, TERRENATO 2001, pp. 1-6.

Thesaurus, STEPHANUS H., *Tesaurus Graecae Linguae* voll. I-IX (1829), rist. 1954, Graz.

TISE' B. 2009, *Matrice bronzea da Novoli (Lecce),* in MARANGIO C. e LAUDIZI G. (eds.) Παλαιὰ Φιλία *Studi di Topografia Antica in onore di Giovanni Uggeri,* Galatina.

TODISCO E. 2004, *La percezione delle realtà rurali* nell'Italia *romana: i* vici *e i* pagi, in *Epigrafia e territorio Politica e società. Temi di antichità romane* VII, Bari, pp. 161-184.

TODISCO E. 1999, *I veterani in Italia,* Bari.

TONDO, POLITO C. 2007, *Lecce. P.tta S. Castromediano,* in *Taras* XXII, 1-2, pp. 190-196.

TORELLI M. 1988, *Aspetti ideologici della colonizzazione romana più antica,* in *DialA* 6 (2), pp. 65-72.

TOUTAIN J. 1963, *s.v.* Pagani, Pagus, DAREMBERG, SAGLIÒ, 1963, vol. IV, I.

TOYNBEE A.J. 1965, *Hannibal's Legacy,* I-II, London. (Trad. it. Torino 1981, 1983)

TRAINA G. 2006, *Romanizzazione, "métissages", ibridità,* in MEFRA, Antiquité 118/1, pp. 151-158.

TRAVAGLINI A. 1990, *La monetazione di Orra,* in *StAnt* 6, pp. 235-255.

TRAVAGLINI A. 1994, *Torre S. Sabina-Masseria Caposenno Piccolo. Rinvenimenti monetali,* MARANGIO, NITTI 1994, pp. 101-113.

TRAVAGLINI A. 1997, *Monete da Egnazia. Nota preliminare,* in *StAnt* 10, pp. 187-198.

TRENTINI P., PICCINNI G. 1998, *Insediamenti costieri a sud di Manduria,* in *QuaderniArcheo*, 3, 1998, pp. 43-56.

TRIPALDI E.M. 1974, *Maruggi, Torre Ovo. Strutture portuali, abitato e necropoli,* in *Ricerche e Studi* VII.

UGGERI G. 1983, *La viabilità romana nel Salento.* Testi e Monumenti del Museo Civico Archeologico Ugo Granafei di Mesagne, IV, Fasano 1983

UGGERI 1992 (ed.), *L'età annibalica e la Puglia*, Atti del II Convegno di Studi sulla Puglia romana (Mesagne, 24-26 marzo 1988), in *Testi e Monumenti* VIII, Fasano.

VALCHERA A., ZAMPOLI FAUSTINI S. 1997, *Documenti per una carta archeologica della Puglia meridionale,* in GUAITOLI 1997, pp. 103-158.

VALLAT J.-P. 1995, *L'Italie et Rome,* Paris.

VALLAT J.-P. 2001, *The Romanization of Italy: Conclusions,* in KEAY, TERRENATO 2001, pp. 102-111.

VANDERMERSCH CH. 1994, *Vins et Amphores de Grande Grèce et de Sicile. IVe –IIIe s. Avant J.-C.,* Naples.

VERZAR BASS M. 1986, *Le trasformazioni agrarie tra Adriatico nord-orientale e Norico,* in *Società romana e Impero tardoantico,* vol. III, *Le merci, gli insediamenti,* Bari-Roma, pp. 647-685.

VOLPE G. 1990, *La Daunia nell'età della romanizzazione. Paesaggio agrario, produzione, scambi,* Bari.

VOLPE G. 1992, "Sulle condizioni economiche della Puglia dal IV al VII sec. d.C.": *alcune note quarant'anni dopo,* in *ArchStorPugl* XLV, pp. 65-135.

VOLPE G. 1994, *Per pago et vias.* Un sito di età tardoantica lungo l'Appia nell'*ager Brundisinus,* in MARANGIO, NITTI 1994, pp. 69-79.

VOLPE G. 1996, *Contadini pastori e mercanti nella "Apulia" tardoantica,* Bari.

VOLPE G. 2000, *Paesaggi della Puglia tardoantica,* in ACMG XXXVIII, Napoli, pp. 267-329.

VOLPE G. 2008, *Vescovi rurali e chiese nelle campagne dell'Apulia e dell'Italia meridionale fra tardoantico ed alto medioevo,* in *Hortus Artium Medievalum,* Journal of the International Research Center for Late Antiquity and Middle Age, vol. 14 (2008), Zabreg-Motovun, pp. 31-45.

VOLPE G., TURCHIANO M. (eds) 2005, *Paesaggi e insediamenti rurali in Italia Meridionale fra Tardoantico e Altomedioevo*. Atti del Primo Seminario sul Tardoantico e l'Altomedioevo in Italia Meridionale (Foggia 12-14 febbraio 2004), Bari

WEBSTER J. 2001, *Creolizing the Roman Provinces*, AJA, 105. 2 (2001), pp. 209-226.

WILSON R.J.A. 1990, *Sicily under the Roman Empire. The archaeology of a Roman province, 36 BC – AD 535*, Oxford.

WITCHER R. 2000, *Globalisation and Roman imperialism. Perspectives on identities in Roman Italy*, in HERRING E., LOMAS K. (eds), *The emergence of state identities in Italy in the first millennium B.C*, Accordia Specialist Studies in Italy, vol. 8, 2000, pp. 213-226.

WOOLF G. 1992, *The unity and diversity of Romanization*, JRA, 5, pp. 349-352.

WOLFF H. 1999, *Administrative Einheiten' in den Nordprovinzen und ihre Beziehungen zu römischen Funktionsträgern*, in ECK 1999, pp. 123-145.

YNTEMA D. 1990, *A Specific Group of Black-Gloss Ware Excavated at Valesio: the HFR Group and its Connections*, in StAnt 6, pp. 167-186.

YNTEMA D. 1993, *In Search of ancient Countryside. The Amsterdam Free University Field Survey at Oria Province of Brindisi South Italy (1981-1983)*, Amsterdam.

YNTEMA D. 1994, *Valesio (Brindisi). La fornace di un ceramista coroplasta del III sec. a.C.,* in MARANGIO, NITTI 1994, pp. 39-45.

YNTEMA D. 1995, *Romanisation in the Brindisino, Southern Italy: a preliminary report*, in Babesch 70, pp. 153-178.

YNTEMA D. 2001, *Pre-roman Valesio. Excavations of the Amsterdam Free University at Valesio, Province of Brindisi, southern Italy, Vol I: Pottery*, Amsterdam

YNTEMA D. 2006 *The Birth of a Roman Southern Italy: a Case Study. Anciente written sources and archaeological evidence on the early Roman phase in the Salento disctrict, southern Italy (3rd-1st century BC)*, in Babesch 81, pp. 91-133.

YOUNG R.J.C. 1995, *Colonial Desire: Hybridity, Culture and Race*, London and New York.

ZAMBON E. 2008, *Tradition and Innovation: Sicily between Hellenism and Rome*, Historia Einzelschriften 205.

ZANINI E. 1996, *Ricontando la Terra Sigillata Africana*, Amediev XXIII, pp. 677-688.

ZANINI E. 1998, *Le Italie bizantine. Territorio, insediamenti ed economia nelle provincie bizantine d'Italia (VI-VIII secolo)*, Bari.

ZANINI E. 2003, *La ceramica bizantina in Italia tra VI e VIII secolo. Un sistema informativo territoriale per lo studio della distribuzione e del consumo*, in CH. BAKIRTZIS (ed.) *VIIe Congrès International sur la Céramique Médiévale en Méditerranée, Thessaloniki, 11-16 Octobre 1999*, Athènes, pp. 381-394.

www.ingramcontent.com/pod-product-compliance
Lightning Source LLC
Chambersburg PA
CBHW061000030426
42334CB00033B/3311